Ruoß
Zwischen Flow
und Narzissmus

Verlag Hans Huber
Sachbuch Psychologie

Wissenschaftlicher Beirat:
Prof. Dr. Guy Bodenmann, Zürich
Prof. Dr. Dieter Frey, München
Prof. Dr. Lutz Jäncke, Zürich
Prof. Dr. Franz Petermann, Bremen
Prof. Dr. Hans Spada, Freiburg i.Br.
Prof. Dr. Markus Wirtz, Freiburg i. Br.

Manfred Ruoß

Zwischen Flow und Narzissmus

Die Psychologie des Bergsteigens

Verlag Hans Huber

Programmleitung: Tino Heeg
Herstellung: Jörg Kleine Büning
Umschlagillustration: getty images
Umschlaggestaltung: zero werbeagentur, München
Druckvorstufe: punktgenau gmbH, Bühl
Druck und buchbinderische Verarbeitung: Finidr, Cesky Tessin
Printed in Czech Republic

Bibliografische Information der Deutschen Nationalbibliothek
Die Deutsche Nationalbibliothek verzeichnet diese Publikation in der Deutschen Nationalbibliografie; detaillierte bibliografische Daten sind im Internet über http://dnb.d-nb.de abrufbar.

Anregungen und Zuschriften bitte an:
Verlag Hans Huber
Lektorat Psychologie
Länggass-Strasse 76
CH-3000 Bern 9
Tel: 0041 (0)31 300 4500
Fax: 0041 (0)31 300 4593
verlag@hanshuber.com
www.verlag-hanshuber.com

1. Auflage 2014
© 2014 by Verlag Hans Huber, Hogrefe AG, Bern
ISBN 978-3-456-85448-9
E-Book: 978-3-456-95448-6
E-Pub: 978-3-456-75448-2

Inhalt

Einleitung 7
Bergsteigen ist eine Massenbewegung 7
Bergsteigen hat mit Psychologie zu tun 9
Meine persönlichen Verwicklungen 11
Zum Kindergeburtstag auf die Zsigmondy-Spitze 13

Theorien 15
Bedürfnisse, Motive und Einstellungen 15
Flow-Erleben 20
Gegen die Schwaben kämpfen 26
Narzissmus 27
Klare Linien 36
Die an der Grenze leben – zum Thema Borderline 37
Hyperaktivität – ADHS 38
Der Politiker auf dem Mount Everest 40
Macht Bergsteigen süchtig? 48
Sensation-Seeking 50
Die Neue Welt 51
Männer und Frauen 52
Die Stabilisierung der Pädagogin 58
Angst 64
Posttraumatische Belastungsstörung (PTBS) 66
Achtsamkeit und Bergsteigen 68
Historische und politische Dimensionen
des Bergsteigens 71
Der Geschäftsführer 81

Spiritualität und Religion 86
Über die Nordwand zu den Göttern 88
Frühe psychologische und philosophische Beiträge ... 89
Die Lust am Aufstieg 98
Robert Macfarlane: Berge im Kopf 106

Biografien 111
Die Personenauswahl 112
Edward Whymper 115
Christian Klucker 122
Bergführer: Die Händler der Gipfelträume 130
Riccardo Cassin 139
Lionel Terray................................... 147
Hermann Buhl 155
Reinhard Karl 164
Anatoli Boukreev 173
Erhard Loretan 182
Steve House.................................... 193
Gerlinde Kaltenbrunner 204
Andy Kirkpatrick 213
Stephan Siegrist und Ueli Steck 221
Das Leben der anderen 242
Andere Fälle 247
Außer der Reihe: Reinhold Messner 249
Die auf der Strecke bleiben: Partner und Angehörige .. 252
Ein Psychogramm extremen Bergsteigens 258

Bergsteigen: ein Spiegel unserer Gesellschaft . 265
Auf einen Allgäuer «Extremklassiker» 272
Ein Fazit: Der Beitrag wissenschaftlicher Theorien 274

Literatur 279
Psychologie und andere Gebiete 279
Bergliteratur 280

Einleitung

Bergsteigen ist eine Massenbewegung

Der Deutsche Alpenverein (DAV) hat im Sommer 2013 sein millionstes Mitglied begrüßt. Seit Jahren steigt die Mitgliederzahl kontinuierlich an. In alpennahen Regionen nimmt die Anziehungskraft ganz besondere Ausmaße an. In einer Kleinstadt wie Füssen mit etwas mehr als 14 000 Einwohnern weist die dortige Sektion des DAV eine Gesamtmitgliederzahl von 3344 aus (Stand: Januar 2014). Der besondere Reiz, der vom Bergsteigen ausgeht, ließe sich mit vielen weiteren Zahlen, wie beispielsweise den Übernachtungen in Alpenvereinshütten, den Verkaufszahlen von Bergsteigerliteratur oder den Umsätzen der Ausrüstungsindustrie untermauern. Bergsteigen ist keine deutsche und auch keine auf Westeuropa begrenzte Angelegenheit. In den USA ist der Bergsport eine der am schnellsten wachsenden Freizeitaktivitäten. In osteuropäischen Ländern gibt es durchaus ähnliche Traditionen und Entwicklungen. Bergsteiger kamen in der Sowjetunion seit den 1920er-Jahren in den Genuss einer umfassenden staatlichen Fürsorge – mit allen Konsequenzen positiver wie negativer Art. Das Höhenbergsteigen wurde seit den 1970er-Jahren durch polnische Bergsteiger besonders geprägt. Japaner beteiligten sich aktiv am Wettlauf um die Erstbesteigungen der Achttausender und waren am Manaslu erfolgreich. Es war eine Koreanerin, die als erste Frau alle Achttausender bestiegen hatte. Dies jeweils vor dem Hintergrund eines allgemeinen Interesses am Bergsteigen in all diesen Ländern.

Bergsteigen ist heute weltweit ein Breitensport, eine Freizeitbeschäftigung für Menschen aller Altersstufen und eine Familienaktivität ersten Ranges.

Auf der anderen Seite ist das Bergsteigen ein Leistungssport und eine Bewegung, die extreme Entwicklungen aufweist. Am deutlichsten spiegelt sich das in der Besteigungsgeschichte des höchsten Bergs der Erde wider. Bevor Tenzing Norgay und Edmund Hillary 1953 als erste Bergsteiger den Gipfel erreichten, waren an diesem Berg bereits dreizehn Menschen gestorben. In den folgenden dreißig Jahren gab es 156 Gipfelerfolge. Bis in die 1970er-Jahre war noch fast jede Besteigung eine Meldung wert, der erste Deutsche auf dem Gipfel war 1978 ein Medienereignis. In diesen ersten dreißig Jahren starben über fünfzig Menschen an diesem Berg. In der Mitte der 1980er-Jahre setzte das kommerzielle Bergsteigen ein, der Gipfel des Mount Everest konnte fortan bei spezialisierten Expeditionsreiseveranstaltern gebucht werden. Bis zum Jahr 2012 sind etwa 6200 Besteigungen dokumentiert. In den Jahren seit Beginn der Kommerzialisierung starben noch 170 Personen. Zuletzt standen pro Saison mehr als 500 Personen auf dem Gipfel. Den bisher höchsten Besucherandrang an einem Tag erlebte der Mount Everest am 19. Mai 2012, als 214 Personen auf dem Gipfel waren. Jedes Jahr zu dieser Zeit taucht der Mount Everest wieder in den Schlagzeilen auf, irgendetwas passiert immer, wenn sich das Wetterfenster im Vormonsun öffnet.

Allerdings summierte sich die Zahl der Mount-Everest-Besteigungen, die ohne Zuhilfenahme von Zusatzsauerstoff gelangen, seit 1978, als dies zum ersten Mal Reinhold Messner und Peter Habeler gelang, nur auf 154 (Stand 2012). Nicht wenige Experten vertreten die Meinung, nur diese Anstiege seien «echte» bergsteigerische Leistungen.

Setzen wir diese Zahlen nun in Relation zur Zahl der Gipfelbucheinträge auf sehr markanten und verkehrstechnisch leicht erreichbaren heimischen Gipfeln, etwa der Allgäuer oder Lechtaler Alpen: Berge wie die Urbeleskarspitze oder die Freispitze werden längst nicht so häufig bestiegen wie der Mount Everest. Auch bekannte Viertausender der Alpen, wie beispielsweise das Lauteraarhorn, können erheblich weniger jährliche Besuche vorweisen als der Mount Everest. Allerdings ist es so, dass alle Bewerber für das Lauteraarhorn ihren Klettergurt und ihre Steigeisen selbstständig anlegen können, beim Mount Everest ist das nicht mehr der Fall, glaubt man den Berichten, die darüber publiziert werden.

Bergsteigen hat mit Psychologie zu tun

Was ist dran am Bergsteigen? Welche Faszination geht von diesem Sport aus? Was suchen Menschen, wenn sie sich in die Berge, an einen Kletterfelsen oder in die Kletterhalle begeben? Welche Bedürfnisse können Menschen mit dieser Aktivität befriedigen? Welche Motive treiben sie auf die Gipfel? Weshalb gehen sie hohe Risiken ein? Welchen Gewinn ziehen sie aus einer Bergtour? Weshalb muss es der höchste Berg der Erde sein? Wie kommt es, dass Menschen ihr gesamtes Leben auf diese Aktivität ausrichten? Welche Bergsteigertypen entwickeln sich zu professionellen Bergsteigern?

Um diese Fragen geht es in diesem Buch. Zunächst werde ich das Thema vor dem Hintergrund psychologischer Theorien und der historischen Entwicklung des Bergsteigens diskutieren. Zweitens werde ich Biografien von «Extremen» auswerten und in diesen Dokumenten nach psychologischen Mustern suchen, die deren Entwicklung hin zu professionellen Bergsteigern kennzeichnen. Ich werde Beispiele für Extreme aus verschiedenen Epochen und aus verschiedenen Regionen heranziehen. Drittens werde ich diese Fragen vor den Erfahrungen von sogenannten Freizeitbergsteigern reflektieren, die ja heute jenseits des sechsten Grades und an den Bergen der Welt bis hin zum Mount Everest unterwegs sind.

Dies ist ein psychologischer Text. Ich werde nicht zum wiederholten Mal Besteigungsgeschichten nacherzählen, dies ist in anderen Veröffentlichungen erschöpfend erfolgt und wird weiterhin geschehen. Ich versuche allerdings, die alpinen Aspekte meiner Ausführungen so genau wie möglich zu berücksichtigen.

Bergsteigen ist eine tolle Sache, daran gibt es für mich keinen Zweifel. Es gibt wenige Sportarten und Freizeitbeschäftigungen, die solch intensive Erlebnisse zulassen. Durch das Bergsteigen können wir persönlich wachsen, wir können Beziehungen aufbauen und entwickeln, wir können uns psychisch stabilisieren, wir können unsere Gesundheit verbessern, wir können im wahrsten Sinne des Wortes unseren Horizont erweitern. Wir können durch das Bergsteigen aber auch all das gefährden. Bergsteigen kann Beziehungen und Familien zerstören. Und wir können Risiken eingehen, die wir nicht mehr beherrschen und an denen wir zugrunde gehen.

Beim Bergsteigen setzen wir häufig die Verhaltensmuster aus unserem Alltag, beispielsweise aus dem Beruf, mit all seinen Zwängen, Verstrickungen und Enttäuschungen fort. Leistung und Wettbewerb sind auf allen Ebenen mit dem Bergsteigen verbunden, das gilt sowohl am Mount Everest als auch für das Wandern in den heimischen Bergen. In einer aktuelleren Ausgabe des Magazins des Deutschen Alpenvereins («Panorama» 3/2013) wird der Berliner Höhenweg vorgestellt. Der alpine Normalverbraucher, an den sich der Artikel wendet, benötigt acht bis neun Tage für die Runde durch die Zillertaler Alpen. Dass es auch anders geht, wird dem Leser gleich in der Einleitung unmissverständlich klargemacht: «Den derzeitigen Rekord hält der Extrem-Bergläufer Markus Kröll, der 2012 die gesamte Strecke mit 13 320 Höhenmetern in 23 Stunden und 45 Minuten bewältigte.» Es geht immer auch um Extremes und um Rekorde, wenn wir zum Bergsteigen gehen, ganz gleich auf welchem Niveau wir uns bewegen.

Meine persönlichen Verwicklungen

Ich bin Psychologe und Psychotherapeut und gehe seit über dreißig Jahren in die Berge. Dieses Buch ist daher auch eine Auseinandersetzung mit eigenen Erfahrungen beim Bergsteigen. Seit dem Jahr 1991 habe ich sieben Trekkings beziehungsweise expeditionsartige Reisen in die Anden und den Himalaja unternommen. Einige davon privat organisiert, einige in einer organisierten Reisegruppe. Bei diesen Reisen ergaben sich viele Kontakte und Gespräche. Man lernt dabei Menschen kennen, mit denen man sich im normalen Leben nie austauschen würde. Man bekommt Einblicke in Lebensentwürfe, die sonst im privaten Bereich verborgen bleiben. Man kann Menschen in extrem belastenden Situationen erleben und sie dabei sehr schätzen lernen. Aber man kann auch Erfahrungen machen, auf die man gut hätte verzichten können.

Seit über drei Jahrzehnten bin ich also im Sommer und Winter in den Alpen unterwegs, mit ganz unterschiedlichen Partnern, auf Touren ganz unterschiedlicher Ausprägung. Persönliche Begegnungen aus diesen Aktivitäten fließen hier natürlich auch ein. Was ich konkret aus diesen Erfahrungen schildere, ist reine Literatur. Bei den auftretenden Akteuren handelt sich um fiktive Personen, für die ich Anregungen aus meinen persönlichen Erfahrungen, Gesprächen und Begegnungen bezogen habe. Die Orte und Berge, die auftauchen, gibt es natürlich, wahrscheinlich bin ich auch einmal dort gewesen. Ich möchte Ihnen typische Geschichten erzählen, es handelt sich also in diesen Abschnitten weder um Wissenschaft noch um Journalismus. Allerdings denken, fühlen und verhalten sich einige Menschen wirklich so, wie es hier beschrieben wird.

Ich bin ein Bergsteiger, der schon mal auf das Seil getreten ist, sogar mit Steigeisen an den Schuhen ist mir das bereits passiert. Mir waren jene Bergpartner am liebsten, die vorgestiegen sind. Aus der Not heraus habe ich gelernt, auch selbst den Vorstieg zu übernehmen, und das hat mich viel über Emotionsregulation gelehrt. Heute kenne ich einige leichte Klettereien so gut, dass ich sie manchmal free solo gehe. Angefangen habe ich mit dem reinen Wandern. Es erschien mir zunächst definitiv unmöglich, jene Gipfel zu besteigen, die ich von unten bestaunte. Ich war schon über dreißig, als ich auf meinem ersten Viertausender stand. Anfangs habe ich mich darüber gewundert, wie einfach es ging, diese Berge zu besteigen, und wie viele man in einem einzigen Urlaub auf seine persönliche Liste setzen kann. Später wurden die Routen schwerer, und ich habe mir öfter mal die Zähne ausgebissen an Gipfeln, bei denen die Besteigung einfach nicht klappen wollte. Mit den Gelenken habe ich erstaunlich wenig Probleme, was wahrscheinlich daran liegt, dass ich die Jahre, in denen andere Leistungssport betreiben, gelenkschonend in finsteren Kneipen zugebracht habe. Ich habe einige Hochlagernächte in Höhen von über 6000 Meter zugebracht, ein richtiger Höhenbergsteiger bin ich aber nicht. In meiner alpinistischen Biografie gibt es keine Todesfälle, Seilpartner habe ich nicht verschlissen, mehrere jedoch an deren Ehepartner und Kinder verloren. Um meine Kondition zu verbessern, habe ich nach meinem ersten Viertausender mit dem Rauchen aufgehört. Das hat sich insgesamt gelohnt. Meine alpinistische Expertise geht so weit, dass mir die Begriffe, die im Glossar aktueller Bergbücher auftauchen, bekannt sind. Die meisten der dort genannten Gegenstände habe ich in meiner persönlichen Ausrüstung. Ich bin ein alpinistischer Universaldilettant, ein extremer Bergsteiger war ich nie.

Zum Kindergeburtstag auf die Zsigmondy-Spitze

Die Zsigmondy-Spitze wird mitunter als das Matterhorn der Zillertaler Alpen bezeichnet. Bis zu ihrer Erstbesteigung im Jahr 1879 durch die Gebrüder Zsigmondy galt der Berg bei der Zillertaler Bergführerschaft als «unersteiglich» – wie zuvor viele andere in den Alpen. Die Zsigmondy-Brüder setzten diesem Nimbus ein Ende. Im Laufe der nächsten Jahre haben mehrere andere Extreme des ausgehenden 19. und beginnenden 20. Jahrhunderts wie Eugen Guido Lammer, Hans Fiechtl und Ludwig Purtscheller an diesem Berg mit Erstbegehungen neuer Routen Beweise ihrer bergsteigerischen Klasse hinterlassen.

Nun hatte ich diesen Gipfel auf meiner Liste für eine leichte Tourenwoche in den Zillertalern. Die Rechnung hatte ich allerdings ohne meine Bergpartnerin gemacht. Sie würde, das hätte sie mir doch ganz klar gesagt, keine Tour mehr machen, die sie vorher schlecht schlafen lasse. Vor Kurzem hätte ich sie schon mit dem Schwarzenstein hinters Licht geführt. Die Tour würde über einen flachen, praktisch spaltenlosen Gletscher führen, hätte ich gesagt. Beim Auf- und Abstieg seien wir aber über mindestens fünf Spalten gesprungen, die auch noch vom Neuschnee zugedeckt waren. Die Gipfelfelsen seien verschneit und vereist gewesen, und wir hätten dort in den Wolken mit einem Höhensturm gekämpft. Das sei für diese Tourenwoche Stress genug gewesen. Sie gehe auf das Schönbichler Horn, ich könne ja die Zsigmondy-Spitze machen. Das sei zudem besser für mein Ego, wenn ich diesen Klassiker solo begehe. Sei doch nur ein Dreier, höchstens. Wenn sie mitginge, müsse ich doch auch alles vorsteigen. In den Querungen könne man wahrscheinlich eh nicht sichern, dann sei es grad egal, ob ich allein oder zu zweit ginge. Ich habe zunächst geschluckt, dann setzte sich mein Ego durch.

Anderntags machte ich mich allein zum Berg auf. Helm, Klettergurt, Abseilachter, ein wenig Sicherungsmaterial und das Seil steckte ich in den Rucksack, ich wollte ja wieder runter vom Berg. Einen Dreier im Aufstieg frei zu klettern, ist schließlich das eine, etwas ganz anderes ist es, ihn wieder hinunterzuklettern. Mit meinem Material konnte ich im Zweifelsfall schwerere Stellen abseilen.

Beim Einstieg zum heutigen Normalweg traf ich eine Dreierpartie, die sich gerade bereit zum Start machte. Mit der Ausrüstung an ihren Gurten hätte man leicht einen Kletterladen eröffnen können. Wir kamen kurz ins Gespräch. Sie waren Ungarn und befanden sich hier auf einer Art Wallfahrt. Die Zsigmondy-Brüder seien ja zur Hälfte Ungarn gewesen, und diese Tour sei für sie ein Akt nationalen Gedenkens. Ich wollte mich auch fertig machen und warf einen Blick auf die Normalroute. Dort waren schon mindestens drei Seilschaften im Aufstieg, so ganz konnte ich das noch nicht überblicken, es war ein ziemliches Gewusel. Ich zog meinen Klettergurt an, setzte den Helm auf und stieg mit dem Seil im Rucksack in die Route ein. Im zweiten Quergang holte ich die erste der Seilschaften ein: Sie bestand aus zwei Kindern mit einem Bergführer. Im letzten steilen Stück zum Gipfel schloss ich zu den anderen Partien auf: noch mehr Kinder mit Führern.

Ich war emotional hin- und hergerissen. Sollte ich jetzt persönlich gekränkt sein, weil mein klassischer Anstieg reiner Kinderkram war? Oder sollte ich mich erhoben fühlen, weil ich für meinen Alleingang bewundert wurde? Es war schwer. Am Ende setzte sich das Gefühl durch, eine persönliche Heldentat versucht zu haben und dabei auf einem Kindergeburtstag gelandet zu sein. Mein Abstieg entschärfte sich durch diese Veranstaltung ganz erheblich. An einer senkrechten Passage, bei der ich im Aufstieg ganz schön hinlangen musste, hatte einer der Bergführer ein Fixseil angebracht, und ich konnte meine Ausrüstung im Rucksack lassen. Zweimal ins Seil gegriffen, und ich war über die Stelle weg.

Theorien

Bedürfnisse, Motive und Einstellungen

Von George Mallory, dem tragischen Protagonisten der britischen Besteigungsversuche des Mount Everest in den 1920er-Jahren, wird berichtet, er habe auf die Frage, weshalb er auf Berge steige, geantwortet: «Weil sie da sind.» Unausgesprochen schwinge in dieser Formulierung die Ergänzung «und ich bin es auch» mit, stellte der Autor Fergus Fleming fest. Für Mallory lag der Grund für das Bergsteigen im Bergsteigen selbst. Für ihn bedurfte es keiner weitergehenden Begründung für sein Tun.

In der gesamten alpinen Literatur schwingt die Frage nach dem Motiv für die «Lust am Aufstieg» mit. Entweder suchen die Autoren ausdrücklich danach oder sie unterstellen bestimmte Motive, die ihren Protagonisten oft nicht bewusst sind. Fergus Flemings Analyse der Ursprünge des Bergsteigens («Killing Dragons»; in der deutschen Übersetzung wurde daraus: «Nach oben») reicht von den Anfängen des Alpinismus bis zur Erstbegehung der Eigernordwand im Jahr 1938. Am Schluss seines Buches zieht er dieses Fazit (S. 427 f):

Die Pioniere wurden durch unterschiedliche und komplexe Motive auf die Alpengipfel getrieben. Wissenschaftliche Studien spielten eine Rolle und schierer Egoismus eine noch größere. Manche versuchten dem modernen Leben zu entkommen, andere sahen bergsteigerische Leistungen als den Höhepunkt der Moderne, und für noch andere war das Klettern ein spirituelles Bedürfnis. Einige suchten die Berge natürlich zum reinen Vergnügen auf. Ihnen folgten Maler, Dichter und Pedanten, die sich jeweils ein eigenes Bild von den Alpen machten. Aber wenn man einen einzigen Satz wählen müsste, um das Wesen der Alpenforschung einzufangen, den Zauber, der Männer und Frauen immer wieder zu den Gipfeln hinzog, wenn man Archive sichtete – von Master John de Bremble und Leonardo da Vinci bis hin zu Wills, Whymper, Tyndall, Conway, Coolidge und noch anderen –, dann sind keine Worte besser dazu geeignet als die Harrers nach seiner Rückkehr von der Eigerwand. Er gab einem Gefühl Ausdruck, das ungezählte Bergsteiger zwei Jahrhunderte hindurch geteilt hatten, als er schlicht sagte: «Wir haben einen Ausflug in eine andere Welt gemacht und sind zurückgekommen.»

Die wissenschaftliche Beschäftigung mit Motiven ist zentraler Gegenstand der Psychologie. Motive wirken für Menschen energetisierend und richtunggebend, sie lösen Gefühle aus, positive, wenn motivationale Ziele erreicht wurden, negative, wenn diese Ziele verfehlt wurden, sie initiieren Handlungen oder Vermeidungsverhalten. Kurz gesagt: Sie bestimmen unser Verhalten.

Motive leiten uns darin, unsere grundlegenden Bedürfnisse zu befriedigen. Klaus Grawe, bis zu seinem frühen Tod einer der wenigen international beachteten Psychotherapieforscher im deutschsprachigen Raum, stellte vier für die psychische Entwicklung und psychische Stabilität besonders wichtige Grundbedürfnisse heraus:

- nach Bindung,
- nach Orientierung und Kontrolle,

- nach Lustgewinn und Unlustvermeidung sowie
- nach Selbstwerterhöhung und Selbstwertstabilisierung.

Menschliches Verhalten zielt darauf ab, Zustände herzustellen, in denen diese Bedürfnisse befriedigt sind. Nehmen wir davon abweichende Befindlichkeiten wahr, erleben wir eine innere Anspannung und sind bemüht, Zustände herzustellen, die konsistent mit unseren Grundbedürfnissen oder Zielen sind. Menschen sind dabei in ihren Methoden höchst variabel und unterscheiden sich zudem in der individuellen Ausprägung ihrer Grundbedürfnisse.

Bergsteigen ist mit den erwähnten Grundbedürfnissen aufs Engste verbunden. Sichere soziale Bindungen können in Bergpartnerschaften erlebt, entwickelt und vertieft werden. Die Bedürfnisse nach Kontrolle und Selbstwertstabilisierung beziehungsweise Selbstwerterhöhung lassen sich durch bergsteigerische Aktivitäten vorzüglich realisieren. Bergsteigen kann ein höchst intensives Lusterleben, einen Kick, vermitteln und dazu dienen, unbefriedigende Zustände des Alltagserlebens zu beenden.

Menschen entwickeln und pflegen viele Strategien, um ihre Bedürfnisse zu befriedigen, speziell um ihr Leben unter Kontrolle zu halten, ein subjektives Gefühl von Macht und Wirksamkeit zu erlangen und sich selbst als Individuum von Wert zu erleben. Aber mitunter erweisen sich diese Strategien als wenig zielführend, ja sie können sogar schädlich wirken, denn sie machen unglücklich, einsam, depressiv oder gehen auf Kosten der körperlichen Unversehrtheit.

Die Schematherapie ist ein Ansatz, der den Erwerb problematischer Persönlichkeitsstile erklärt und ein Behandlungskonzept dafür liefert. Der Ansatz vermittelt ein gutes Verständnis dafür, wie Menschen ticken. Schemata sind

Denk- und Verhaltensmuster, die festlegen, wie wir im Alltag auf Anforderungen reagieren. Schemata regeln, wie wir Informationen aufnehmen und verarbeiten. Es handelt sich also um so etwas wie Programme, die durch spezifische Reize gestartet werden. Diese Schemata erwerben wir sehr früh in der Kindheit, sie lassen sich in Form einfacher Sätze formulieren. Generell gilt, dass schädigende Kindheitserfahrungen zu dysfunktionalen Schemata führen, die uns als Erwachsene das Leben schwer machen können.

Ein Beispiel: Menschen, die als Kinder im Stich gelassen, vernachlässigt oder zurückgewiesen werden, entwickeln Schemata, die sich in Sätzen wie diesen ausdrücken lassen: «Ich werde verlassen, ich genüge nicht, ich bin nicht liebenswert.» Ein solches Schema kann im Erwachsenenalter leicht aktiviert werden. Daraus resultierende Bewältigungsversuche nehmen häufig die Form einer Überkompensation an. Wer überkompensiert, versucht dem Gefühl der Hilflosigkeit oder Verletztheit zu entkommen, das zum aktivierten Schema gehört. Das aktualisierte Schema wird sozusagen bekämpft. Ein Satz wie «Ich genüge nicht» wird durch Handlungen aufgehoben, mit denen das Gegenteil demonstriert wird: «Ich bin großartig.» Narzissten versuchen bevorzugt, so mit den für sie zentralen Empfindungen der emotionalen Entbehrung und der eigenen Unzulänglichkeit fertigzuwerden. Sie schaffen es allerdings nicht, trotz der für alle sichtbaren Erfolge, in Frieden mit sich selbst zu leben. Sie verharren vielmehr dauerhaft in ihrem Bewältigungsstil des überkompensierenden Leistungshandelns, mit dem sie nur kurzfristig ihre negativen Gefühlszustände vermeiden können. Wenn es dahin gekommen ist, dass sich Schädigungen ankündigen, sind Psychotherapeuten gefragt, die mit den Betroffenen zusammen nach Wegen suchen, die dysfunktionalen Strategien zur Kontrolle über das eigene Leben und zur Stabilisierung des eigenen Selbstwerts so in den Griff zu bekommen und zu verändern, dass der persönliche Schaden, der aus ihnen entsteht, minimiert wird.

Bergsteigen ist in diesem Sinne eine Strategie, um über wichtige Aspekte im eigenen Leben Kontrolle auszuüben, um sich als wirksam zu erleben, um den eigenen Selbstwert zu erhöhen, um etwas für seine Bindungsökonomie zu tun und um das Lusterleben zu steigern. Ich werde diese Aussage belegen und mit vielen Beispielen illustrieren. Dabei werde ich zeigen, dass speziell das Grundbedürfnis nach Selbstwerterhöhung beziehungsweise Selbstwertstabilisierung eine entscheidende Triebfeder für Bergsteiger ist.

Ob wir Kontrolle haben, Macht erleben und unseren Selbstwert erhöhen, machen wir in unserem normalen Leben oft daran fest, ob wir Erfolge erzielen, die daran gemessen werden, was wir an materiellem oder auch ideellem Gewinn erreichen. Wir können beispielsweise eine Führungsposition erlangen, Anerkennung für eine wissenschaftliche Arbeit bekommen, ein höheres Einkommen erzielen, den Absatz eines Produktes steigern, die persönliche Stückzahl erhöhen und dergleichen mehr. Erfolg kann sich aber auch über einen attraktiven Partner oder über bevorzugte Behandlung definieren. Eine sehr beliebte Strategie zur Erhöhung des Selbstwerts und zum Erleben von Macht besteht darin, ein möglichst repräsentatives Auto zu fahren und im Straßenverkehr andere Verkehrsteilnehmer auf die Plätze zu verweisen. Wenn wir uns an solchen Zielen orientieren, sind wir extrinsisch motiviert.

Allerdings ist menschliches Handeln keineswegs ausschließlich extrinsisch motiviert. Menschen engagieren sich und üben Aktivitäten aus, obwohl diese keine direkt messbaren materiellen oder ideellen Gewinne einbringen. Man kann also davon ausgehen, dass auch ohne messbare äußere Effekte das Gefühl der persönlichen Kontrolle und der Selbstwert gesteigert werden können. Dieser Faktor dürfte mit entscheidend dafür sein, dass Menschen auf Berge steigen. In der Psychologie spricht man hier von intrinsischer Motivation.

Selbstverständlich sind die Bergsteiger keine homogene Gruppe. Es gibt ein extrem breites Spektrum der Aktiven, das sich über alle Altersstufen, beide Geschlechter, alle bergsteigerischen Spielarten, verschiedenste Fähigkeitsstufen und unterschiedlichste Professionalisierungsgrade vom reinen Gelegenheitswanderer bis zum extremen Bergsteigerprofi erstreckt. Ganz sicher unterscheidet sich die Motivationslage für diese Untergruppen erheblich, ganz sicher bedient das Bergsteigen bei den verschiedenen Gruppen ganz unterschiedliche Bedürfnisse.

Besonders interessant sind natürlich die Profis, die Extremen. Sie sind oft in den Medien präsent, prägen dadurch das Image des Bergsteigens stark und dienen als Vorbilder und Identifikationsfiguren. Sie sind bestimmend für neue Entwicklungen und strahlen auf die breite Masse der Amateure aus. Auf der anderen Seite betreibt die breite Masse bergsteigender Menschen das Bergsteigen als Freizeitaktivität. Es wird interessante Unterschiede bei den Bedürfnissen und in der Motivationslage dieser beiden Gruppen geben.

Flow-Erleben

Wenn wir die breite Masse der Bergsteiger betrachten, hat Bergsteigen durchaus etwas mit Spielen zu tun. Beides verfolgt keinen übergeordneten Zweck, beides dient nur dazu, persönliches Erleben und Erfahren zu verstärken. Kinder spielen um des Spiels willen, erproben sich in spielerischen Handlungen, erweitern so ihr Handlungsrepertoire und ihre soziale Kompetenz. Sie erschließen sich ihr Wissen über die Welt ganz wesentlich über das Spiel, und Spielen ist für die menschliche Entwicklung von hervorragender Bedeutung. Zum Spielen sind wir auf klassische Weise intrinsisch motiviert. Typischerweise erleben wir beim Spielen auch Lust.

Verstehen wir das Spielen als jede Aktivität, die nicht zweckorientiert ist, kommt darin der intrinsische Aspekt auf besondere Weise zum Ausdruck. Bereits Friedrich

Schiller («Sämtliche Werke» Band V, S. 618) hat es so formuliert:

Um es endlich auf einmal herauszusagen, der Mensch spielt nur, wo er in voller Bedeutung des Wortes Mensch ist, und er ist nur da ganz Mensch, wo er spielt.

Anders ausgedrückt, ist der Mensch dann im Vollbesitz seiner Freiheit und Würde, wenn er spielt, so Schiller. Spielen ist der Prototyp einer sogenannten autotelischen Tätigkeit. Damit ist eine Tätigkeit gemeint, die um ihrer selbst willen ausgeübt wird, eine Tätigkeit, die in sich selbst befriedigend ist. Dazugehörende Begriffe in der Psychologie sind Funktionslust, spielerische Assimilation, intrinsische Motivation oder auch Gipfelerlebnis. Womit wir schon bei einem bergsteigerischen Aspekt wären. Es gibt eine große Zahl psychologischer Beiträge zu diesem Phänomen, beispielsweise von den namhaften Psychologen Karl Bühler, Jean Piaget, Abraham Maslow oder Donald Hebb. Das Spiel ist in der Psychologie also eine ganz zentrale Größe.

Dass Bergsteigen mit Spielen zu tun hat, wurde bereits 1871 von Leslie Stephen im Titel seiner Monografie «The Playground of Europe» programmatisch formuliert. Die britischen Bergsteiger des sogenannten Goldenen Zeitalters des Alpinismus nutzten die Alpen als Spielplatz, auf dem erwachsene Männer mit dem Risiko spielen konnten. Männer, die im viktorianischen England an strengste Konventionen gebunden waren, fanden in den Alpen eine alternative Welt, in der sie ihre eigene Rolle selbst definierten und sein konnten, wer immer sie wollten.

Mihaly Csikszentmihalyi bezeichnete die reine Freude am Tun als «Flow-Erlebnis». Das Flow-Erlebnis wird von ihm so beschrieben: Die Grenzen von Handelndem und Welt verwischen, der Mensch vergisst sich im Tun, Weg und Ziel werden eins, man hört auf den inneren Rhythmus des Tuns.

Genau diesen Zustand kennen und beschreiben Bergsteiger häufig, speziell Kletterern ist er bekannt, und sie versuchen gezielt, diesen Zustand herzustellen. Das Flow-Erlebnis, die Freude am Tun, ist gekennzeichnet durch ein völliges Aufgehen des Handelnden in seiner Aktivität. Dazu muss die Tätigkeit Anforderungen stellen, die durchaus die Leistungsgrenzen des Handelnden berühren sollten. Dies verhindert Langeweile und führt zur vollen Konzentration und Hingabe an die Tätigkeit. Flow ist das Gegenteil von Routine. Ausgeschaltet sind im Flow-Zustand auch Sorgen darüber, was möglicherweise eintreffen wird. Der Handelnde – der Kletterer – spürt ein einheitliches Fließen, er erlebt sich als Meister seines Handelns. Sowohl die Trennung zwischen dem Ich und der Umwelt verschwindet wie auch die zwischen Vergangenheit, Gegenwart und Zukunft. Dieser Zustand unterscheidet sich fundamental von unseren Alltagserfahrungen, wo wir uns selten als Akteure mit voller Kontrolle erleben und auch nicht immer am Ende des Tuns eine klare individuelle Rückmeldung über unser Schaffen erhalten.

Zum Flow-Erleben gehört eine Veränderung des Bewusstseins, die Ausrichtung des Geistes auf einen Punkt und die vollständige Konzentration auf den Augenblick. So stellt sich ein Gefühl der Kontrolle wie auch ein Gefühl der Ichlosigkeit ein. Und eine solch autotelische Tätigkeit benötigt keine Ziele oder Belohnungen, die außerhalb ihrer selbst liegen. So liegt – folgt man Mihaly Csikszentmihalyi – der Grund des Kletterns im Klettern selbst, genau wie der Grund des Dichtens in der Tätigkeit des Schreibens liegt. Neben dem Klettern nennt Csikszentmihalyi noch weitere Beispiele, die zum Flow führen können: Tanzen, Schachspielen oder die Tätigkeit als Chirurg. Aber im Prinzip kann jede Tätigkeit ein Flow-Erleben auslösen, wenn sie mit Hingabe ausgeführt wird.

Es gibt zahlreiche Autoren aus der Kletterliteratur, die das Flow–Erleben oder wesentliche Teilaspekte davon ganz explizit beschreiben, ohne dies allerdings explizit mit diesem Begriff zu benennen. Hans Saler, ein deutscher Extremer der 1960er- und 1970er-Jahre, Teilnehmer an der Nanga-Parbat-Expedition von 1970, beschreibt es so: «Das Klettern erlebte ich wie einen Naturvorgang, der sich an mir vollzog, jenseits aller Zweckabsicht.» Andy Kirkpatrick, ein britischer Kletterer, der bei den Porträts noch ausführlich gewürdigt wird, berichtet:

Die Wertschätzung des Augenblicks ist etwas vom Schönsten am Bergsteigen, etwas, das ich im normalen Leben mit seinen unzähligen kleinen Sorgen vermisse. An einer Wand gibt es keine Gedanken über Geldanlagen, Beförderungen oder die Rentenansprüche. Deine Zukunft reicht nur bis zu den beiden glänzenden Bohrhaken am Stand über dir.

Malte Roeper, ein deutscher Autor und Kletterer, von dem es zahlreiche originelle Texte rund um das Thema Bergsteigen gibt, liefert die folgende erhellende Beschreibung, in der es auch um Flow-Erleben geht:

Beim Eumeln [bei Malte Roeper eine Umschreibung für Free-Solo-Klettern] wurde es besonders deutlich. Dein Leben hing an deinen Fingerspitzen, und das Verrückte war: Dort war es verdammt gut aufgehoben. In den meisten Fällen wussten wir ja genau, was wir taten. In zehn, fünfzehn, zwanzig Metern Höhe konntest du sehen, wie sich deine Hände um die Griffe schlossen und sich erst wieder lösten, um den nächsten Haltepunkt sicher zu umfassen. Besonders in leichten, aber hohen Routen befriedigte mich die ambivalente Situation, einen lebensgefährlichen Sturz mühelos vermeiden zu können. Ich genoss das Wissen, bei einem groben Fehler weit zu stürzen, und im selben Moment ganz genau zu wissen, dass ich mich auf meine Hän-

de, meine Kraft und meine Erfahrung, auf mich selbst verlassen konnte und dass ich eben nicht stürzte, sondern lebte, atmete und mein Herz hörbar schlug. Nein, ich fiel da nicht runter, ich würde leben. Diese Verantwortung für sich selbst war eine begehrenswerte Sache, denn sie gab einem Macht über das eigene Schicksal.

Für Mihaly Csikszentmihalyi bietet das Klettern einen geradezu prototypischen Zugang zum Flow-Erleben. Der Kletterer tritt ein in eine eigene Wirklichkeit, die die Realität des Alltagslebens an Bedeutung übertrifft. Risiko und Gefahr führen zu einem besonders intensiven Spiel. Natürlich ist die Teilnahme an diesem Spiel im Grunde irrational, und das Klettern hat Merkmale einer psychischen Störung – jedenfalls wenn man unterstellt, menschliches Handeln und Verhalten sei im Normalfall von rationalen Entscheidungen gesteuert. Aber dies ist nicht der Fall. Menschliches Denken ist erstens keineswegs logisch, sondern von vielerlei kognitiven Fehlern bestimmt, und zweitens ist es stark emotional beeinflusst.

Für die große Masse der Kletterer gilt, dass nur der Einzelne weiß, was er geleistet hat, denn es wird nicht darüber in den Medien berichtet oder ist auf sonstige Weise öffentlich nachvollziehbar. Er oder sie steht in keinem von außen beobachtbaren Wettbewerb, sondern klettert, um das Klettern mit seiner überwältigenden Erfahrungsvielfalt zu erleben. Und allein dieser Zustand ist erstrebenswert. Denn in der intensiven Ausrichtung der Aufmerksamkeit auf die Bewegungen und das Fortkommen beim Klettern wird das Alltagsleben ausgefiltert, es ist der Eintritt in einen anderen Bewusstseinsmodus. George Mallory soll dazu gesagt haben, Bergsteiger seien Künstler, weil sie emotionales Erleben um dessen selbst willen kultivieren.

Im Gegensatz dazu steht die Meinung, für die es vermutlich einen breiteren gesellschaftlichen Konsens gibt und nach der wir von der Sucht nach Geld, Macht, Ansehen und Vergnügen beherrscht werden. Nach dieser Meinung ist «ernsthafte» und engagierte Arbeit immer hart und unangenehm. Die Erfahrungen mit dem Flow-Erleben liefern starke Argumente gegen diese Meinung. Die intrinsische Motivation, erfahrbar durch das Flow-Erleben, ist ein ganz entscheidender Antrieb für Menschen und wird ganz besonders beim Bergsteigen und Klettern erlebt.

Diese Argumentation ist natürlich nicht ganz sauber. Erleben wir doch im Bergsteigeralltag ständig, dass auch Bergsteiger, die tatsächlich in keinem Wettbewerb stehen, in einen Wettkampfmodus umschalten, sobald sie Hand an den Fels (oder auch an die Kunststoffgriffe in der Kletterhalle) legen oder in der Aufstiegsspur durch den Schnee ihrem Ziel entgegenziehen. Zu sehr scheint der Grundmodus, nur durch Leistung bedeutsam zu sein, alle Lebensbereiche durchdrungen zu haben. Selbst der absolute Freizeitbergsteiger sucht nach Leistungsbelegen, die er kommunizieren kann.

Stellt man dem intrinsisch motivierten Handeln die extrinsische Motivation gegenüber, geht es um externe Verstärker und Belohnungen, es geht eben um Geld, Macht, Ansehen und Vergnügen. Menschen tendieren dazu, Kontrolle und Selbstwert dadurch zu sichern, dass sie überwiegend bis ausschließlich diese Ziele anstreben. Auch dieses Verhalten kann suchtartigen Charakter bekommen, dann ist umgangssprachlich oft von Gier die Rede.

Wir setzen als hauptsächliche Strategie das Streben nach Erfolg ein und sehen uns bestätigt, wenn wir als erfolgreiche Personen von unseren Mitmenschen bewundert werden. Im Grunde genommen wird dieses Streben als die Basis unserer westlichen Gesellschaftsordnung angesehen. Weit verbreitet, wenn auch nicht ohne Kritik daran, ist die Auffassung, diese Haltung treibe die Welt um und fördere Wachstum und Entwicklung. Allerdings sind Erfolgsstreben und Leistungshandeln gleichzeitig mit hohen Kosten verbunden, auf individueller wie auf globaler Ebene. Ob wissenschaftliche, wirtschaftliche, politische und andere Formen der gesellschaftlichen Entwicklung wirklich ausschließlich durch kompromissloses Leistungshandeln erzielt werden, bleibt dabei eine komplexe Fragestellung.

Gegen die Schwaben kämpfen

Das Gaishorn ist der Skitourenklassiker im Tannheimer Tal. Je nach den Verhältnissen wechselt der Charakter der Tour zwischen Traum und Krampf. Seit ich im Allgäu lebe, habe ich diese Tour mindestens einmal in der Saison absolviert. Wenn es allzu sehr Richtung Krampf tendierte, habe ich auf den Gipfelhang verzichtet und versucht, mit Anstand wieder zurück an den Ausgangspunkt zu gelangen. Zum Glück gab es oft ausgezeichnete Verhältnisse, Pulver im Hochwinter oder Firn im Frühjahr. Einmal, es war Ende Januar, herrschten solche Verhältnisse: Aufstieg und Abfahrt waren der absolute Genuss, ich schwebte den steilen Gipfelhang hinab, die Ski liefen wie von selbst, auch durch den Wald trug mich der leichte Schnee, und ich kurvte um die Bäume. Mir war, als beherrschte ich es wirklich perfekt. Abends meldete ich mich bei Rudi, den ich trotz seiner Rolle als junger Familienvater noch manchmal für eine gemeinsame Skitour begeistern konnte. Ich schwärmte vom Schnee und konnte so das Feuer in ihm entfachen.

Am nächsten Morgen starteten wir, ich zu meiner zweiten Gaishorntour der Saison, und Rudi konnte sich tatsächlich von Frau und Kindern losreißen. Wir zogen zügig unsere Spur. Ich bat Rudi, ein wenig auf mein Alter Rücksicht zu nehmen, und sagte ihm, dass es mir eher um den Genuss ging, nicht um die Aufstiegszeit. Dann musste ich kurz die Spur verlassen, um hinter einem Baum ein einfaches Bedürfnis zu erledigen. Rudi wusste Bescheid, ich hatte ihn gebeten, langsam weiterzugehen, damit ich wieder zu ihm aufschließen konnte. Aber tatsächlich habe ich ihn erst ganz weit oben wiedergesehen. Als er am Skidepot tatsächlich eine Pause machte, konnte ich ihn schließlich einholen. Vor sich habe er eine Gruppe Schwaben entdeckt, sagte er mir. Es sei für ihn eine absolute Zumutung, hinter Schwaben herzuschleichen. Die habe er natürlich überholen müssen! Dann seien noch weitere Tourengeher vor ihm aufgetaucht, die seien sogar freiwillig aus der Spur gegangen. Da sei ihm nichts anderes übrig geblieben, als vorbeizuziehen. Zudem habe er auch an die Aufstiegszeit gedacht, er müsse schließlich morgen bei der Arbeit über die Tour berichten. Alles über zwei Stunden schade seinem Image, und schwindeln würde er schließlich nicht.

Wir sind mit den Ski bis unter den Gipfel weitergegangen und durch die Gipfelrinne abgefahren. Der Schnee war immer noch ein Traum, vom Gipfel bis zum Parkplatz. Ich ließ mich zum zweiten Mal hinuntertragen und schwebte durch den Pulverschnee, das war nicht von dieser Welt. Rudi bedankte sich, dass ich nicht lockergelassen hatte und ihm diesen tollen Tourentag verschafft hatte. Bei mir blieb ein schaler Nachgeschmack darüber, dass man offensichtlich bei jeder Gelegenheit in den Kampfmodus schalten muss. In jener Saison konnte ich Rudi nur noch einmal zu einer Skitour aktivieren. Ende Mai sind wir bei perfektem Firn auf den Mehlsack im Lechquellengebirge gestiegen. Hinter uns waren drei Tiroler im Aufstieg. Rudi hat sie im Aufstieg richtig alt aussehen lassen, sie hatten keine Chance, vor uns auf den Gipfel zu kommen.

Narzissmus

Das Streben nach einem stabilen Selbstwert ist ein gesundes, natürliches und zutiefst menschliches Verhalten. Wie jedes menschliche Verhalten kann auch dieses Streben eine ungesunde und in letzter Konsequenz selbst- und fremdschädigende Form annehmen. Dazu kommt, dass Menschen, die ausschließlich um ihr eigenes Selbst kreisen, für ihre Umgebung schwer zu ertragen sind.

Damit sind wir beim Konzept des Narzissmus[1], mit dem Menschen beschrieben werden, die in ihrem Denken und Handeln einen sehr starken Selbstbezug aufweisen. Sobald die narzisstische Verhaltenskomponente prominent in den Vordergrund tritt, werden die folgenden Merkmale beherrschend: Diese Menschen erscheinen sehr selbstbewusst, setzen sich gegen andere durch, bestimmen die Regeln für ihre Mitmenschen, sind von ihren eigenen Fähigkeiten und Leistungen besonders überzeugt, wollen dafür bewundert werden und agieren sehr leistungsorientiert. Typisch ist auch, dass es solchen Menschen oft mühelos gelingt, andere für ihre Zwecke und Ziele einzuspannen. Aber sie reagieren auf Kritik äußerst empfindlich. Oft kommen arrogante sowie aggressive Züge hinzu sowie eine Neigung, andere Menschen konsequent abzuwerten. Diese Beschreibung folgt der Arbeit von Ulrich Sachse und Mitarbeitern aus dem Jahr 2011. Dort ziehen die Autoren folgendes Fazit: «Nach der klassischen Definition ist ein Narzisst eine hoch autonome, selbstbewusste, leistungsorientierte Person, die in hohem Maße Regeln setzt und empfindlich auf Kritik reagiert.»

Das beschreibt insgesamt einen Persönlichkeitsstil, der ganz typisch für unsere westliche Kultur zu sein scheint. Ein

---

1 Meine Ausführungen zum Thema Narzissmus orientieren sich an der deskriptiven Beschreibung internationaler psychiatrischer Klassifikationssysteme. Innerhalb der psychologischen Forschung gibt es unterschiedliche Linien, deren Konzepte von Narzissmus divergieren, speziell in Bezug auf die Entstehung von Narzissmus gibt es voneinander abweichende Vorstellungen. In Bezug auf die Kernpunkte des Erscheinungsbildes der narzisstischen Persönlichkeit und des narzisstischen Handelns gibt es jedoch zwischen den psychologischen Strömungen weitestgehend Übereinstimmung. Die Diskussion darüber werde ich hier nicht vertiefen.

Stil, der durch eine starke Leistungsorientierung gekennzeichnet ist und damit eine positive Strategie zur Bewältigung der Anforderungen des Lebens darstellt. Es gibt in Teilen unserer Gesellschaft durchaus die Meinung, dass dieser Stil die Voraus-setzung für Erfolg und Ansehen sei, quasi ein «unverzichtbares» Merkmal, wenn man es «schaffen will».

Wann entwickelt sich ein Persönlichkeitsstil zu einer Störung beziehungsweise Krankheit? Die Psychologie gibt hier Antworten: Grundsätzlich gilt, dass der Übergang zwischen einem Persönlichkeitsstil und einer Persönlichkeitsstörung immer fließend ist und dass eine Diagnose nur zu stellen ist, wenn vonseiten der betroffenen Person ein Leidensdruck geäußert wird und ein Änderungswunsch vorhanden ist. Wobei der Wunsch in der Regel beim Aufsuchen eines Therapeuten nicht auf die Änderung des narzisstischen Verhaltens abzielt, sondern sich eher auf sekundäre Probleme wie beispielsweise Depression und Sucht bezieht.

Als Störungskriterien in Bezug auf Narzissmus gelten: übertriebenes Selbstwertgefühl, Fantasie grenzenlosen Erfolgs, die Ansicht, einzigartig zu sein, Verlangen nach Bewunderung, Anspruchsdenken, Ausnützen zwischenmenschlicher Beziehungen, Mangel an Einfühlungsvermögen, Neid und arrogantes Verhalten. Diese Definition, die wissenschaftlichen und international gültigen Kriterien der psychiatrischen Krankheitslehre folgt, ist für eine Psychologie des Bergsteigens natürlich nur begrenzt hilfreich, da sie auf psychische Störungen und deren Behandlung abzielt. Allerdings macht sie klar, welche Form ein narzisstischer Stil annehmen kann. Grundsätzlich gilt, je ausgeprägter der Stil ist, desto höher können die damit verbundenen individuellen Kosten werden.

Klar ist, Narzissten sind in ihrem Alltag davon getrieben, Bewunderung und Anerkennung von anderen Personen zu erhalten. Dies ist ihr Hauptmotiv, auch wenn es daneben möglicherweise noch andere Motive wie die nach persönlicher Bedeutung oder Autonomie gibt. Sachse und Mitarbeiter machen nämlich darauf aufmerksam, dass Narzissten zwei parallele Selbstkonzepte oder Schemata aufweisen. Neben dem Konzept der eigenen Grandiosität, in das positive Annahmen über die eigene Person integriert sind, gibt es ein negatives Selbstkonzept, das, aus der frühen Biografie stammend, negative Grundannahmen über das eigene Selbst enthält. Den Kern dieses negativen Selbstkonzeptes bildet eine Defizitannahme über die eigene Person, die sich mit solchen Selbstaussagen beschreiben lässt: «Ich bin nicht liebenswert, ich bin nicht kompetent, ich werde den Erwartungen wichtiger Personen nicht gerecht.»

Entscheidenden Einfluss auf den Erwerb dieser Sätze oder Schemata haben die frühen Interaktionen mit den wichtigsten Bezugspersonen, üblicherweise den Eltern, bei den Jungen speziell mit dem Vater. Diese lassen sich etwa durch folgende Formulierungen charakterisieren: «Sei der Beste! Gewinne immer! Zeige deine Erfolge! Mach allen deutlich, wie toll du bist! Nimm jede Herausforderung an!» Diese «Aufträge» stehen in enger Verbindung mit der direkt oder indirekt ausgesprochenen Botschaft: «Nur dann werde ich dich mögen, und nur dann bist du als Mensch etwas wert.» Dadurch entsteht eine grundlegende, den Alltag beherrschende Sorge darum, nicht zu genügen, die Anforderungen nicht erfüllen zu können. Und ein ständiges Streben danach, die «Aufträge» zu erfüllen, um anerkannt und gemocht zu werden.

Eine andere Konstellation, die zu einem solchen negativen Selbstschema führen kann, ist das Fehlen sicherer Bezugspersonen oder einer konstanten Familiensituation insgesamt. Fehlt beispielsweise der Vater in der Familie, sind Kinder in Heimen untergebracht sind oder ist die Biografie durch starke Abwertungen und Invalidierungen gekennzeichnet, dann liegt eine Broken-Home-Situation vor. Mit dem Begriff Invalidierung beschreiben Psychologen den Sachverhalt, dass die Gefühle, Nöte und Bedürfnisse von Kindern nicht beachtet werden und keine angemessene

Reaktion auf Beeinträchtigungen erfolgt. Auch emotionale Mangelzustände, Vernachlässigung, Misshandlungen oder Missbrauch können ursächlich für negative Selbstschemata sein. Kinder, die unter solchen Lebensumständen aufwachsen, lernen Schemata, die sich mit Sätzen wie «Mich mag keiner», «Ich werde nicht beachtet», «Ich kann tun, was ich will, es ist nie gut genug», «Niemand schützt mich» oder «Ich kann nichts» beschreiben lassen. Solche Sätze prägen schließlich das Selbstbild dieser Kinder. Menschen entwickeln aus solch mangelbehafteten biografischen Konstellationen und Lernerfahrungen heraus Kompensationsstrategien, in denen sie beispielsweise über außergewöhnliche Leistungen positives Feedback und Anerkennung suchen und damit ihr negatives Selbstkonzept neutralisieren und aufheben möchten. Natürlich gibt es vielerlei Strategien, um den persönlichen Selbstwert zu stabilisieren und zu erhöhen, der Weg, über Leistung Anerkennung und besondere Behandlung zu erhalten, ist nur ein möglicher.

Narzissten zeichnen sich nicht immer und ausschließlich dadurch aus, dass sie persönlich einen hohen Einsatz erbringen und besondere Leistungen erzielen. Doch gilt dies zumeist für die erfolgreichen Narzissten, die unsere Gesellschaft besonders prägen. Auf diese Eigenschaft ist bei Bergsteigern besonders zu achten. Die Berichte extremer und besonders aktiver Alpinisten können wir im Folgenden danach auswerten, über welche Motive sie berichten, die sie zu ihren außergewöhnlichen Leistungen treiben.

Bei Personen, bei denen Narzissmus in einer rein negativen (malignen) Form vorliegt, stehen Eigenschaften wie mangelndes Einfühlungsvermögen, rücksichtsloses Ausnutzen anderer Menschen oder die unerschütterliche Überzeugung von der eigenen Großartigkeit im Vordergrund. Solche Personen leben ihren Narzissmus ausschließlich auf Kosten anderer Menschen aus, lassen diese für sich arbeiten, schmücken sich hemmungslos mit fremden Federn und reklamieren die Erfolge anderer für sich. Besonders bei Führungspersonen in Politik, Verwaltung, Wissenschaft und Wirtschaft wird man in Bezug auf diese Eigenschaften fündig. Lassen sich auch bei Bergsteigern solche Züge finden?

Aber es gibt auch erfolglose und gescheiterte Narzissten, die entweder nie nach Erfolgen strebten oder dieses Streben wieder eingestellt haben. Status, Karriere und Erfolge können sie nicht vorweisen, oftmals auch keinen Schulabschluss, ihre Ausbildungen haben sie abgebrochen, zu Prüfungen sind sie nie erschienen. Trotzdem bleiben bei diesen Menschen die Überzeugungen bezüglich der eigenen Größe und Bedeutung unerschütterlich bestehen, sie beharren darauf, die Regeln für ihre Mitmenschen zu bestimmen, und sind fest davon überzeugt, eine besondere Behandlung, eine Art VIP-Status zu verdienen.

Der Grundzustand narzisstischer Menschen ist das Gefühl chronischer Unzufriedenheit, das sich aus dem negativen Selbstkonzept speist. Leistungshandeln wird eingesetzt, um diesen Zustand aus Unzufriedenheit und Minderwertigkeit zu beherrschen und zu regulieren. Das Problem dabei: Das zugrunde liegende negative Selbstschema verändert sich dadurch nicht. Im Gegenteil, es stabilisiert sich durch das Leistungshandeln sogar. Ein Grund dafür ist, dass Leistungshandeln im Prinzip eine Vermeidungsstrategie darstellt, die dazu eingesetzt wird, einen unangenehmen Zustand – das Gefühl der Minderwertigkeit – zu beenden. Anerkennung und positives Feedback nach einer erbrachten Leistung reduzieren aber nur kurzfristig und vorübergehend die negativen Gefühle der Minderwertigkeit. So wie auch das Vermeidungsverhalten bei Ängsten, mit dem die Betroffenen auslösende Reize und bedrohliche Situationen umgehen, kurzfristig die Angst zu reduzieren vermag, langfristig jedoch zur Stabilisierung der Angst beiträgt. Narzissten sind daher in einer Situation, in der sie ihr Leistungsverhalten immer weiter steigern müssen, um die negativen Gefühlszustände zu regulieren.

Das Leistungsverhalten wird – wie das Vermeidungsverhalten bei Ängsten – negativ verstärkt, da der negativ erlebte Zustand der Minderwertigkeit kurzfristig erträglicher wird. Daher ist das Leistungsverhalten sehr stabil, auch wenn es langfristig das Gefühl der Minderwertigkeit nicht reduziert. Narzissten sind in einer Situation wie Süchtige, die die Dosis ihres Suchtmittels kontinuierlich steigern müssen. Die Kosten narzisstischer Strategien sind für die Betroffenen vielfältig. Dieser Stil führt generell dazu, dass persönliche Leistungsgrenzen ignoriert werden. Wird dieses Verhalten über längere Zeit konsequent durchgehalten, kann dies zu physischer und psychischer Erschöpfung führen. Die Betroffenen können ernsthaft somatisch, also körperlich, erkranken: Am prominentesten sind koronare Herzerkrankungen, die im klassischen Herzinfarkt enden können, chronische Schmerzerkrankungen, besonders unspezifische Rückenschmerzen oder andere stressgesteuerte Krankheitsbilder. Auf psychischer Seite werden unter dem Begriff Burnout-Syndrom im Wesentlichen die Folgen von ausgeprägtem Leistungshandeln zusammengefasst. Burnout steht für chronische Müdigkeit, Erschöpfungsdepression, Ausbrennen am Arbeitsplatz und umschreibt auch vielfältige körperliche Probleme, für die sich keine medizinischen Krankheitsursachen finden lassen (sogenannte somatoforme Störungen). Mitunter hat man zwar den Eindruck, dass das Etikett Burnout von den Betroffenen wie eine Tapferkeitsmedaille getragen wird, aber es können durchaus sehr schwerwiegende Folgeerkrankungen auftreten. Hinter dem Burnout verbergen sich immer wieder psychische Leiden wie Depression, Angst oder somatoforme Störungen, die möglicherweise auch durch narzisstisch begründetes Leistungshandeln verursacht wurden.

Auf der sozialen Seite haben es Narzissten mit vielerlei interaktionellen und partnerschaftlichen Problemen zu tun. Durch ihr Dominanzstreben, durch ihre Bedürfnisse nach einem besonderen Status, durch ihr Nichteinhalten von Regeln machen sich Betroffene auf lange Sicht unbeliebt, auch wenn es ihnen zunächst scheinbar mühelos gelingt, durch charmantes Auftreten Kontakte anzubahnen. In Partnerschaften und Beziehungen sind Narzissten häufig ausbeuterisch und manipulativ. Sie suchen sich Partner, die sie mit Selbstwert und Status versorgen, und eine besondere Bedeutung hat für sie oft die Eroberung neuer Partner, mit denen sie sich schmücken können.

In Unternehmen und Institutionen verursachen narzisstische Führungspersonen hohe Kosten. So führt ihr übermäßiges Vertrauen in die eigene Kompetenz und die Fantasie über die eigene Großartigkeit regelmäßig zu Fehlurteilen und anschließenden Fehlentscheidungen. Die globale Finanzkrise im Jahr 2008 war sicher zu einem gewissen Teil solchen Verhaltensweisen geschuldet. Ein Führungsstil, der durch antisoziale, paranoide und aggressive Züge sowie durch das Fehlen von Einfühlungsvermögen in die Bedürfnisse anderer gekennzeichnet ist, führt in der Regel dazu, dass sich Mitarbeiter abgewertet und kontrolliert fühlen, dass sie vermehrt in eine innere Kündigung gehen oder tatsächlich den Betrieb verlassen. Dieser Führungsstil wird oft von narzisstischen Personen gepflegt, wenn sie in der Position eines Vorgesetzten sind. So schaden sie – natürlich nicht in ihrer eigenen Wahrnehmung – den Betrieben und Organisationen, in denen sie wirken. Fazit: Narzissmus ist individuell und gesamtgesellschaftlich mit hohen Kosten verbunden. Und bezogen auf das Bergsteigen: Das Ignorieren von Leistungsgrenzen ist hier typisch – die Bereitschaft, persönliche Leistungsgrenzen zu überschreiten, stellt geradezu eine Voraussetzung für ambitionierteres Bergsteigen dar. Die unmittelbaren Folgen dieses Verhaltens können beim Bergsteigen schwere Verletzungen oder der Tod sein. Ereignisse, die gar nicht selten auftreten. Ich werde darauf zurückkommen.

Es geht mir allerdings nicht darum, Bergsteiger und Kletterer als Narzissten zu entlarven oder das Bergsteigen als

Symptom einer Persönlichkeitsstörung zu betrachten. Mein Anliegen ist es, danach zu suchen, welche Motive hinter bergsteigerischen Aktivitäten stecken, welche individuellen Lerngeschichten hinter diesen Motiven zu finden sind und welcher Antrieb hinter überragenden Leistungen steht. Wir finden sehr viele Dokumente mit Aussagen zu Leistungs- und Konkurrenzverhalten, biografischen Fakten, Berichten über soziale Beziehungen sowie Beurteilungen durch Partner am Berg und in Beziehungen bei Bergsteigern. Für dieses Buch möchte ich diese analysieren und auswerten, ohne Diagnosen stellen zu wollen. Dies wäre prinzipiell nur in einer direkten Exploration möglich. Vielmehr suche ich nach Grundmustern, die möglicherweise bei vielen Alpinisten in ähnlicher Form vorkommen, seien es die Extremen oder die Amateure am Berg. Auf der anderen Seite möchte ich auch untersuchen, welche Rolle das Erleben von Flow-Zuständen beim Bergsteigen spielt. Ob dieses Moment bei prominenten Bergsteigern dokumentiert ist, ob überhaupt Berichte über ein solches Erleben vorliegen und ob das Bergsteigen eingesetzt wird, um gezielt solche Zustände herzustellen.

Ganz gleich, wie viel narzisstisches Leistungshandeln wir im Bergsteigen finden: Die individuellen bergsteigerischen Leistungen haben natürlich trotzdem Bestand, sie wurden persönlich erbracht. Darin unterscheiden sich alpinistische Leistungen von Errungenschaften in Politik, Wirtschaft und Wissenschaft, wo es sich fast immer um Teamarbeit handelt und sich allzu oft jene Personen mit fremden Federn schmücken, die mit vermeintlich außergewöhnlichen Leistungen die große Bühne suchen. In den genannten Feldern werden die politischen Konzepte von ungenannten Beratern und Referenten erdacht, neue Produkte werden von anonymen Mitarbeitern entwickelt und schließlich produziert, neue wissenschaftliche Ergebnisse werden in der Hauptsache von nicht genannten Diplomanden und Doktoranden erzielt. Fortschritte, neue Erkenntnisse und Weiterentwicklungen sind in unserer hochkomplexen Kultur immer das Resultat des Zusammenwirkens und des Inputs sehr vieler Menschen.

Das ist beim Bergsteigen meistens anders. Zwar können auch Bergsteiger auf fremde Unterstützung zurückgreifen, in den Alpen einen Bergführer und im Himalaja Träger und Climbing Sherpas engagieren. Aber auch ein Bergsteiger, der mit Unterstützung von Sherpas einen hohen Berg besteigt oder dem am Seil eines Bergführers eine schwere Hochtour gelingt, erbringt eine herausragende persönliche Leistung. Nur sollte er dann die Umstände, unter denen er seinen Erfolg erzielte, auch benennen.

Ausgangspunkt der Überlegungen unter dieser Überschrift war, dass das Streben nach einem stabilen Selbstwert ein essenzielles menschliches Grundbedürfnis ist, das dysfunktionale Züge annehmen kann. Naheliegend und unsere gängigste Praxis ist es, den Selbstwert durch Leistungen, die von anderen Personen anerkannt und bewundert werden, aufzubauen. Daher ist es absolut verständlich, wenn Menschen, die mit dem Bergsteigen in Berührung kommen, diesen Weg einschlagen, wenn es darum geht, vorzeigbare Leistungen zu erbringen. Denn wo sonst sind Leistungen so klar zu sehen und zu präsentieren? Nach einer Tour steht das Ergebnis groß und mächtig in der Landschaft, und die Leistung ist klar definiert. Eine Kletterei zeichnet sich durch eine eindeutige Linie im Fels aus, der der Kletterer gefolgt ist. Wer einen Berg bestiegen hat, hinterlässt eine Marke in der Natur. Das gilt in besonderem Maße für die Erstbegeher einer Route.

Klare Linien

Sehr lebhaft erinnere ich mich an einen Blick zurück vom Reschenpass in Richtung Ortler. An einem Spätsommernachmittag standen wir zu viert bei jenem im Stausee versunkenen Kirchturm und rekapitulierten noch einmal die Linie der letzten zwei Tage, die wir klar vor uns sahen. Wir waren am Tag zuvor von Sulden zur Hintergrathütte aufgestiegen. Über den Hintergrat hatten wir den Ortler bestiegen und waren anschließend auf dem Normalweg über die Payerhütte zurück nach Sulden gegangen. Diese Linie wirkte jetzt aus der Distanz ganz unwirklich großartig. Der Ortler schien im Nachmittagslicht fast über dem Vinschgau zu schweben, es war wie ein Blick in eine andere Welt. Und wir waren diese ganze lange Linie gegangen, an einem Tag. Wir waren von unserer Leistung überwältigt, konnten es selbst kaum glauben, dass wir diesen Weg gegangen waren. So klar vorzeigbare und beständige Resultate haben wir bei unseren Alltagstätigkeiten und Routinen selten.

Die an der Grenze leben – zum Thema Borderline

Neben dem schillernden Thema Narzissmus möchte ich den Borderline-Persönlichkeitsstil erwähnen. Auch er kann als mehr oder minder markanter Verhaltensstil oder als Persönlichkeitsstörung in Form einer Erkrankung auftreten. Kennzeichen des Borderline-Stils sind instabile Stimmungen mit häufigen Wutausbrüchen und depressiven Phasen, wechselhafte Beziehungen zu anderen Menschen, impulsives Verhalten, eine instabile Identität beispielsweise bezüglich der sexuellen Orientierung sowie heftige emotionale Spannungszustände und Krisen. Menschen mit diesen Merkmalen verletzen sich oft selbst, betreiben häufig Substanzmissbrauch, suchen starke Reize, sehen sich selbst äußerst negativ und haben ein hohes Suizidrisiko.

Als ursächlich für diese Eigenschaften gelten Missbrauch und Misshandlungen emotionaler, physischer oder sexueller Art in der Kindheit. Prinzipiell entwickelt sich die Problematik auf der Grundlage einer desorganisierten Bindung, die dann besteht, wenn Eltern ambivalent sowohl als Bedrohung als auch als potenziell sicherer Ort wahrgenommen werden. Diese Unsicherheit in der Beziehung zu den wichtigsten Bezugspersonen ist für Kinder eine enorm belastende und zusätzlich ausweglose Situation, es gibt für sie kein Entrinnen aus solchen Lagen.

Es gibt Merkmale des Borderline-Stils, die auch bei extremen Bergsteigern beschrieben werden. Etwa das impulsive Verhalten mit Wutausbrüchen, die instabilen Beziehungen, die Stimmungsschwankungen, die Suche nach starken Reizen oder die beständigen Selbstzweifel. Extremes Bergsteigen könnte in gewissen Grenzen als der Versuch einer Selbsttherapie im Sinne einer Emotionsregulation interpretiert werden. Die starken Reize und Emotionen, denen man sich beim Bergsteigen aussetzt, etwa die Kälte oder die Anspannung vor einer kritischen Passage, wirken sich auf innere Spannungszustände positiv aus, diese lösen sich während der Aktivität auf.

Hyperaktivität – ADHS

Personen mit diesen Verhaltensauffälligkeiten haben Probleme in den Bereichen Aufmerksamkeit, Impulsivität und Hyperaktivität. Daher die Bezeichnung Aufmerksamkeitsdefizit-/Hyperaktivitätsstörung (ADHS). Beschrieben wurden die Probleme bereits in der Mitte des 19. Jahrhunderts vom Frankfurter Arzt Heinrich Hoffmann im berühmten «Struwwelpeter» in den Figuren Zappelphilipp und Hans Guck-in-die-Luft.

Die ADHS gilt heute als Hauptursache von Verhaltensstörungen und Schulversagen bei Kindern und Jugendlichen, wobei Jungen sehr viel häufiger betroffen sind als Mädchen. Die Störung dauert bei vielen Betroffenen auch im Erwachsenenalter an. Die Störung gilt heute als multifaktoriell bedingt. Man geht von einer erblichen Disposition aus, die für eine neurobiologische Fehlfunktion verantwortlich ist. Für den Verlauf und die individuelle Ausprägung spielen psychosoziale Faktoren und Umweltbedingungen eine wichtige Rolle. Die Störung erzeugt einen erheblichen Druck auf Betroffene und Angehörige. Schulversagen, Schwierigkeiten in der Berufsausbildung, soziale Konflikte und die Entwicklung weiterer psychischer Störungen sind in der Regel die Konsequenz aus ADHS. Die persönliche Erfahrung der Betroffenen ist die, immerfort zu versagen und den an sie gestellten Ansprüchen nicht genügen zu können. Behandlungsempfehlungen betonen die Wichtigkeit von psychologisch-pädagogischen Maßnahmen, die medikamentöse Behandlung – typischerweise mittels Methylphenidat – wird nach den aktuellen Leitlinien der Fachgesellschaften nicht als primäre Strategie empfohlen.

Weshalb taucht in einem Buch über die Psychologie des Bergsteigens diese Erkrankung auf, die in den Bereich der Kinder- und Jugendpsychiatrie gehört? Dies hat zwei Gründe. Erstens: In den biografischen Skizzen über Extrembergsteiger findet man häufig Hinweise darauf, dass sie in ihrer Kindheit typische Auffälligkeiten zeigten, die an ein ADHS denken lassen. Maria Coffey liefert in ihrer Monografie «Extrem», auf die ich an späterer Stelle noch ausführlich eingehen werde, beispielsweise diese biografische Skizze des Extrembergsteigers Alex Lowe, der an der Shisha Pangma von einer Lawine verschüttet wurde (S. 262):

In der Schule brachte ihn seine Hyperaktivität bald in Schwierigkeiten. Er konnte in der Klasse einfach nicht still sitzen. Wenn Dottie [die Mutter] kam, um ihn vom Unterricht abzuholen, erlebte sie oft, wie er sich mit anderen prügelte und auf dem Boden herumrollte. Ständig verfing er sich mit den Kleidern in Stacheldrahtzäunen und zer-

riss sie zu Fetzen. Seine Schuhe verschliss er unglaublich schnell. ... Und er hatte keine Zeit für Zärtlichkeiten. «Man konnte während seiner Kindheit schwer mit ihm schmusen», sagt Jim [der Vater]. «Er stieß einen immer weg.»

Genau so werden hyperaktive Kinder beschrieben. Hier fallen zudem autistische Züge auf.

Der zweite Grund ist, dass Klettern und Bergsteigen Aktivitäten sind, die einen therapeutisch günstigen Effekt auf diese Störung haben können. Das Klettern schult die Fokussierung der Aufmerksamkeit ausgezeichnet. Beim Klettern werden zudem komplexe Bewegungsmuster eingeübt, auch dies wirkt sich stabilisierend auf von ADHS betroffene Kinder aus. Und der Aufenthalt in der Natur gilt als unspezifischer, aber sehr wirksamer Faktor bei der Behandlung von ADHS. Klettern und Bergsteigen sind somit effektive Strategien zur Therapie beziehungsweise zur Selbsttherapie dieser Störung. Wenn Kinder und Jugendliche bemerken, dass sie beim Klettern erfolgreich sind, und wenn sie sich dabei, anders als im bisherigen Leben, als selbstwirksame Individuen erleben, werden sie von dieser Strategie profitieren und mit hoher Wahrscheinlichkeit dabeibleiben.

Der Politiker auf dem Mount Everest

Ein Däne in Nepal mag ja noch angehen, aber ein Däne, der auf hohe Berge steigt? Bei Dänemark fällt mir nicht viel ein. Niels Bohr und Susanne Bier sind die einzigen Namen, die mir spontan in den Kopf kommen. Und jetzt Mads, so hat er sich vorgestellt, ein dänischer Extrembergsteiger. Ich habe nach einer Trekkingtour, bei der wir schneller als erwartet unseren Gipfel erreicht hatten, noch zwei Tage in Kathmandu zur Verfügung und bin zufällig im selben Hotel gelandet wie Mads. Wir sind schnell mittendrin im Thema.

«Weißt du, mich haben immer drei Gründe angetrieben, wenn ich mich auf die hohen Berge aufgemacht habe.»

Mads holt weit aus, ich bin gespannt. Die Expedition zur Annapurna IV hat er vor fünf Tagen abgebrochen. Er ist allein aus dem Lager 1 ins Basislager abgestiegen und hat sich am Tag darauf auf den Weg zurück in eine bewohnte Gegend gemacht und schließlich sogar noch einen Flug in die Hauptstadt Nepals erwischt. Frisch geduscht und gut versorgt mit Flaschenbier wartet er jetzt auf den Rest der Gruppe und schlägt die Zeit tot. Ich habe ihn beim Frühstück kennengelernt, er spricht perfekt Deutsch und geht sofort auf Sendung. Er kann praktisch zu jedem Thema Beiträge liefern und tut dies rhetorisch geschult, mit profundem Hintergrundwissen und mit großer Hingabe. Mads ist promovierter Volkswirt und seit Jahrzehnten Spitzenbeamter in einem wichtigen Ministerium in Kopenhagen. Und er hat den Mount Everest bestiegen. Das ist praktisch das Erste, was ich von ihm erfahre, als ich zum ersten Mal bei ihm am Tisch sitze. Damit macht er sofort klar, in welcher Liga er spielt und wie man ihn zu sehen hat. Ich bin auf jeden Fall beeindruckt von diesem ersten Auftritt.

«Ganz wichtig für mich ist erstens die Vorbereitungsphase auf den Berg. Ich trainiere dann ja monatelang und stelle meinen ganzen Alltag auf die geplante Expedition um. Die Planung beherrscht im Prinzip mein ganzes Privat- und Berufsleben. Natürlich gibt es kaum andere Gesprächsthemen. Alle Welt weiß von meinen Plänen, alle fragen mich danach, alle äußern Respekt und Bewunderung. Meine Frau stellt sich ganz auf meinen Trainingsplan ein und sorgt auch dafür, dass ich immer am Ball bleibe. In so einer Phase bin ich ganz und gar auf mein Ziel fixiert. Ich spüre auch, wie mein Umfeld mit mir ist. Ich spüre da eine Art von Anerkennung, die mich richtig trägt. Manchmal denke ich, diese Phase ist mir fast so wichtig wie die Expedition selbst.»

Jetzt bin ich doch überrascht, wie selbstverständlich sich Mads über seine persönlichen Befindlichkeiten äußert, wahrscheinlich dänische Offenheit. Wir haben noch nichts getrunken und eigentlich noch gar kein persönliches Verhältnis.

«Du hast aber von drei Gründen oder Motiven gesprochen», hake ich nach.

«Jetzt mal ganz langsam, ich habe ja erst angesetzt, natürlich komme ich noch zu den anderen beiden Motiven. Wir haben Zeit. Und ich bin sowieso gerade dabei, diese Themen für mich zu klären, das fällt viel leichter, wenn man darüber spricht. Der Dialog ist schließlich die Basis der Philosophie.» Jetzt bin ich zufrieden, Mads kommt in einen angeregten Zustand, man muss ihn jetzt nur reden lassen, ich harre der Dinge.

«Die zweite ganz wichtige Sache ist natürlich die Expedition selbst. Also eigentlich ist das ja heute eher eine Reise, alles pauschal und perfekt organisiert, auch am Everest, zumindest bei dem Veranstalter, mit dem ich unterwegs war: Der ist zwar teurer, dafür stimmt aber die persönliche Unterstützung bis in die Details. Du weißt sicher, die Preise bei den Veranstaltern für Expeditionen unterscheiden sich enorm, bei meinem war alles etwas aufwendiger und sorgfältiger. Mein Veranstalter hatte zu seinen Sherpas ein ganz besonderes Verhältnis, er bezahlt sie besser als die anderen Agenturen und behandelt sie als gleichberechtigte Partner. Er hat ja in Nepal einen Stamm fester Mitarbeiter, die er für alle seine Unternehmungen engagiert. Seine nepalesischen Sherpas nimmt er auch mit nach Indien, Pakistan und in andere Länder.»

Mads schöpft jetzt aus seinem reichen Erfahrungsschatz. «Meinem Veranstalter war es besonders wichtig, dass seine Teilnehmer gesund bleiben und nicht in negatives Grübeln abgleiten, auch in den Hochlagern, dafür sorgt er, und die Wärmflasche, mit der er für sich wirbt, ist kein Witz, sondern hat einen unmittelbaren Effekt. Seine Erfolgsquote, gerade am Everest, ist deshalb höher als bei den anderen Anbietern.»

Jetzt muss ich ihn langsam vom ganz Allgemeinen etwas runterholen: «Und wie ist es jetzt bei dir, wenn du tatsächlich unterwegs bist?»

Mads kommt wieder auf unser Thema zurück. «Also ganz ehrlich, die Expedition selbst ist doch kein Spaß. Du läufst ständig Gefahr, dir einen Infekt zu holen, in den Atemwegen oder im Magen-Darm-Bereich. Wenn du dir da was gefangen hast, dann gute Nacht. Dann kannst du gleich wieder heimfahren. Wenn du mal über das Basislager raus bist, kriegst du so etwas praktisch nicht mehr in den Griff. Da hilft eben das Konzept, das Basislager so angenehm und gesund wie nur möglich organisiert. Das wochenlange Warten in den Lagern, die Kälte, die Feuchtigkeit, das immer gleiche Essen. Am Anfang ist alles ein bisschen exotisch, und die Jungs bemühen sich ja wirklich, Abwechslung auf den Tisch zu bekommen. Aber tatsächlich sind die Möglichkeiten mit Proviant und Küche so beschränkt, dass man das Zeug irgendwann satthat. Tschapatis – mal ehrlich, das hält doch kein Magen auf Dauer aus. Spätestens in der zweiten Woche stürzen sich alle auf die Zusatzverpflegung aus Europa: Schwarzbrot aus der Dose, Senf, eingeschweißter Käse, Pulverkaffee, Corned Beef, Knäckebrot, genau das Zeug, nach dem wir uns doch sonst nicht umdrehen würden. Also ich denke, eine Expedition hat viel mit Entbehrung zu tun. Und mal ganz ehrlich, Bergsteigen im eigentlichen Sinne ist das doch nicht mehr.»

«Wie meinst du jetzt das?», frage ich dazwischen.

«Wie ich das meine? Ist doch ganz einfach, bei so einer Expedition bist du als normal zahlender Teilnehmer total abhängig von der Logistik des Veranstalters. Ohne die Sherpas geht gar nichts, die schleppen den wesentlichen Teil des

Gruppengepäcks, tragen dir am Everest den Sauerstoff hoch und verlegen die Fixseile, ohne die hast du sowieso keine Chance. Und du selbst gehst immer am Rande deiner Möglichkeiten. Du kannst dir nicht vorstellen, durch wie viele Türen ich gegangen bin, als ich zum Everest aufstieg. Ich war mehrfach an einem Punkt, an dem ich dachte, es geht nicht weiter, dann habe ich eine Tür geöffnet, bin über eine persönliche Grenze gegangen – und es ging weiter, und dies wieder und wieder. Ich kam wirklich in einen anderen Daseinsmodus, ich war in einer anderen Welt. Das war nicht angenehm, schon gar kein Erweckungserlebnis, eher das Gefühl, total ausgeliefert zu sein und dem Tod auf der Schippe zu stehen. Die Toten begleiten dich bei diesem Aufstieg auch ganz real, ich habe am Everest mindestens sieben Leichen an der Route gesehen.»

«Hat die Expedition gar keine Freude gemacht?» Das kann doch nicht wirklich sein, dass so eine Expedition nur als Frust, Ausnahmezustand und Zumutung erlebt wird.

«Wenn du über einen Grat aufsteigst, wenn alles passt, wenn du weißt, du schaffst den Gipfel heute. Oder die Stimmung beim Sonnenaufgang, das Licht, das Hellwerden, der Wechsel der Farben, wenn die Sonne die Kälte vertreibt. Das Gefühl, wenn du dann tatsächlich ein Ziel erreicht hast, wenn alle Schwere von dir abfällt. Das ist schon der reine Wahnsinn. Das ist doch klar, auf so einer Expedition gibt es viele tolle Momente, wenn du den Alltag, speziell den Beruf, so ganz weit hinter dir lassen kannst. Wenn du in so einer ganz anderen Welt bist. Andererseits ist doch dann immer gleich klar: Wenn ich wieder unten bin, brauche ich ein neues Ziel.»

Jetzt ist Mads an seinem wunden Punkt, so viel habe ich schon von ihm gelernt. Er hat ja die Besteigung seines zuletzt geplanten Siebentausenders aufgegeben, weil er sich für dieses Ziel nicht motivieren konnte. Was hätte es ihm gebracht, auf diesem elenden Gupf zu stehen? Lächerlich. Er, der Achttausendermann, er, der Everest-Besieger, sollte sich jetzt an einem sekundären Gipfel beweisen, der zufällig über 7000 Meter hoch ist? Vergiss es, Mads ist dann abgestiegen. Ein Grund war natürlich auch, dass die Besteigung, anders als im Prospekt beworben, technisch anspruchsvoll war, so erzählt er es mir wenigstens. Es war nicht nur eine Steilstufe zu versichern, sondern insgesamt lagen ungefähr 1500 Meter Fixseil an der Aufstiegsroute. Der «Normalweg» auf diesen Berg, der als solcher im Prospekt des Veranstalters angepriesen worden war, war nicht begehbar, da der Gletscher fürchterlich zerrissen war. Auch eine Folge des Klimawandels. Unter diesen Umständen war Mads nicht zu motivieren gewesen, wegen dieses jämmerlichen Ziels wollte er nichts riskieren. Sein Prestige hätte er damit nicht verbessert. Er habe sich ja im Vorfeld der Reise Fragen anhören müssen, weshalb er, der Everest-Mann, sich jetzt mit so einem läppischen Siebentausender abgebe, das habe ihn schon gestört.

«Also, ich denke, das Erleben auf der Expedition ist es gar nicht so sehr, was mich immer wieder zu den hohen Bergen treibt.» Mads versucht jetzt, seine Gedanken zusammenzufassen. «Da gibt es natürlich tolle Erlebnisse und ganz tiefe Gefühle. Aber bei mir ist es so, dass ich die Quälereien und Bedrohungen ertrage. Ich war immer bei den Letzten, die aufgegeben haben, wenn eine Expedition zu scheitern drohte, denn ich will am Ende mit dem Erfolg nach Hause fahren. Dieser Erfolg ist doch das wirklich Dauerhafte, nicht das Erleben am Berg.» Sollte ich jetzt schockiert sein? Das entspricht doch ganz und gar nicht der sonstigen hehren Meinung, dass es beim Bergsteigen auf das Erleben ankommt. Tatsächlich, Mads meint das so. Er ist jetzt bei Motiv Nummer zwei.

«Für mich ist es schon ganz wichtig, hinterher sagen zu können, ich war oben, ich habe einen Achttausender gemacht, ich habe mehrere Achttausender gemacht, ich habe den Everest gemacht. Damit definiere ich mich selbst, das sollen die anderen von mir wissen, damit wird doch allen klar, der ist der Beste.» Okay, das war jetzt schon heftig, aber ehrlich.

«Weißt du, formal habe ich ja einen tollen Job, sehr gut bezahlt, doppelt so viel Urlaub wie andere Arbeitnehmer, letztendlich keinerlei Verantwortung, und wenn ich ehrlich bin, viel zu tun habe ich nicht mehr. Ich kam mit einem Minister auf diese Stelle, der schon lange nicht mehr in der Politik ist, der sitzt in der Toskana auf dem Gut seiner Frau, den kennt in Dänemark schon gar keiner mehr. Seit der Minister ausgeschieden ist, bin ich im Prinzip politisch kaltgestellt, ich darf doch nur noch Projekte bearbeiten, mit denen ich sonst keinen störe, zwei Jahre hatte ich sogar gar keine Aufgaben mehr, nur noch eine Sekretärin. So sieht es aus.» Das passt jetzt schlecht zu dem Bild des dynamischen Spitzenbeamten, der Politik macht und Europa gestaltet, das Mads sonst von sich vermittelte.

«Am Anfang war ich ja so drauf, dass ich bei allem, was ich machte, der Beste sein musste, im Job, beim Radfahren, beim Bergsteigen, bei den Frauen. Je mehr es im Job bergab ging, desto höher mussten die Berge sein, und desto länger wurden die Reisen. Für meinen Selbstwert war es ganz wichtig, dass ich diese Erfolge vorweisen konnte. Und natürlich gehörte dazu auch eine jüngere Frau, in meiner Position doch fast zwingend.» Das ist also sein drittes Motiv. Jetzt ist er in seiner Rede kaum noch zu stoppen.

«Mein Problem ist jetzt, dass ich nichts mehr nachlegen kann. Den höchsten Berg habe ich bestiegen, mehr geht nicht. Und mit über sechzig werden deine Möglichkeiten zunehmend beschränkter. Das Alter ist doch ein Massaker. Mit schwirigen Touren, im Sinne von klettertechnisch schwierig, konnte ich nie punkten, ein richtig selbstständiger Bergsteiger war ich auch nicht wirklich. In den Alpen nehme ich immer einen Bergführer. Ich habe ja immer weit weg von den Bergen gewohnt. Trainiert habe ich Ausdauer, Kondition gebolzt, da bin ich spitze, ich kann mich endlos quälen, mit dem Rennrad fahre ich alle in Grund und Boden, aber technisch habe ich am Berg nicht so viel drauf.» Das hätte mich auch gewundert. Wir haben zusammen bereits festgestellt, dass Mads in den Alpen viele Touren kennt, die ich auch schon gegangen bin. Er war aber immer mit Bergführer unterwegs. Er konnte sich das ja leisten, ich hätte das Geld dafür nie aufbringen können. Für mich hat es immer dazu gehört, die Touren selbstständig zu machen. Klar habe ich vor einer Tour, wie beispielsweise auf das Weisshorn, ziemlich trainieren müssen, und in der Nacht vorher habe ich sehr schlecht geschlafen. Solche Erfahrungen gehören für mich aber dazu. Mads kauft sich solche Berge und schläft ruhig.

Jetzt ist er allerdings an dem Punkt, an dem er die Dosis seines «Bergmedikaments» nicht mehr steigern kann. Er sieht fast ein bisschen verzweifelt aus, der Mads, wie er jetzt so auf der Terrasse sitzt. Wir haben inzwischen das erste Bier des Tages geholt, das Wetter ist strahlend herbstlich, und wir sind nicht mehr in der Höhe. «Spätestens in zwei Jahren muss ich mit meinem Job aufhören, länger lassen die mich im Ministerium nicht weitermachen. Mit Achttausendern kann ich kein Aufsehen mehr erregen, das interessiert doch keinen mehr, was ich in den Bergen mache. Und mit der Familie weiß ich auch nicht genau, was da weiterlaufen soll.» Jetzt wird Mads wieder ganz privat, ich will das alles gar nicht so genau wissen, aber wenn man tagelang Zeit zum Reden hat, kommen solche Themen auch auf den Tisch. Ich weiß aus einem früheren Gespräch, dass Mads auch deswegen auf seine letzte Expedition mitgegangen ist, weil er dies klären wollte. Inzwischen ist ihm klar geworden, dass diese Frage unbeantwortet bleibt, solange man im Himalaja nach einer Antwort sucht.

Die Mittagszeit ist angebrochen, unser Vormittagsbier ausgetrunken, an den letzten beiden Tagen kehrte in der

Lodge um diese Zeit die große Trägheit ein. Nicht so heute. Von der Vorderseite des Hauses her ist Unruhe und ein anschwellendes Stimmengewirr zu hören. Ich fühle mich gerettet, jetzt muss ich doch nicht Mads bis in seine Kernprobleme hinein folgen. Die anderen Teilnehmer seiner Gruppe treffen tatsächlich nach und nach ein. Mads hat ein neues Thema: Wer war oben, wer nicht, und ob er es aushält, dass er nicht dabei war. Als Gesprächspartner braucht er mich nicht mehr.

Macht Bergsteigen süchtig?

Prinzipiell geht es bei Sucht um die Gefahren, die Stoffe und Verhaltensweisen bergen, mit denen wir ganz gezielt Zustände gesteigerten Lustempfindens herstellen können. Zustände von Lust, Rausch, Ekstase zu erleben, gehört zu den menschlichen Bedürfnissen, die sich nie aus der Welt schaffen lassen. Auch mit dem Bergsteigen kann man solche Zustände herstellen. Zunächst denkt man bei Sucht aber an die Abhängigkeit von Stoffen wie Alkohol oder Nikotin. Neben diesen Kulturdrogen können sich Süchte in Bezug auf viele andere Substanzen, auf illegale Drogen, auf Medikamente und auf Genussmittel entwickeln. Seit jüngster Zeit kennt man auch sogenannte nicht stoffgebundene Süchte, die sich als Spielsucht, Internetsucht, Kaufsucht oder Sexsucht manifestieren können. Für diese Probleme hat sich die Bezeichnung Verhaltenssucht eingebürgert. Inzwischen vertreten einige Wissenschaftler sogar die Meinung, man könne jede Verhaltensweise, die die Hauptkriterien einer (Substanz-)Abhängigkeit erfüllt, als Verhaltenssucht definieren.

Für eine Sucht oder Abhängigkeit wurden klare Kriterien definiert. Ich werde in der folgenden Liste versuchsweise die Kriterien einer Verhaltenssucht auf das Bergsteigen und Klettern übertragen:

- Einengung des Verhaltens: Wegen der herausragenden Bedeutung wird das Bergsteigen zur wichtigsten Aktivität des Betroffenen und dominiert sein Denken (andauernde gedankliche Beschäftigung, auch kognitive Verzerrungen), seine Gefühle (unstillbares Verlangen) und sein Verhalten (Vernachlässigung sozial erwünschter Verhaltensweisen).
- Regulation von negativen Gefühlen durch die beim Bergsteigen verspürte Erregung (Kick-Erlebnisse) und damit Verdrängung negativer Gefühlszustände im Sinne einer vermeidenden Stressbewältigungsstrategie.
- Toleranzentwicklung durch zunehmend häufigere oder längere Zeiten in den Bergen oder an den Felsen, da ansonsten der affektregulierende Nutzen des Bergsteigens auszubleiben droht.
- Entzugserscheinungen, die in Form von Nervosität, Unruhe und/oder vegetativer Symptomatik (Zittern, Schwitzen etc.) bei verhindertem oder reduziertem Bergsteigen auftreten.
- Rückfall: Nach Zeiten der Abstinenz oder Kontrolle kommt es beim Betroffenen zu einer Wiederaufnahme des unkontrollierten, exzessiven Bergsteigens.
- Die eindeutig schädlichen Konsequenzen für Beruf, soziale Kontakte und Hobbys aufgrund des exzessiven Bergsteigens führen zu inter- beziehungsweise intrapsychischen Konflikten zwischen Betroffenen und der sozialen Umwelt sowie beim Betroffenen selbst.

Unter medizinischen und psychotherapeutischen Gesichtspunkten würde nach den Vorgaben internationaler Klassifikationssysteme eine behandlungswürdige Suchterkrankung dann diagnostiziert werden, wenn mindestens drei der sechs Kriterien erfüllt sind. Über eine «Bergsucht» oder «Klettersucht» ist bisher nichts dokumentiert, ein derartiges Krankheitsbild ist noch nicht beschrieben. Wenn man die genannten Kriterien für eine Sucht betrachtet, wird jedoch klar: Bergsteigen kann sich zu einer Sucht entwickeln. Es gibt ganz offensichtlich eine ganze Anzahl an Bergsteigern und Kletterern, auf die diese Kriterien, zumindest zu einem guten Teil, zutreffen.

Wir führen Verhalten, das uns guttut, durch das wir uns belohnt oder verstärkt fühlen, immer wieder aus und versuchen das Erleben, das sich dabei einstellt, zu reaktivieren. Seit den 1950er-Jahren ist bekannt, dass das Gehirn Strukturen (Kerngebiete und neurale Verbindungen) sowie spezifische Überträgersubstanzen aufweist, die für das Erleben von Lust und Freude aktiviert werden müssen. Die Aktivierung kann durch natürliche (beispielsweise Nahrung) und künstliche Belohnungsanreize (beispielsweise Drogen) erfolgen. Aus der Forschung zur Glücksspielsucht (die bisher am besten untersuchte Verhaltenssucht) weiß man inzwischen, dass unser Gehirn nicht zwischen einer Anregung des Belohnungssystems durch (psychotrope) Substanzen und einer belohnenden Erfahrung durch Verhaltensweisen unterscheidet. Wir können also davon ausgehen, dass diese Zentren auch beim Bergsteigen angeregt werden und dass Bergsteiger versuchen, diesen Zustand immer wieder herzustellen.

Sensation-Seeking

Es liegt nahe, gerade auch den Begriff des Sensation-Seeking, den Marvin Zuckermann Anfang der 1960er-Jahre in die Persönlichkeitspsychologie einführte, mit dem Bergsteigen in Verbindung zu bringen. Zuckermann versteht Sensation-Seeking als eine «überdauernde Persönlichkeitseigenschaft, die durch das Aufsuchen von verschiedenen neuen, komplexen und intensiven Empfindungen und Erfahrungen gekennzeichnet ist sowie durch die Bereitschaft, dafür körperliche, soziale, juristische und finanzielle Risiken in Kauf zu nehmen». Das Sensation-Seeking bestimmen nach den hier genannten Vorstellungen folgende Komponenten:

- Gefahr- und Abenteuersuche: Eine Tendenz, sportliche und andere Aktivitäten auszuüben, die mit Gefahr und/oder Geschwindigkeit einhergehen.
- Enthemmung: Tendenz zu sozial und sexuell enthemmtem Verhalten.
- Erfahrungssuche: Suche nach Erfahrungen durch einen nonkonformistischen Lebensstil und Reisen.
- Abneigung gegen Routine und Wiederholungen.

Menschen können Gefahr, Geschwindigkeit, neue Reize als sehr lustvoll erleben und suchen dann gezielt nach Wegen, solche Zustände herzustellen. Bergsteigen bietet sich dazu an. Es scheint auf der Hand zu liegen, dass diese Eigenschaft bei Bergsteigern besonders ausgeprägt ist. Diese Eigenschaft lässt sich im Prinzip durch Testverfahren gut erfassen. Allerdings ist mir nicht bekannt, ob bei Bergsteigern jemals systematisch nach der Ausprägung dieser Eigenschaft gesucht wurde.

Die Neue Welt

Es gibt persönliche Projekte, die sehr angstbesetzt sind und die mich trotzdem nicht loslassen. Wenn man über den Fernpass in Richtung Reutte fährt, passiert man kurz nach der Passhöhe die Raststätte Zugspitzblick. Vom Parkplatz schaut man direkt gegenüber auf die Ehrwalder Sonnenspitze, selbstverständlich sieht man auch die Zugspitze und – entscheidend – fast den kompletten Verlauf der Skiroute durch die «Neue Welt», die vom Schneefernerkopf hinunter nach Ehrwald führt. Der reine Horror, wenn man als gemäßigter Skitourengeher die Linie durch die Felsflanke betrachtet und die Beschreibung liest: 45 Grad steil, felsdurchsetzte Passagen, Abseilstelle, enge tiefe Schlucht aus der Wand heraus, bei Sturz freier Fall nach Ehrwald. Weiter heißt es: Doppelseil, Gurt, Abseilgerät und Helm nicht vergessen. Bei jedem Blick auf die Route, sogar schon beim Lesen der Tourenbeschreibung, kam ich jahrelang in eine sympathikotone Reaktionslage: Angst, Erregung, Spannung, Schweißausbruch, weiche Knie, Herzklopfen, schwarze Gedanken. Ich bin die «Neue Welt» schließlich gefahren, es war fantastisch.

Männer und Frauen

Männer unterscheiden sich von Frauen. Diese banale Einsicht gilt auch für das Bergsteigen. Reinhold Messner vollendete 1986 sein Achttausenderprojekt nach der Lhotse-Besteigung erfolgreich und war damit der erste Mann, der alle vierzehn Achttausender bestiegen hatte. Es dauerte 24 Jahre (bis 2010) als mit Oh Eun-sun die erste Frau auf allen vierzehn Achttausendergipfeln gestanden hatte. Zweifeln wir diese Leistung an, wie es vielfach in der alpinen Literatur und in alpinen Verbänden üblich ist, war die Spanierin Edurne Pasaban, die wenige Wochen nach Oh Eun-sun ihren vierzehnten Gipfel erreichte, die erste Frau auf allen Achttausendern. Ein Jahr später war schließlich Gerlinde Kaltenbrunner erfolgreich, der in Bezug auf den Begehungsstil die «sauberste» Leistung zugeschrieben wird: Sie hatte alle Gipfel im Auf- und Abstieg ohne Zuhilfenahme von Flaschensauerstoff erreicht.

Wir haben es mit einer «gender gap» von 24 Jahren zu tun, also einer geschlechtsspezifischen Lücke, die nicht (nur) biologisch oder genetisch begründet ist, sondern mit der sozialen

Rolle der Frau zusammenhängt. In praktisch allen gesellschaftlichen Bereichen gibt es geschlechtsspezifische Unterschiede. Das Einkommen von Männern liegt in Deutschland, bei vergleichbaren beruflichen Positionen und Leistungen, etwa zwanzig bis dreißig Prozent über dem von Frauen. Frauen haben – ebenfalls in Deutschland, in anderen Ländern gibt es davon abweichende Zahlen – eine im Durchschnitt fünf bis sechs Jahre höhere Lebenserwartung als Männer. Studien zeigen, dass sich die durchschnittlichen Lebenserwartungen von Männern und Frauen weitgehend angleichen, wenn beide Geschlechter ähnliche Lebensbedingungen haben. Dann verbleibt den Männern ein geschlechtsspezifischer Nachteil von höchstens einem Jahr. Die verkürzte Lebenserwartung sei, so die Expertenmeinung, vor allem Unterschieden im Lebensstil geschuldet.

Der männliche Lebensstil zeichnet sich durch höhere Risikobereitschaft, stärkere Tendenz zu Gewalttätigkeit, häufigere Suchterkrankungen, extremeres Leistungs- und Konkurrenzverhalten und mangelnde Gesundheitsvorsorge aus. Männer sind zudem häufiger Opfer von Gewalt. Die männliche Frühsterblichkeit ist somit zumindest vorderhand kulturell und sozial bedingt. Auch die geschlechtsspezifische Lücke bei den Achttausendererfolgen, die immerhin 24 Jahre beträgt, hat sicher nur unwesentliche physiologische Gründe, sondern geht primär auf männliche Stile und Verhaltensmuster zurück. Diese Stile bewirken, dass Männer in vielen alpinen Bereichen die Mehrheit der Akteure bilden, sei es beim Höhenbergsteigen, bei klassischen Hochtouren oder bei alpinen Kletterein in Fels und Eis. Im Rückgang begriffen ist diese Lücke lediglich beim Sportklettern an Felsen und in der Halle, beim Wandern und beim «normalen» Skitourengehen. Dort steigt der Frauenanteil seit Jahren kontinuierlich an.

Aus dieser Bestandsaufnahme ergeben sich zwei Fragenkomplexe: Welche Besonderheiten weist die männliche

Psyche auf, welche psychischen Auffälligkeiten entwickeln Männer typischerweise, und was zeichnet ein «normales» männliches Verhalten aus? Und: Welcher Zusammenhang besteht zwischen männlichen Verhaltenseigenarten und dem Bergsteigen, und muss Bergsteigen zwingend mit diesen Merkmalen vergesellschaftet sein? Oder anders gefragt: Wäre auch beim Bergsteigen ein «weiblicher Stil» denkbar?

Psychische Auffälligkeiten sind bei Männern und Frauen grundsätzlich gleich häufig. Beide Geschlechter unterscheiden sich jedoch darin, an welchen psychischen Störungen sie erkranken. Frauen leiden beispielsweise häufiger an Angsterkrankungen, Männer weisen mehr Suchtprobleme und antisoziale Persönlichkeitsstörungen auf. Ungefähr jeder dritte Mann leidet im Laufe seines Lebens an einer behandlungsbedürftigen psychischen Störung. Alkoholmissbrauch ist die klassische Männerdomäne und in Deutschland eines der größten sozialmedizinischen Probleme, mit dem sich Männer selbst, aber auch ihrer Umwelt und der Gesellschaft massiv schaden. Internationale Studien zeigen, dass über achtzig Prozent der Personen mit einer antisozialen Persönlichkeitsstörung männlich sind. Einen Männerüberhang finden wir auch bei Suiziden, speziell im Alter, bei Selbstzerstörung durch extremes Leistungs- und Konkurrenzverhalten und bei – wir wundern uns nicht – narzisstischen Zügen. Männer sind, was ihre psychische Seite angeht, keineswegs das «starke» Geschlecht.

Hinter den speziellen Ausprägungen der psychischen Auffälligkeiten bei Männern stehen deren Sozialisationsbedingungen, die oft dazu führen, dass Jungen den Zugang zu ihrer Innenwelt aus Gefühlen, Bedürfnissen, Körperempfindungen, Träumen und Wünschen verlieren. Jungen verlernen regelrecht, ihre Gefühle, speziell ihre negativen Gefühle, als zu sich gehörend zu begreifen. Was entwickelt sich daraus bei «erwachsenen» Männern? Externalisierung, die Außenorientierung in Wahrnehmung und Handeln, wird zur Leitlinie männlicher Lebensbewältigung. Männer sind nach außen orientiert, sie handeln, sie sind auf Ergebnisse fixiert und haben wenig Bezug zu eigenen Gefühlen und Impulsen. Zudem gilt Reden nicht als männlich. Wenn Männer reden (was sie ja durchaus tun), dann über «wichtige» Themen wie Philosophie, Fußball, Klettern und die Weltwirtschaftslage. Über sich selbst schweigen Männer hingegen oft. Aus diesem Verhalten kann sich eine soziale Isolation entwickeln. Männer erleben sich als rationale Wesen, selbstbezogene emotionale Bereiche wehren und werten sie deshalb ab. Da Männer Gefühle und Bedürfnisse zu beherrschen trachten, entwickeln sie starke Kontrollbestrebungen in Bezug auf ihr gesamtes soziales Umfeld. Männer funktionalisieren und technisieren in der Folge auch ihren Körper, sie vernachlässigen ihre Gesundheit, ignorieren Körperempfindungen und begreifen ihren Körper allenfalls als Instrument zur Demonstration von Kraft, Stärke und Attraktivität. Männer setzen deshalb auch öfter Gewalt ein als Frauen. Letztlich schließt das Gewaltprinzip auch den selbstzerstörerischen Umgang vieler Männer mit sich selbst ein.

Ein gutes Beispiel für den gestörten Umgang mit seinem eigenen Körper stellt Oswald Oelz dar – ein ausgewiesener Alpinist, Freund von Reinhold Messner und Arzt mit beeindruckender Karriere. Von seinem bürgerlichen Beruf her sollte man erwarten, dass er professionell und sensibel mit den eigenen Körpersignalen umgehen kann. Dies umso mehr, als er Beiträge zur Erforschung der Höhenkrankheit geliefert hat. Doch weit gefehlt. Er selbst hat die Alpinliteratur um mehrere Beispiele darüber bereichert, wie man es nicht machen soll. Als Teilnehmer der Everest-Expedition des Jahres 1978 griff er zu einer verwegenen medizinischen Maßnahme: «Ich wollte meine Gipfelchancen aufmöbeln und ließ einen Liter meines Blutes aus einer großen Vene in eine leere Whiskyflasche tropfen.» Eine Maßnahme, die weder auf eine hohe Sensibilität und Introspektionsfähigkeit schließen lässt noch medizinisch sinnvoll zu begründen ist. Oelz erhöhte seine Gipfelchancen aber in keiner Weise, sondern setzte sich mit dieser Maßnahme außer Gefecht und erholte sich nur langsam wieder. Im Jahr 1982 hetzte er – ohne wirkliche Notwendigkeit – ins Basislager des Cho Oyu. Er wusste, dass der Zustieg so nicht physiologisch angemessen verlief, spürte auch unmittelbar Anzeichen einer beginnenden Höhenkrankheit und konnte eindeutige Symptome eines Höhen-Lungenödems bei sich diagnostizieren. Zur Behandlung schritt er mit «innovativen» Methoden, die allerdings nicht wirkten. Auf wirksame Interventionen verzichtete er, schließlich kollabierte er. Er hat den Vorfall nur knapp überlebt. Im Jahr 1983 berichtet er über eine «gemütliche Expeditionsreise» zu einem Siebentausender. Doch auch dort gelingt es ihm nicht, sich richtig zu akklimatisieren, er entwickelt Symptome einer Höhenkrankheit – und bricht dennoch zum Gipfel auf. Er überlebt die Unternehmung zwar, sie kostet ihn jedoch vier Zehen. Danach veröffentlicht er ein Foto, auf dem er seine schwarzen Zehen vor deren Amputation wie eine Trophäe präsentiert. Auch 1986, er ist zum Makalu aufgebrochen, ignoriert er alle Regeln zur Annäherung an die Höhe. Er erkrankt an einem Höhen-Lungenödem und entrinnt «nur ganz knapp dem Erstickungstod», wie er schreibt. Aus der Art, wie Oswald Oelz diese Vorgänge beschreibt, lässt sich schließen, dass er stolz darauf ist, wie ein Rabauke mit seiner eigenen Gesundheit umzugehen. Trotz besseren Wissens behandelt er seinen Körper wie eine Maschine, die seinem Willen zu folgen hat. Lernfähig scheint er nicht zu sein, er ist eben ein ganzer Kerl. Ob man sich im normalen Leben von so einem Arzt behandeln lassen möchte, sei dahingestellt.

Dieses und viele weitere Beispiele zeichnen ein klares Bild: Männliche Eigenschaften haben das extreme Bergsteigen bisher in besonderem Maße geprägt. Erst in jüngster Zeit, mit der Entwicklung des Sportkletterns und des Hallenkletterns, scheint sich daran etwas zu ändern. Aber auch Frauen haben, wenn sie in die Männerdomäne Bergsteigen eindrangen, immer wieder den männlichen Stil übernommen. Ein Beispiel dafür ist Wanda Rutkiewicz, die legendäre polnische Bergsteigerin, die 1992 von ihrer Expedition zum Kangchendzönga nicht zurückkehrte. Unbedingte Leistungsbereitschaft, übermäßiger Tatendrang, absolute Ichbezogenheit und fehlende Empathie zeichneten sie aus, glaubt man der Darstellung von Bernadette McDonald in deren Buch über das polnische Höhenbergsteigen. Auch Alison Hargreaves, die britische Extrembergsteigerin, die 1995 am K2 starb, war bei ihrem Klettern extrem leistungsorientiert. Die Eigernordwand durchstieg sie, als sie im sechsten Monat schwanger war. Dabei war sie keineswegs beschwerdefrei, kämpfte sich aber durch. Die großen Nordwände der Alpen bewältigte sie solo, den Mount Everest ohne Zusatzsauerstoff. Sie suchte die öffentliche Anerkennung und benötigte die Sponsorengelder für ihre Familie. Den K2-Gipfel erreichte sie zusammen mit fünf weiteren Bergsteigern. Keiner aus der Gruppe überlebte den Abstieg im aufkommenden Höhensturm. Die Hinweise auf den bevorstehenden Wetterumschwung hatte die Gruppe ignoriert. Alison Hargreaves hinterließ zwei Kinder. Wenn Männer nach ihrem Bergtod Halbwaisen zurücklassen, ist das meist nur eine Randnotiz wert, Alison Hargreaves wurden posthum viele Vorwürfe gemacht. Dabei hat sie nur gehandelt wie ein Mann.

Aus diesen Überlegungen und Beobachtungen ergibt sich, dass Bergsteigen bis heute ein Spiegelbild männlichen Handelns und der männlichen Psyche ist. Da beides durchaus mängelbehaftet ist, sollten wir uns fragen, welche Defekte beim Bergsteigen manifest werden und was wir möglicherweise ändern sollten. Vielleicht wäre es wichtig, männliche Motivationsmerkmale immer wieder kritisch zu hinterfragen, zumindest wenn es um den Bereich des Freizeitbergsteigens geht. Denn der männliche Stil mag zum «Erfolg» am Berg beitragen, er ist jedoch auf der anderen Seite gesundheitsgefährdend und erhöht das Sterberisiko enorm. Dies ist für einen Freizeitalpinisten eigentlich nicht akzeptabel.

Die Stabilisierung der Pädagogin

«Ich habe meinen ersten Siebentausender geschafft, ich war oben.» Susanne strahlt. Ihre alles durchdringende Lehrerinnenstimme ist nicht zu überhören. Alle in der Gruppe sind ein wenig erleichtert, dass es bei Susanne mit dem Gipfel geklappt hat. Damit wird bei ihr wahrscheinlich ein gewisser Friede einkehren, zumindest für den Rest der Reise. Ich erinnere mich jetzt, da sie mit ihrem Lächeln vor mir steht, wieder zurück an den Beginn der Reise, an unser erstes Gespräch.

«Bei mir ist es so, dass ich meinen Job überhaupt nicht aushalten würde, wenn ich nicht fünfmal im Jahr für ein paar Wochen einen kompletten Tapetenwechsel hätte. Da muss ich die Schule und dieses entsetzliche Pack aus Kindern, pubertierenden Jugendlichen und deren Eltern ganz weit hinter mir lassen. Danach geht es für eine gewisse Zeit. Ich mache den Beruf nicht wirklich gerne, jetzt stecke ich aber schon vierzehn Jahre in der Mühle, da komm ich nicht mehr raus.»

Wenn Susanne von ihren Reisen erzählt, wird man ganz blass. Da findet sich alles wieder, was in der weiten Welt Rang und Namen hat. Susanne war schon überall. Wenn es mal wieder eine Möglichkeit gibt, nach Afghanistan zu reisen, wird sie bei der ersten Gruppe dabei sein. Sie sei auch schon viermal in Nepal gewesen. Mehrere Trekkings und zwei Sechstausender habe sie gemacht. In Kathmandu bin ich am Tag nach unserer Ankunft zusammen mit ihr nach Thamel spaziert. «Dabei ist Nepal für mich als Lehrerin ziemlich ungünstig», erklärt sie mir währenddessen, «der Monsun passt einfach nicht gut zur deutschen Ferienregelung. Aber jetzt habe ich mir ein Sabbatical genommen, ich habe das ganze Jahr frei.»

Das kann ich nur staunend und ein wenig neidisch zur Kenntnis nehmen. «Vor dieser Expedition war ich auf einem Expeditionstraining in den Anden. Ich war gerade mal eine Woche zu Hause. Von daher bin ich top vorbereitet, meinen ersten Siebentausender will ich auf jeden Fall schaffen. Das ist mir sehr wichtig.»

«Mit deinem Hintergrund, deinen Erfahrungen und mit der Vorbereitung: Wieso sollte das nicht klappen?» Ich war beeindruckt von so viel Fitness, Auftrieb und Unternehmungsgeist.

«Meist gibt es Konflikte in den Gruppen. Es sind bei solchen Reisen ja hauptsächlich Männer dabei. Da habe ich manchmal meine Probleme. Ich fühlte mich oft richtiggehend abgelehnt. Ganz schlimm ist es, wenn ich auch auf dem Gipfel war. Das war jetzt gerade in den Anden wieder so. Hoffentlich ist das diesmal besser. Dieses Mal sind außer mir noch zwei Frauen in der Gruppe.»

Ich beschließe, das Gespräch mit ein bisschen Psychologie anzureichern: «Ich denke, das hat damit zu tun, dass es für Männer ganz besonders wichtig ist, von einer solchen Reise vorzeigbare Leistungen mitzubringen. So ein Sechs-, Sieben- oder Achttausender gehört für viele in die persönliche Lebensbilanz, das wertet einen Mann auf, damit verschafft er sich Anerkennung und Respekt. Und wenn dann eine Frau dieselbe Tour problemlos schafft, ist für ihn die ganze Unternehmung entwertet, da hat sich das Investment nicht wirklich gelohnt. Das kratzt an seinem Selbstbild. Darauf reagieren Männer mit Distanz und vielleicht sogar Abwertungen.»

«Genau, so habe ich das auch erlebt. Bei Trekkings und Expeditionen lief auch nie was mit einem Mann. Die haben mich alle behandelt wie ein Stück Holz. Höchstens die einheimischen Sherpas oder Guides haben sich für mich interessiert, so als Frau, meine ich, das kann dann ziemlich nervig werden.»

Susanne ist eine attraktive Frau. Sie versteckt sich nicht und ist nie um einen Spruch verlegen. Männer mit einem solchen Mundwerk müssten regelmäßig etwas in die «Chauvi-Kasse» einzahlen. In gewisser Weise verbreitet sie die Botschaft, dass man mal sehen könne, was geht. Offensichtlich kann das für Männer auf Expedition so bedrohlich sein, dass sie fliehen oder stänkern: Auf jeden Fall droht «ihr» Berg dadurch entwertet zu werden. Ich will da eigentlich nicht weiter nachhaken, aber Susanne ist im Redemodus, sie ist schließlich Lehrerin.

«Das war bei meiner Jamaikareise im Frühjahr ganz anders. War eine tolle Gruppe, wir sind mit dem Rad quer über die Insel gefahren und waren anschließend noch beim Tauchen. Da habe ich meinen derzeitigen Freund kennengelernt. Auf einer Expeditionsreise habe ich noch nie so einen Mann kennengelernt.»

«Dann lebst du allein? Keine Altlasten? Keine Kinder?» Ich wollte mir jetzt doch ein wenig Gesprächsanteil sichern.

«Klar, ich habe eine kleine Wohnung, gerade mal 35 Quadratmeter, in der Baumblüte, Essen, das muss reichen, dann bleibt genügend Geld für die Reisen übrig. Ich habe viele Freunde, festere Partner habe ich oft auf den Reisen kennengelernt, zum Zusammenwohnen hat es aber hinterher nie gereicht, Kinder haben sich nicht ergeben. Und wie ist das bei dir?»

Ich gehe davon aus, dass das Susanne nicht wirklich interessiert, und will sie mit ein paar Basisinformationen ruhigstellen: «Ich lebe auch allein, ich war mal verheiratet, bin aber seit zwei Jahren geschieden. Kinder habe ich keine, inzwischen habe ich aber gemerkt, dass ich das bedaure. Und mit meinem Job bin ich auch unzufrieden, Auszeiten habe ich mir aber nie in dem Maße geleistet. Lange Auslandreisen sind für mich etwas ganz Besonderes, das kam nicht so häufig vor in den letzten Jahren.» Mit meinem Beruf bin ich, ähnlich wie Susanne, gar nicht zufrieden. Es ist klar, nach dieser Expedition will ich etwas Neues anfangen. Und nun bin ich mit dieser Last aus meinem Berufsleben auf dem Weg zu einem Siebentausender. Das will ich Susanne aber nicht in allen Details erklären. Da gibt es tiefe persönliche Kränkungen, die ich bei meinem Job erlebt habe, aber das ist mein eigenes Empfinden, das kann man womöglich auch ganz anders sehen. «Ich möchte diese Situation nutzen und einen Versuch starten, mich selbstständig zu machen. Das ist in meinem Alter wahrscheinlich die letzte Gelegenheit für mich, diesen Schritt zu wagen», schließe ich.

«Das ist ja spannend.» Susanne übernimmt wieder das Gespräch. «Sieh mal, da ist jetzt ein Internetcafe. Da müsste ich jetzt dringend rein, um meine Mails zu checken. Wie wäre es, wenn du mich in einer Stunde wieder hier abholst? Allein möchte ich hier nicht herumlaufen, ins Hotel fände ich wahrscheinlich auch nicht zurück. Wir können dann noch zusammen in die German Bakery gehen – würdest du das für mich tun?»

Thamel ist zwar ein wenig unübersichtlich, ich hatte aber noch keine Probleme, wieder herauszufinden, und als bedrohlich habe ich Kathmandu nie erlebt, außer natürlich den Straßenverkehr und die verdreckte Luft. Dann habe ich also ein Stündchen Zeit, meinen schwarzen Gedanken nachzugehen, die gerade wieder auf sich aufmerksam machen.

Zu dieser Expedition habe ich mich – wenn ich wirklich ehrlich zu mir bin – nur angemeldet, weil ich einen Kontrapunkt zum Berufsleben der vergangenen Jahre setzen wollte, etwas Positives erleben, einen greifbaren Erfolg erzielen, etwas Großes machen, erzählen können, Anerkennung bekommen, solche Sachen eben. Zu Anfang des Jahres war ich lange krank gewesen, hatte schier endlose Diagnostikprozeduren über mich ergehen lassen, doch am Ende stand kein relevanter Befund. Allerdings hatte ich begriffen, dass ich in meinem Alter nicht mehr endlos Zeit habe, Reisen in die Berge der Welt zu machen. Wenn ich noch einmal in die Höhe wollte, sollte ich das nicht ewig auf die lange Bank schieben. Das Angebot der einschlägigen Reiseveranstalter lag mir ja vor, ein Siebentausender war schnell zu finden, der Preis war einigermaßen moderat, die Jahreszeit passte, und die Gesamtdauer der Unternehmung war mit fünf Wochen überschaubar. Ich hatte mich ohne Zögern angemeldet.

«Warst du erfolgreich?», frage ich Susanne, als sie aus der Internetbude wieder herauskommt.

«Ja, alles super. Ich habe meine Mails durchgesehen und allen Freunden kurz geantwortet, dass ich gut in Nepal angekommen bin und dass es übermorgen schon weitergeht in die Berge.»

«Dann gehen wir jetzt noch in die German Bakery?»

Dort lädt mich Susanne zu einer Cola mit Zimtschnecke ein. Das unterbricht meine Grübeleien, zumindest vorläufig.

In den nächsten Tagen reden wir dann kaum miteinander. Die Reisegruppe verlässt Kathmandu in Richtung Berge. Richtig aufmerksam werde ich erst wieder auf sie, als sie wie eine Furie vor einem Zelt steht und lautstark fordert, dass sie ein Einzelzelt haben will, sowohl auf dem Anmarschtrekking als auch im Basislager. Nur in den Hochlagern sei sie bereit, mit Erika, der anderen allein reisenden Frau, ein Zelt zu beziehen. Bergführer Stefan steht mit dicken Backen dabei, er wisse davon nichts, in seinen Unterlagen stehe nichts von einem Einzelzelt beim Trekking.

«Doch, das habe ich gebucht und bezahlt, die im Büro haben mir das fest zugesagt. Im Übrigen ist mir das nicht zuzumuten, ich kann nicht so eng mit anderen Menschen zusammen sein, das halte ich nicht aus.» Stefan ist sprachlos, Erika, die danebensteht, verdreht die Augen, die anderen Teilnehmer, die den Wortwechsel mitbekommen haben, wenden sich ab. Susanne bekommt schließlich ihr Einzelzelt, wir haben genug dabei.

Das soziale Zentrum einer solchen Expeditionsreise ist das Gruppenzelt, in dem beim Trekking und im Basislager nicht nur gegessen wird. Dort finden auch die Planungen und Besprechungen statt, das ist der Ort, an dem die Gruppendynamik erblüht, dort gehen die Teilnehmer mit ihren Beiträgen zum «Heldenradio» auf Sendung. Weltpolitik und Weltwirtschaftslage werden in diesen Zelten geklärt, die jeweiligen Familienverhältnisse ausgebreitet, private Kontakte vertieft. Manche Teilnehmer schweigen wochenlang, andere unterhalten den Rest der Gruppe ununterbrochen. Wir haben eine bunte Mischung davon und viel Kurzweil. Besonders spannend sind auf dieser Expedition die Geschichten über die Erwerbsbiografie, familiäre Verstrickungen, Trennungen, Klagen über Kinder und Expartner, Enttäuschungen über die Eltern, neue Beziehungen. Themen, über die man schier endlos reden kann.

Einmal platzt Stefan, unserem Bergführer und Reiseleiter, der Kragen, als Susanne einen aus ihrer Sicht konstruktiven Redebeitrag leistet. Als wir im Basislager ankommen, hören wir vom Unfall einer anderen Gruppe und von den Problemen mit Wetter und Route. Wir sitzen alle in gedrückter Stimmung um den Tisch. Susanne überrascht uns mit einem Geistesblitz: «Ich finde, wir müssen jetzt vor allem positiv denken, das bringt uns weiter und bestimmt auch auf den Gipfel.»

Jetzt kommt Stefan in einen angeregten Zustand: «Eine Lawine ist eine Lawine, die lässt sich nicht mit positivem Denken aufhalten. Und eine Gletscherspalte lässt sich auch nicht positiv wegdenken, genauso wenig wie der weiche Schnee. Ich kann dieses Geschwätz nicht mehr hören! Wir haben hier echte Probleme, die Kocher und das Gas für die Hochlager sind auch noch nicht da, und du redest von positivem Denken, das halte ich nicht aus.»

Gerhard greift auch ein. Gerhard ist der Teilnehmer mit der größten Höhenerfahrung in unserer Gruppe. Er war schon auf zwei Achttausendern. Zuletzt hat er mindestens zehn Minuten nichts gesagt und die Deutungshoheit abgegeben – für ihn ungewöhnlich, möglicherweise ein Sauerstoffproblem. «Das ist doch elendes Lehrergeschwätz», wirft er jetzt ein, «auf einen Achttausender wärst du mit positivem Denken nie gekommen. Es geht um die Realität, nicht um positives Denken.»

Die Kocher und das Gas kommen an diesem Tag noch an, Susanne denkt weiter positiv, bleibt im Verlauf der Expedition immer bei ihrem persönlichen Tempo, hält es aus, mit Erika in den Hochlagern ein Zelt zu beziehen, und steht schließlich auf dem Gipfel. Ganz verkehrt ist ihre Strategie also nicht.

Angst

In der wissenschaftlichen Literatur unterscheidet man zwischen Emotionen, die das gesamte Geschehen auf körperlicher und psychischer Ebene beschreiben, und Gefühlen, die das subjektive Erleben des emotionalen Geschehens bezeichnen. Angst gehört zu den zentralen menschlichen Gefühlen. In allen Klassifikationssystemen der Gefühle sind Angst beziehungsweise Furcht Basisgefühle. Es handelt sich bei beiden um elementare biologisch verankerte Reaktionen, die auch höher entwickelte Tiere aufweisen. Angst ist lebenserhaltend, denn sie wirkt wie ein Alarmsignal. Aber Angst ist zudem eine adaptive Reaktion, die uns in Gefahrensituationen handlungsbereit hält. Bei Bedrohungen bereitet die Angstreaktion den Organismus auf ein Kampf- oder Fluchtverhalten vor. Angst ist mit starken körperlichen Reaktionen wie Unruhe, Atembeschleunigung, Herzrasen, Zittern, Erstickungsgefühlen, Schmerzen in der Brust und Schweißausbrüchen verbunden. Drei Viertel der Symptome der Angstreaktion sind körperlich-vegetativer Art.

Angst kann sich andererseits verselbstständigen, ihre lebenserhaltenden Funktionen verlieren und zu einer psychischen Erkrankung werden. Neben Depressionen bilden Angsterkrankungen die häufigsten Störungen. Gemeinsames Merkmal aller Angsterkrankungen ist, dass die Angstreaktionen unbegründet, also nicht angemessen sind. Das heißt, dass die Angstreaktionen spontan, wie aus heiterem Himmel, auftreten, in objektiv ungefährlichen Situationen ausgelöst werden oder dass eine generalisierte Grundangst permanent vorhanden ist. Solche Ängste erfordern, spätestens wenn sie die Lebensführung deutlich beeinträchtigen, eine sachgerechte psychotherapeutische Behandlung.

Angst ist auch ein Grundgefühl beim Bergsteigen, hier in der Regel durchaus begründet und situationsangemessen. Es gibt einerseits Bergsteiger, die bewusst Situationen aufsuchen, die Angstreaktionen auslösen, die durch Höhe, Ausgesetztheit, unmittelbare Absturzgefahr, große Kälte, körperliche Anstrengung oder Einsamkeit gekennzeichnet sind. Subjektiv unterscheidet sich die dabei erlebte Angst nicht von den Empfindungen bei einer Angsterkrankung. Andererseits erleben viele Bergsteiger Angstgefühle als eine sehr unangenehme persönliche Erfahrung, die sie nicht gezielt suchen, die sich aber einstellt, wenn die aktuellen Bedingungen die persönlichen Fähigkeiten übersteigen oder wenn objektive Gefahren wie Steinschlag oder Gewitter auftreten.

Bergsteiger müssen deshalb in der Lage sein, ihre Ängste zu regulieren. Die persönliche Angstbewältigung stellt für die meisten Bergsteiger eine Herausforderung dar, die das Erleben am Berg in besonderem Maße beeinflusst und die für die individuelle alpine Biografie prägend ist. Viele Bergsteiger erleben es als Gewinn und persönliches Wachstum, wenn sich ihre Fähigkeit, die Angst zu regulieren, im Laufe der Zeit verbessert. Man kann dadurch erleben, dass sich persönliche Überzeugungen über die Kontrolle im Leben und die eigene Autonomie verbessern.

Bergsteiger tun dies in der Regel dadurch, dass sie immer wieder angstbesetzte Situationen aufsuchen, sich an die Angst habituieren und die Angstreaktion schließlich dadurch ausschalten. Dass sich die alpinistischen Fertigkeiten zur Bewältigung kritischer Situationen wie Ausdauer, Kraft, Klettertechnik oft kontinuierlich verbessern, hilft zusätzlich. Angstbewältigung ist eine Sache der Übung. In diesem Sinne funktioniert Bergsteigen wie eine Angsttherapie. Allerdings wird es gefährlich, wenn Angstreaktionen gänzlich ausbleiben, denn dann fehlt ein Regulativ für das eigene Risikoverhalten. Ein gänzlich angstfreier Bergsteiger verschlechtert seine Überlebenschancen möglicherweise deutlich. Daher kann vollkommene Angstfreiheit für einen Bergsteiger kein erstrebenswertes Ziel sein. Trotzdem ist für viele Bergsteiger die Angst ein ungeliebter Begleiter.

Alexander Huber hat dazu beigetragen, die Angst in der Bergsteigerszene von ihrem miesen Image zu befreien. In seiner Monografie «Die Angst, dein bester Freund» aus dem Jahr 2013 stellt er klar, dass Angst ein wertvoller Bestandteil im menschlichen Leben ist. Er hebt die positiven Aspekte dieses Gefühls hervor und macht deutlich, dass es weder beim Bergsteigen noch im Alltag darum geht, die Angst «wegzumachen», sondern darum, mit ihr zu leben, sie als Bestandteil persönlicher Erfahrungen zu akzeptieren und zu integrieren.

Posttraumatische Belastungsstörung (PTBS)

Ängste können außer Kontrolle geraten und eine Form annehmen, die für die Betroffenen ein normales Alltagsleben unmöglich macht. Dies ist bei Agoraphobien (Ängste, die beispielsweise in Verkehrsmitteln auftreten), Panikstörungen (spontan auftretende Angstattacken) oder sozialen Phobien (Ängste im Umgang mit anderen Menschen) der Fall. Eine besondere Störung dieses Formenkreises kann sich entwickeln, nachdem man eine lebensbedrohliche Situation erlebt hat. Etwa bei einem Unfall, im Krieg, bei einem Raubüberfall, bei Folterung, bei einer Vergewaltigung, bei einer Naturkatastrophe oder ähnlichen Ereignissen. Menschen, die solche Situationen erleben müssen, entwickeln danach manchmal eine sogenannte Posttraumatische Belastungsstörung (PTBS). Um an dieser Störung zu erkranken, reicht es aus, das lebensbedrohliche oder tödliche Ereignis nur beobachtet zu haben.

Menschen, die an einer PTBS erkranken, erleben sogenannte Flashbacks oder Intrusionen. Wie in einem Film läuft das traumatische Ereignis immer wieder vor ihrem inneren Auge ab. Flashbacks können in Situationen ausgelöst werden, die dem Trauma ähnlich sind, sie können aber auch wie aus heiterem Himmel auftreten. Gleichzeitig erleben die Betroffenen starke körperliche Reaktionen und Angstgefühle, die so intensiv empfunden werden, als durchlebten sie tatsächlich erneut die lebensbedrohliche Situation. Das Trauma kehrt also ständig zurück, so als sei es real, immer wieder aufs Neue.

In der direkten Folge leiden die Menschen unter Schlafstörungen, dauerhafter Anspannung und Unruhe sowie depressiven Zuständen. Oft entwickeln sie ein starkes Vermeidungs- und Kontrollverhalten. Typisch sind negative Gedanken über sich selbst, etwa versagt zu haben oder sich schuldig gemacht zu haben, und auch Schamgefühle treten verstärkt auf. Die Versuche, alle Situationen, die Flashbacks auslösen können, zu vermeiden oder zu kontrollieren, führen bei diesen Menschen zu drastischen Einbußen der Lebensqualität.

Die Wissenschaft erklärt das Störungsbild damit, dass das Trauma nicht als normale Erinnerung im autobiografischen Gedächtnis abgespeichert werden konnte. Eine Behandlungsstrategie ist es deshalb, die unvollkommene oder fehlerhafte Abspeicherung im Gedächtnis nachträglich zu korrigieren. Ein entscheidendes Moment für den therapeutischen Erfolg ist dabei die Konfrontation mit dem Trauma-Geschehen in der Realität oder in der Vorstellung.

Bergsteiger, speziell die Extremen, kommen nahezu zwangsläufig in Situationen, die den Charakter eines Traumas haben. Sie erleben selbst Abstürze, Verschüttungen, Steinschlag, Unwetter, Lawinen und andere derartige Katastrophen, oder sie sind direkte Beobachter solcher Geschehnisse. Die Wahrscheinlichkeit, traumatisiert zu werden, ist für Bergsteiger deutlich höher als für andere Menschen. Das trifft bereits für Freizeitbergsteiger zu und in sehr viel höherem Maß für Extreme. Ich werde bei den biografischen Skizzen immer wieder darauf zurückkommen.

Achtsamkeit und Bergsteigen

Die Oberreintalhütte liegt im Wetterstein in einem Seitental der oberen Partnach. Vom Skistadion in Garmisch-Partenkirchen aus ist man zwei bis drei Stunden zu Fuß unterwegs. Nachdem man zunächst durch die Klamm der Partnach, dann durch Täler und im Wald gewandert ist, öffnet sich die Landschaft, und man befindet sich in einem Talschluss mit traumhaften Felsformationen, einem Gebiet für Kletterer. Die kleine Hütte ist ein Anachronismus, man kann sich nicht einmal anmelden, auch Halbpension und Speisekarte gibt es nicht. Und das im Einzugsgebiet von Garmisch-Partenkirchen, im Zeitalter des Kluburlaubs und einer umfassenden All-inclusive-Kultur. Kletterer, die kommen, müssen halt zusammenrücken, andere Besucher seien nicht besonders willkommen, so hatte ich gehört.

Dort konnte ich bewusst beobachten, was Achtsamkeit ist – ein Konzept, das mir zumindest theoretisch gut bekannt war. Vor der Hütte standen Bänke und Tische auf einer aufgeschotterten Terrasse. Der Untergrund hatte während des vergangenen Sommers wohl etwas gelitten, das Schottrige hatte sich verloren, der Boden war unansehnlich geworden. Daran arbeitete jetzt ein Helfer des Hüttenwirts. Kleinsplittriges Gestein gab es um die Oberreintalhütte herum in ausreichender Menge, es war geradezu eine Schotterlandschaft. Der Helfer trug einen leeren verblichenen und etwas ramponierten Rucksack auf dem Rücken, in der Hand hielt er eine kurzstielige kleine Schaufel. Damit stieg er vielleicht hundert Meter weit ab, auf eine nahe Schuttreiße zu. Dort legte er den Rucksack ab, öffnete ihn, schlug den Stoff um die Deckelöffnung zurück und begann ihn mithilfe seiner Schaufel mit Schotter zu füllen. Gut halb voll machte er ihn, dann verschloss er sorgfältig den Deckel und schwang sich den Rucksack auf den Rücken, die Schaufel legte er im Schotterbett ab. Ruhigen Schritts setzte er sich anschließend in Bewegung und stieg die paar Höhenmeter zur Hütte wieder herauf.

Diese Art zu gehen hatte ich bisher nur bei Trägern in Nepal beobachtet. Bei diesem Gehen war der Mann ganz bei sich, er ging recht langsam, ohne eigentlich zu trödeln. Zu beobachten war auch, wie er ruhig, gleichmäßig und tief atmete, überhaupt nicht angestrengt. Der Rucksack musste mit seiner Steinfüllung einiges wiegen, der Träger wirkte aber nicht gebeugt unter seiner Last, der Inhalt war wohl grade so schwer, dass er sich von ihm noch gut tragen ließ. Das Ganze wirkte überhaupt nicht wie eine harte, unangenehme Arbeit, das Gehen hatte vielmehr etwas Andächtiges und Meditatives. Als er auf der Terrasse angekommen war, setzte er den Rucksack mit einem eleganten Schwung auf einer Bierbank ab, klappte den Deckel auf, lockerte die Verschnürung und schüttete den Inhalt auf den Boden. Mit den Füßen half er ein wenig nach und verteilte die hellen kleinsplittrigen Steine gleichmäßig. Dann setzte er zum nächsten Durchgang an. Wieder stieg er zum Schotterfeld hinab, gleichmäßig und ruhig, jeden Schritt bewusst setzend, ohne Eile, aber auch nicht langsam. Er ging, wie man so sagt, in seinem Tempo. Der

Rucksack wurde wieder gefüllt, anschließend geschultert und wieder gelassenen Schritts zur Hütte getragen.

Ich war fasziniert, mir ging gerade ein Licht auf. In den vergangenen Wochen hatte ich mich theoretisch und ein wenig praktisch mit dem Konzept der Achtsamkeit befasst. Ich plante eine Fortbildungsveranstaltung zum Thema «Achtsamkeit und Naturerleben». Und hier wurde mir vorgeführt, wie achtsames Handeln im Alltag aussehen kann. Alle Elemente von Achtsamkeit fanden hier bei einer ganz profanen Tätigkeit vor meinen Augen statt.

Eine gängige Definition von Achtsamkeit stammt von Jon Kabat-Zinn und lautet: «Achtsamkeit stellt eine besondere Form der Aufmerksamkeitslenkung dar, wobei die Aufmerksamkeit absichtsvoll und nicht wertend auf das bewusste Erleben des aktuellen Augenblicks gerichtet ist.» Genau das passierte hier beim Steineschleppen. Der Träger war ganz und ausschließlich auf sein Tun konzentriert, in seiner Aufmerksamkeit gab es für nichts anderes Platz, er ging in diesem Tun auf, so wie er die Steine schleppte, war er ein glücklicher Mensch.

Achtsamkeit hat große Ähnlichkeit mit dem Flow-Erleben und bildet einen Gegenpol zum narzisstischen Handeln. Achtsamkeit ist ein zentrales Element der buddhistischen Lehre, aber jeder Mensch kann sie auch ohne religiösen Bezug in seinen Alltag integrieren. Bergsteigen kann in seinen ruhigeren Erscheinungsformen als Achtsamkeitsübung praktiziert werden. Aufstiege im Sommer wie im Winter können so erlebt werden, ganz besonders kontemplativ ist das Steigen mit Ski in einer guten Spur. Dazu ist es lediglich nötig, die Konzentration ganz und ausschließlich auf die Bewegungen des Körpers, die Atmung und die Reize der Umgebung zu richten. Als weiterer Schritt käme hinzu, sich dabei von seinen Gedanken zu verabschieden, nicht in Grübeleien zu verfallen oder alle aufkommenden Gedanken für wahr zu halten. Ein ganz wesentliches Ziel der Achtsamkeitspraxis ist es, eine veränderte Haltung gegenüber den eigenen Gedanken und inneren Erfahrungen zu erlangen, sich davon zu distanzieren.

Wir können die Zeit am Berg dazu nutzen, aus dem sogenannten Autopilotenmodus, unserem Alltagsstandard, auszusteigen. Im Autopilotenmodus folgen wir Automatismen, funktionieren nach festen Schemata. In diesem Modus leben wir nicht im Hier und Jetzt, unser Geist ist nicht in Kontakt mit der gegenwärtigen Situation. Im Autopilotenmodus wird situativ angemessenes und flexibles Verhalten behindert, da automatische und starre Verarbeitungs- und Reaktionsmuster ablaufen. Der Autopilotenmodus kann im Alltag hilfreich sein, da er die Ausführung von Routinetätigkeiten sehr erleichtert, er stellt aber eine große Gefahr dar, wenn wir nur noch und ausschließlich in diesem Modus funktionieren. Verhaltensmuster, die für den Narzissmus typisch sind, sind mit achtsamem Handeln schlecht vereinbar.

Es liegt auf der Hand, dass Achtsamkeit für denjenigen Bergsteiger, der sich nicht ausschließlich daran orientiert, neue und immer schwerere Routen abzuhaken, ein Zustand ist, in dem man regelmäßig in den Bergen unterwegs ist. Es gibt wissenschaftliche Belege dafür, dass Achtsamkeit ein hervorragendes Mittel zur Stressbewältigung ist, derartige Übungen werden inzwischen in einer Vielzahl von präventiven und therapeutischen Programmen zur Gesundheitsförderung eingesetzt.

Historische und politische Dimensionen des Bergsteigens

Bergsteigen ist eine Sportart. Jede Form von Sport steht in der Gefahr, politisch instrumentalisiert zu werden, heute in steigendem Maße. Gerade in Deutschland und Österreich wurde das Bergsteigen schon früh, speziell in der Zeit zwischen den Weltkriegen, zu politischen Zwecken benutzt. Diese Haltung wirkte noch bis in die 1950er- und 1960er-Jahre hinein nach. Der Schriftsteller Nicholas Mailänder geht in seinem Beitrag zum Sammelband «Berg Heil. Alpenverein und Bergsteigen 1918–1945» auch den politischen Motiven auf den Grund, die das Bergsteigen in diesen Ländern in jener Zeit stark gelenkt haben (S. 114):

> *Hier bildeten Minderwertigkeitsgefühl und Aufbegehren nach dem verlorenen Krieg, Misstrauen gegenüber den demokratischen Institutionen und das Leiden an der wirtschaftlichen Misere bei vielen Bergsteigern den Hintergrund für einen frustrierten Rückzug in die private Erlebnissphäre. Die bergsteigerische Aktivität lenkte wohltuend ab, und die Erfolge stärkten das Selbstbewusstsein.*

Das Bergsteigen diente den Ideologen zudem zu ganz handfesten praktischen Zwecken: Die Jugend sollte in den Bergen trainiert und vorbereitet werden, um in einem kommenden Krieg den nationalen Wiederaufstieg sicherzustellen. Die Weltwirtschaftskrise vom Oktober 1929 gab dieser Denkweise weiteren Auftrieb, denn dieses Ereignis ließ große Teile der Gesellschaft weiter verelenden. Im Zentrum dieser revanchistischen Ideologie stand das Ziel, das angeschlagene nationale Selbstwertgefühl wieder aufzubauen – bis hin zu einer nationalen Überlegenheit über andere. Bergsteigen wurde als Instrument des Trainings und als Symbol nationaler Stärke propagiert.

Als wichtige Hauptideologen dieser Bestrebungen nennt der Autor Eduard Pichl, Hans Bauer und Fritz Rigele. Alle drei waren Alpinisten und seit vielen Jahren ausgewiesene Nazis und Antisemiten, die schon Jahrzehnte vor der Machtübernahme durch Adolf Hitler und die NSDAP in Deutschland den Ausschluss jüdischer Mitglieder aus dem Alpenverein betrieben. Ab 1920 gab es eine zunehmende Zahl von

Sektionen des Alpenvereins, schwerpunktmäßig in Österreich, die einen Arier-Paragrafen in ihre Satzung aufnahmen und Juden die Mitgliedschaft verweigerten. Die mehrheitlich jüdische Sektion Donauland wurde bereits 1924 aus dem Alpenverein ausgeschlossen.

Auch dieses Phänomen kann als Akt der Selbstwertsicherung gesehen werden, folgt man der Argumentation, die der Historiker Götz Aly in seiner Studie «Warum die Deutschen? Warum die Juden?» verfolgt (S. 299 f):

Der in den Ausdrucksformen groteske Rassendünkel zog seine Kraft aus dem verbreiteten Gefühl eigener Minderwertigkeit. Die Verschlafenen neigen dazu, Trägheit als Nachdenklichkeit, mangelnde Schlagfertigkeit als Tiefsinn, fehlende Bildung als Innerlichkeit auszugeben. Sie suchen den Rückhalt in der Gruppe und steigern gemeinsam ihr schwaches Selbstwertgefühl, indem sie andere abwerten. Aus solch einfach zu benennenden Elementen setzt sich der deutsche Antisemitismus zusammen. Wer ihn als Wahn, uns Heutigen fremde hypernationalistische Fehlentwicklung abtut, verkennt seine Natur.

In diesem Sinne wurden Bergsteiger ab den 1920er-Jahren, aber endgültig nach der Machtübernahme durch die Nationalsozialisten im Sinne von Deutschtum und Führerkultur instrumentalisiert. Nur zu gut passten Bergsteigen und NS-Ideologie zusammen. Bildeten doch bedingungsloser Einsatz des eigenen Lebens, Todesverachtung, Stärke, Kampfbereitschaft, Kameradschaft, Siegeswille und Opferbereitschaft zentrale Elemente jener Ideologie und galten als angeborene Eigenschaften des deutschen Menschentypus. Im Bergsteigen, so wurde unterstellt, seien diese Eigenschaften realisiert. Im Bergsteigen sah man Kampfhandlungen im Gebirge, das alpine Erleben wurde als Spiegelbild des Krieges interpretiert.

Besondere Ereignisse waren beispielsweise die Erstdurchsteigung der Grandes Jorasses Nordwand durch Rudolf Peters und Martin Meier 1935 sowie die Erstdurchsteigung der Eigernordwand durch Andreas Heckmair, Ludwig Vörg, Fritz Kasparek und Heinrich Harrer 1938. In beiden Fällen wurden die erfolgreichen Kletterer als Repräsentanten eines überlegenen Deutschland gefeiert, die ihre Erfolge für Führer und Vaterland errungen hätten, so die Propaganda. Auch die deutschen und österreichischen Opfer, die die Eigernordwand vor 1938 gefordert hatte, wurden von der Nazipropaganda zu nationalen Helden stilisiert, die den Opfertod für das Vaterland erlitten hatten.

Die Realität sah wahrscheinlich etwas anders aus, wie Nicholas Mailänder in seinem Beitrag zeigt: Bei all den jungen Erfolgsbergsteigern jener Zeit dürften individualistische Abenteuerfreude, brennender persönlicher Ehrgeiz, Bedürfnis nach Anerkennung durch Leistung, Suche nach Grenzerfahrungen und der Wunsch nach einem selbstbestimmten, naturnahen Leben im Vordergrund gestanden haben, von politischen Motiven seien sie kaum getragen gewesen. Allerdings hätten sich viele mit den Machthabern arrangiert, wenn es sie in ihren bergsteigerischen Ambitionen weiterbrachte, und etwa berufliche Chancen wahrgenommen, die die Nationalsozialisten ihnen anboten.

Bereits das Expeditionsbergsteigen der 1920er- und 1930er-Jahre wurde im deutschen Sprachraum als deutschnationale Sache dargestellt. Es ging um den Kampf gegen den Berg, es sollten – symbolisch für den deutschen Wiederaufstieg – Eroberungen im Himalaja gemacht werden, beispielsweise galt es, den Nanga Parbat – den «deutschen Schicksalsberg» – niederzuringen und der Welt die sieghafte deutsche Überlegenheit vorzuführen. Doch das Projekt scheiterte gewaltig: Allein bei den beiden Nanga-Parbat-Expeditionen der Jahre 1934 und 1937 verloren insgesamt 26 Personen ihr Leben (11 deutsche Bergsteiger und 15 einheimische Kräfte). Sie starben, so die Propaganda, im Kampf mit dem Berg den Heldentod, gaben ihr Blutopfer für Deutschland, ließen ihr Leben als deutsche Männer. Expertenurteile kommen zu einem anderen Schluss, nämlich dass die meisten Opfer einer dilettantischen Planung geschuldet waren. Auch in diesem Fall kann man davon ausgehen, dass die persönlichen Motive der Opfer zumeist nicht politischer Art waren, dass sie sich aber auf die Politik einließen, um ihr Ziel zu erreichen: die Achttausender Asiens. Sie schlossen sich einem barbarischen Feldzug an.

Die damaligen Expeditionen in den Himalaja segelten aber nicht zwingend unter ideologischer Flagge. Das beste Beispiel dafür sind die Unternehmungen von Günter Oscar Dyhrenfurth, der zusammen mit seiner Frau Hettie zwei internationale Himalaja-Expeditionen auf den Weg brachte. 1930 war der Kangchendzönga das Ziel, 1934 der Hidden Peak. Bei beiden Unternehmen gelang zwar keine Erstbesteigung eines Achttausenders, dennoch gelten sie unter Experten als erfolgreich. Im Rahmen der Expeditionen wurden mehrere Siebentausender erstbestiegen, und Hettie Dyhrenfurth stellte einen Höhenrekord für Frauen auf, der mehr als zwei Jahrzehnte Bestand hatte. Beide Dyhrenfurths wurden 1936 mit olympischen Goldmedaillen für ihre alpinen Leistungen ausgezeichnet. Die internationalen Teams hatten bei beiden Unternehmungen keine Opfer zu beklagen.

Natürlich war es kein deutscher Sonderweg, das Bergsteigen für national-chauvinistische Zwecke zu missbrauchen. Ein wesentlicher Teil des Eroberungsbergsteigens, das im Himalaja seit dem Ende des 19. Jahrhunderts betrieben wurde, fand im Rahmen nationaler Unternehmungen statt. Es gab einen Wettkampf zwischen den Nationen um die Achttausender Asiens, der auch im 20. Jahrhundert aufs Neue und in voller Heftigkeit ab 1950 entbrannte. Nur jene Bergsteiger, natürlich ausschließlich Männer, hatten eine Chance, daran teilzunehmen, die sich den nationalen, oft militärisch anmutenden Expeditionen anschlossen. Besser gesagt, die dazu berufen wurden. Bei allem Chauvinismus war es aber nur zu oft der Fall, dass die Ziele lediglich deshalb erreicht wurden, weil große Individualisten alles auf eine Karte setzten, Grenzgänge wagten und gewannen. Persönliche Grenzgänge, keine für die jeweilige Nation.

Eine ganz außergewöhnliche Expedition war die französische Unternehmung im Jahr 1950, die schließlich zur ersten Besteigung eines Achttausenders führte. Die Expedition unter der Leitung von Maurice Herzog hatte eine Region Nepals zum Ziel, die noch nahezu unerschlossen und nicht korrekt kartografiert war. Dort standen zwei Achttausender zur Auswahl, bei denen noch nicht einmal die exakte Lage dokumentiert war. Für beide Berge wurden Zugangsmöglichkeiten und denkbare Aufstiegsrouten erkundet. Schließlich fiel die Entscheidung zugunsten der Annapurna. Unter dem Druck des nahenden Monsuns wurde der Berg in einem quasi letzten verzweifelten Anlauf berannt, und schließlich standen Maurice Herzog und Louis Lachenal auf dem Gipfel. So nationalistisch das Unternehmen gefärbt war, die Entscheidung führten zwei von den Bergen und von persönlicher Leistung besessene Individualisten herbei. Überleben konnten die beiden Erstbesteiger schließlich nur, weil sie mit schwersten Erfrierungen von Lionel Terray und Gaston Rébuffat in die Welt der Lebenden zurückgeführt wurden. Solche herausragenden Leistungen lassen sich nur von Menschen erbringen, die ihrer Sache mit Leib und Seele verfallen sind. Der Erfolg an der Annapurna war das Ergebnis unstillbaren persönlichen Ehrgeizes und nicht die Verpflichtung für die Nation.

Bei der erfolgreichen britischen Everest-Expedition von 1953 waren es zwei Außenseiter, die den Gipfel erreichten. Ursprünglich bildeten sie nur ein Ersatzteam: Edmund Hillary, ein Imker aus Neuseeland, und Tensing Norgay, ein Sherpa, der sich in Darjeeling niedergelassen hatte, waren leistungsstarke Individualisten, die ihren gemeinsamen Gipfelgang nicht unternahmen, um den Ruhm des britischen Imperiums zu mehren. Am Nanga Parbat war der Ausnahmebergsteiger Hermann Buhl mit einem Alleingang erfolgreich. Er bestieg den Gipfel für sich, nicht zum Ruhme Deutschlands oder Österreichs. Bereits 1954 wurde mit dem Cho Oyu einer der höchsten Berge der Erde von einem kleinen Team bestiegen, das von Herbert Tichy (neben ihm: Sepp Jöchler, Helmut Heuberger und Pasang Dawa Lama) zusammengestellt worden war. Herbert Tichy sah sich selbst gar nicht als Bergsteiger im engeren Sinn, sicher nicht als Eroberer, sondern eher als Reisenden, Entdecker. Seine Interessen galten dem Land, den Menschen und dem persönlichen Erleben. Nationale Interessen waren für ihn und sein Team unbedeutend.

Einen letzten Höhepunkt erlebte der nationalistisch gefärbte Eroberungsalpinismus indessen im Jahr 1964 bei der Besteigung des letzten verbleibenden und niedrigsten Achttausenders. Die Shisha Pangma wurde von einer riesigen anonymen chinesischen Mannschaft in einer Art militärischem Feldzug erobert.

Wenn es um historische und politische Motive beim Bergsteigen, speziell beim Expeditionsbergsteigen, geht, dürfen die Polen nicht fehlen. Speziell nicht, nachdem Bernadette McDonald die Geschichte des polnischen Höhenbergsteigens in ihrer hervorragenden Monografie «Klettern für Freiheit» (auf Deutsch 2013 beim AS-Verlag erschienen) für Leser außerhalb Polens zugänglich gemacht hat. Natürlich waren Namen wie beispielsweise Wanda Rutkiewicz, Jerzy Kukuczka, Voytek Kurtyka oder Krysztof Wielicki längst auch im Westen bekannt, sie waren in der Alpinliteratur geläufig. Bekannt war auch, dass es an vielen relevanten Bergen der Welt seit den 1970er-Jahren «Polenrouten» gab. Am Aconcagua, dem höchsten Berg außerhalb von Asien, wurde bereits 1936 der Weg über den «Polengletscher» eröffnet – heute die sehr anspruchsvolle Alternative zum Normalweg. Polen haben das Winterbergsteigen an den ganz hohen Bergen eingeführt und haben sich als Erste mit Speedbegehungen an den Achttausendern profiliert. Jerzy Kukuczka unterlag Reinhold Messner beim Wettlauf um die «Achttausenderkrone» nur knapp. Allerdings war er möglicherweise, was die Qualität und den Stil seiner Achttausenderanstiege angeht, Reinhold Messner voraus. Hatte er doch nur halb so lange wie Messner gebraucht, bis er alle Achttausender bestiegen hatte und dabei neun neue Routen begangen (Messner: sieben) und vier Winterbesteigungen (Messner: keine) ausgeführt.

Wieso die Polen? Als sie in das Höhenbergsteigen einstiegen, waren ihre Voraussetzungen denkbar schlecht. Sie hatten kein Geld für Auslandsexpeditionen, ihre Reisemöglichkeiten waren reglementiert, ihre heimischen Trainingsmöglichkeiten beschränkt. Auftrieb, Leidensbereitschaft und Kreativität waren hingegen scheinbar grenzenlos. Das Buch von Bernadette McDonald stellt Wanda Rutkiewicz, Jerzy Kukuczka und Voytek Kurtyka besonders ausführlich vor, sie werden als die wichtigsten Protagonisten des sogenannten Goldenen Zeitalters des polnischen Höhenbergsteigens im Zeitraum zwischen 1975 und 1995 gesehen. Alle drei sind polnische Kriegskinder, traumatisiert weniger durch persönliche Erlebnisse im Krieg (Jerzy Kukuczka und Voytek Kurtyka wurden nach Kriegsende geboren) als vielmehr dadurch, dass sie in einem vom Krieg zerstörten Land aufwuchsen. Über 15 Prozent der Bevölkerung Polens waren ums Leben gekommen, das ganze Land war verwüstet worden wie kaum ein anderes in Europa, praktisch alle Familien hatten Angehörige verloren. Zerstörung, Tod, Entwurzelung, Mangel, instabile Familien- und Lebensverhältnisse stellten zentrale Kindheitserfahrungen dieser polnischen Bergsteiger dar.

Ein zweites polnisches Erfahrungselement war, zu einer Nation zu gehören, die, nach den Teilungen Polens Ende des 18. Jahrhunderts, ihre Souveränität an Preußen, Österreich und Russland verloren hatte. Zwar entstand nach dem Ersten Weltkrieg wieder ein polnischer Nationalstaat, der 1939, alleingelassen von den «Garantiemächten» England und Frankreich, von Deutschland und der Sowjetunion erneut erobert und aufgeteilt wurde. Auf polnischem Territorium setzte Deutschland die Vernichtung der europäischen Juden praktisch um, und dort fanden einige der verlustreichsten Schlachten des Zweiten Weltkriegs statt. Am Ende des Kriegs entstand Polen neu, nach Westen verschoben und für mehr als vierzig Jahre unter der direkten Kontrolle der Sowjetunion. Die jüngere polnische Geschichte handelt also von einer Nation der Verlierer und Alleingelassenen – mit dem unerschütterlichen kollektiven Selbstverständnis, eine große und wichtige europäische Macht zu sein, die für die kulturelle Entwicklung Europas Entscheidendes geleistet hat.

Die polnischen Bergsteiger lebten fortwährend mit dem Mangel. Selbst die Grundbedürfnisse nach Nahrung, Wohnung und Kleidung wurden nur unzureichend befriedigt. Die kommunistische Lebensrealität reglementierte sie in ihrem Alltag streng. Möglichkeiten zu persönlicher Entwicklung und Selbstverwirklichung waren kaum vorhanden. Sie lebten in einem System, das persönliche Freiheiten systematisch erstickte, in dem die individuelle Wertigkeit ohne Belang war. Bernadette McDonald schildert sehr plastisch, wie alle von ihr porträtierten polnischen Erfolgsbergsteiger beim Klettern ihre persönlichen Erweckungserlebnisse hatten. In den Bergen fanden sie Schönheit, Natur und persönliches Glück in einer Form, wie es in der Wüste ihres kommunistischen Alltags nicht vorkam.

Das kollektive Empfinden einer Kränkung und das individuelle Streben nach Freiheit und Wertigkeit erklären allerdings nicht hinreichend, weshalb sich die Polen ab Mitte der 1970er-Jahre zur Weltmacht im Höhenbergsteigen emporschwangen. Ein wichtiger zusätzlicher Faktor bestand darin, dass die staatlich kontrollierten Bergsteigerorganisationen und mit ihnen die polnische Staatsführung realisierten, dass sich durch internationale bergsteigerische Erfolge das polnische Ansehen in der Welt steigern ließ. Diese Chance ergriff der polnische Staat. Bergsteigern wurde Reisefreiheit gewährt, man unterstützte – und überwachte – sie bei ihren Expeditionen. Aber ganz wesentlich war auch: Polnische Expeditionsbergsteiger machten aus ihren Reisen zu den Bergen der Welt Import-Export-Unternehmungen. Im Klartext: Sie betrieben Schwarzhandel. Folgt man den Ausführungen von Bernadette McDonald, so ließen sich die Reisen nur durch solche Geschäfte finanzieren.

So kann man an der Entwicklung des polnischen Höhenbergsteigens nachvollziehen, wie historische, gesellschaftliche und politische Motive wirksam sind, die aber letztendlich nur in Wechselwirkung mit extrem ausgeprägten persönlichen Bedürfnissen nach Freiheit, Autonomie und Selbstverwirklichung sowie grenzenloser Leidens- und Leistungsbereitschaft zu epochalen Erfolgen führen.

Das von nationalen Motiven geleitete Bergsteigen setzt sich bis in die heutige Zeit fort. Als Anatoli Boukreev 1997 mit dem indonesischen Militär über die Organisation und Leitung einer Expedition handelseinig wurde, ging es darum, den ersten Indonesier auf den Mount Everest zu führen. In seinem posthum veröffentlichten Buch «Über den Wolken» findet sich folgender Eintrag über den Gipfelgang (S. 312):

Als mir klar wurde, dass ich auf 8700 Meter Höhe jemandem Klettertechniken beibrachte, der vor gerade einmal vier Monaten zum ersten Mal Schnee gesehen hatte, konnte ich nur darüber rätseln, was all das diesem Mann bedeuten mochte. (…) diese Männer waren davon überzeugt, stellvertretend für das Streben einer ganzen Nation zu handeln.

Mit Todesverachtung einen Berg zu berennen, um das Ansehen des eigenen Landes zu erhöhen, ist keineswegs nur ein Privileg europäischer Nationen.

Der Geschäftsführer

Uli wirkt abgeklärt, ruhig und gelassen, als er seinen Expeditionssack in die Lodge trägt. Er hat noch genug Energie, das zeigt er gerne. Er hat den Gipfel erreicht. Seinen Siebentausender. Ich begrüße ihn und beglückwünsche ihn zu seinem Gipfelerfolg. Uli strahlt über das ganze Gesicht.

Uli ist Jurist. Er ist Geschäftsführer eines mittelständischen Maschinenbauers in Baden-Württemberg. Uli ist in allem, was er anpackt, sehr engagiert. Er hat bisher großen Erfolg im Beruf und bezieht ein Spitzengehalt, auch familiär stimmt alles, so sagt er. Auch beim Bergsteigen hat er größere Ambitionen. Geld ist für ihn kein Problem, freie Zeit allerdings schon. Mit ihm teile ich das Zelt beim Anmarschtrekking an unseren Berg, auch in den Hochlagern ist er mein Zeltpartner. Im Basislager bezieht dann jeder sein eigenes Zelt. Nur zu gut habe ich unsere Gespräche im Kopf in den Tagen auf dem Anmarschtrekking und im Hochlager, bevor der Aufstieg in Richtung Gipfel anstand.

«Meine Frau ist Juraprofessorin, mich hat es mehr zu einer anwendungsbezogenen Tätigkeit gezogen, als Geschäftsführer verdiene ich ein Vielfaches von dem, was meine Frau hat. Das ist gerade jetzt wichtig, wo wir die Zwillinge bekommen haben. Meine Frau wird sich für die Erziehungszeit erst mal aus dem Beruf zurückziehen. Zwillinge, daran sieht man meine ausgeprägte Männlichkeit, das bekommen doch nur wenige Männer hin, und dann auch noch so spät!»

Ich halte das zwar für ausgemachten Unsinn, was er mir da erzählt, will aber keine Diskussion anzetteln. Schließlich weiß ich auch schon, dass das mit seinen Kindern erst nach einer aufwendigen medizinischen Intervention geklappt hatte und mit seiner «ausgeprägten Männlichkeit» eher nichts zu tun hatte. Aber so ist er halt, der Uli, alles bei ihm ist top, so auch seine Männlichkeit. Im Zelt kommen wir aber ganz gut zurecht.

«Ich kenne ja viele große Touren in den Alpen, so viel Zeit habe ich während des Jurastudiums und später im Beruf immer aufgebracht. Man braucht eben ein gutes Zeitmanagement, dann geht vieles.»

Ich kann nur respektvoll nicken, wenn er mir von seinen alpinen, beruflichen und familiären Spitzenwerten erzählt. Da kann ich nicht mithalten, muss ich auch gar nicht, Uli reicht es vollauf, wenn er seine Erfolge schildern kann, am Berg und im Tal.

«Ich habe die Geschäftsführung bei einem klassischen schwäbischen Mittelständler. Wir sind mit unsren Produkten, Steuerungen für Produktionsanlagen, Weltmarktführer und beliefern weltweit alle wichtigen Hersteller. Als Jurist habe ich ganz viel mit Patentrecht zu tun, wir halten Patente ohne Ende. Natürlich werden unsere Patente ständig in großem Maßstab verletzt, in letzter Zeit gerade von den Chinesen. Wir verwenden aber nicht mehr sehr viel Energie auf die Auseinandersetzungen um verletzte Patente. Im Prinzip klärt sich das Problem für uns dadurch, dass wir mit unserer aktuellen Produktpalette immer schon einen Schritt weiter sind. Geräte, bei denen Patentrechte verletzt werden, sind für unseren Umsatz meist schon gar nicht mehr relevant, die großen Gewinne machen wir mit der nächsten Produktgeneration, gegen die die Konkurrenz nicht ankommt.»

Will er mir jetzt Betriebsgeheimnisse verraten? Wohl kaum, als Jurist versteht er selbst kaum etwas von den technischen Details der Erzeugnisse seiner Firma. Sein Thema ist ein anderes. Genau: «Das treibt mich auch beim Bergsteigen an. Immer einen Schritt weiter sein, immer ein Quäntchen mehr machen und anbieten, immer eine Tour mehr geschafft haben, alle Klassiker im Tourenbuch stehen haben, in der Kletterhalle einen Schwierigkeitsgrad weiter sein, darum geht es doch. Das ist doch beim Bergsteigen nicht anders als im Geschäft.»

Er kommt doch wieder zurück auf seinen Betrieb: «Hut ab davor, wie unsere Ingenieure das immer wieder schaffen, ich verstehe diesen Menschenschlag aber wirklich nicht. Wir haben echte Koryphäen im Betrieb. Die können sich dermaßen in ein Problem vertiefen, dass sie für nichts anderes mehr zu gebrauchen sind. Oft weiß man wochenlang nicht so recht, was die treiben, wir haben Spezialisten, die kommen und gehen, wie sie gerade Lust haben, und dann kommen sie mit einer fantastischen technischen Lösung an, mit der wir zwei, drei Jahre später millionenschwere Umsätze machen und die Konkurrenz weit hinter uns lassen. Diese Technikleute leben ja manchmal ganz für ihr Fach, freuen sich wie Kinder, wenn ihr Projekt läuft, haben aber überhaupt kein marktwirtschaftliches Verständnis, und wie die manchmal aussehen, achten überhaupt nicht auf ihren Stil. Mein Ding wäre das nicht. Ich bin ja zuständig für das Administrative, für das Marketing, für das Repräsentative. Nach außen stehe ich für unser Innovationspotenzial, für unseren Marktauftritt. Das gefällt mir, das ist mein Element. Das vertrete ich, wenn es sein muss auch aggressiv. Wie gesagt, technologisch sind wir absolut führend. Das entspricht ganz und gar meiner Lebenseinstellung, immer vorne sein. Auch was das Einkommen angeht.»

Es sind schon eigenartige Gesprächsthemen, die man in den Hochlagern hat.

«Wie waren heute Morgen bei dir die Sauerstoffsättigung und der Puls?», versuche ich unser Gespräch auf ein anderes Thema zu bringen. Stefan, der Leiter, macht jeden Morgen mit einem Pulsoxymeter die Runde und betreibt ein wenig medizinische Diagnostik, um die Höhenanpassung zu checken.

«Ein wenig suboptimal, Sättigung unter 80, Puls fast 80, ich fühle mich aber gut, keine Kopfschmerzen.» Das bedeutet, dass Uli für unsere Höhe, ungefähr 5500 Meter, noch nicht wirklich gut akklimatisiert ist. Taktisch wäre es besser, wenn er jetzt auf dieser Höhe einfach einen Tag pausieren würde oder noch mal ins Basislager abstiege. Ich selbst habe eine Sauerstoffsättigung von fast 90 Prozent und einen Puls von knapp über 60, eigentlich gute Werte, ich fühle mich aber ziemlich scheiße, mein Auftrieb ist nahe null.

Ulis Meldung ist: «Ich werde heute trotzdem den Anstieg bis in Lager zwei angehen, wäre doch gelacht, wenn das nicht geht. Da muss man halt die Zähne zusammenbeißen und den Arsch zusammenkneifen. Ich gehe auf jeden Fall.»

«Ich glaube, ich steige ab», erwidere ich, «und verzichte auf den Gipfel, ich habe ein ganz schlechtes Bauchgefühl.» Mein Plan entwickelt sich gerade beim Reden.

«Das begreif ich nicht. Bis jetzt bist du geradeso gut wie alle anderen bis hierher aufgestiegen. Körperlich bist du fit und technisch hast du das doch auch drauf.» Uli ist von meinem Plan nicht überzeugt, letztendlich ist es ihm aber egal. Es ist ja nicht sein Job, mich zu motivieren.

Wir unterhalten uns noch darüber, was er von mir einpackt und was ich von seinen Sachen mit ins Basislager nehme. Ich wünsche ihm einen guten Aufstieg. Selbst bin ich tief in meinen schwarzen Gedanken gefangen, innerhalb der nächsten Stunde packe ich meinen Rucksack, stopfe einige Sachen von Uli hinein, gebe Stefan meine Matte mit und verteile meinen Hochlagerproviant auf die Sherpas. Dann steige ich ins Basislager ab. Zum Glück ist das Wetter nicht ideal, ich kann mir vorstellen, dass es gleich kippt und die anderen den Gipfel abblasen müssen. «Die kommen da nie hoch, ich habe das einzig Richtige gemacht», denke ich mir. Habe ich nicht. Ich sitze ja jetzt wieder mit Uli zusammen. Er ist oben gewesen, ich nicht.

«Wie war dein Aufstieg?» Jetzt will ich einen Bericht aus erster Hand.

«Den Weg bis Lager zwei kennst du. Da waren wir am frühen Nachmittag, die Zelte standen, das Wetter war akzeptabel, der Weiterweg lag jetzt übersichtlich vor uns, die Stimmung war gut, der Gipfel schien schon von dort zum Greifen nah. Wir hatten einen wunderschönen Sonnenuntergang. Die Route geht von dort über eine Art Plateau bis ins nächste Lager, eigentlich ein Katzensprung. Aber in der Höhe und bei unserer Verfassung brauchten wir dieses Lager. Danach ging es fahrplanmäßig weiter. Am nächsten Tag der kurze Wechsel ins Lager drei. Dann der Gipfeltag. Die Fixseile waren bis zur Unfallstelle angebracht und noch zu benutzen. Stefan hat sie kontrolliert und freigegeben. Er hat nur noch in der Passage, in der das Schneebrett abgegangen ist, ein neues Fixseil verlegt. Das war schon gespenstisch, als wir über die Stufe gestiegen sind, an der vor ein paar Tagen sechs Leute abgestürzt sind. Der Anstieg geht dort genau über die Gratkante. Wir sahen über die Kante auf die andere Seite des Grates hinunter, genau dort, wo die beiden Sherpas abgestürzt sind. Es war zum Gruseln. Andererseits: Die Lawine war abgegangen, die Passage war jetzt ziemlich sicher. Nach dieser Stelle legte sich das Gelände zurück. Der Weiterweg zum Gipfel war wegen der Höhe zwar ein zäher Hund, aber im Prinzip eine gemähte Wiese.»

Da hätte ich auch dabei sein können. War ich aber nicht. Ich bin abgestiegen. Ich bin auf diese Reise aufgebrochen, um etwas zu erleben, was ich in letzter Zeit kaum gehabt hatte. Aber ich konnte mich, als es wirklich darum ging, den Gipfel anzugehen, nicht aufraffen, bekam den Arsch nicht hoch, den Kopf nicht frei und verharrte in meiner dumpfen Stimmung, dass sowieso alles sinnlos sei. Das war am Ende doppelt verquer. Die Erkenntnis, dass es mich im normalen Leben nicht weiterbringt, wenn ich auf einen hohen Berg steige, ist ja nicht wirklich erhellend. Das ist ja, wie man so sagt, sowieso klar. Dass mich aber der Druck, den ich aus dem Tal mitgebracht habe, so lahmlegen würde, war für mich ein Schock. Wie in einer Depression hänge ich jetzt kraft- und antriebslos herum.

Der Aussicht auf den Gipfelgang konnte ich im Lager zwei nichts Positives mehr abgewinnen: Wozu dort oben stehen?

Anschließend muss ich wieder nach unten und alles ist wie vorher. Jetzt bin ich aber erschüttert, wie vollkommen sinnlos es war, an dieser Stelle auf den Gipfel zu verzichten, denn auch das bringt mich kein Stück weiter. Es ist lediglich eine Selbstbestrafung. Aber ich belasse es für dieses Mal dabei. Zumindest sehe ich klar, dass es darum geht, die Schwierigkeiten im realen Alltag anzugehen. Auf diesen Weg mache ich mich.

Spiritualität und Religion

Die spirituelle Dimension des Bergsteigens ist so alt wie das Bergsteigen selbst. Berge gelten seit Menschengedenken als mystischer Ort, Berge werden von vielen Religionen als Sitz der Götter angesehen, Berge werden mit Begriffen wie Erhabenheit und Übermächtigkeit beschrieben, sie werden verehrt, weltweit finden wir Kultstätten bis in größte Höhen, Berge sind große und starke Symbole, Bergen wird spirituelle Macht zugesprochen. Auf Bergen werden in christlich geprägten Ländern Kreuze errichtet, neuerdings wehen auch buddhistische Gebetsfahnen daran. Damit seien nur einige Phänomene genannt, die den spirituell-religiösen Bezug der Berge verdeutlichen.

Es ist nur ein kurzer Weg dahin, im Bergsteigen eine spezielle Form eines Gottesdienstes zu sehen. In vielen Gipfelbüchern ist der Sinnspruch «Viele Wege führen zu Gott, einer führt über die Berge» zu lesen. Jede Pilgerreise ist überdies mit Wandern, sozusagen der Grundform des Bergsteigens, verbunden. In dieser Perspektive ist Bergsteigen sehr viel mehr als Sport.

Extreme Bergsteiger äußern sich selten zu ihren persönlichen religiösen Ansichten. Tendenziell scheint es unter den Extremen eine eher atheistische oder agnostische Neigung zu geben. Wenn eine Religion positiv bewertet wird, herrscht bei europäischen und amerikanischen Bergsteigern eine gewisse Präferenz für den Buddhismus vor. Um diese Präferenz oder Zuneigung einordnen zu können, ist es wichtig, einige entscheidende Aussagen der buddhistischen Lehre zu betrachten. Meine Quelle ist hierzu ein Text von Nina Rose und Harald Wallach aus dem Jahr 2004. Es geht um die «vier edlen Wahrheiten»:

1. Wahrheit vom Leiden: Leben umfasst nicht nur offensichtliches menschliches Leid wie Geburt, Alter, Krankheit, Tod, Kummer, Klagen, Schmerz und Verzweiflung, sondern auch das Leiden und die Frustration, nicht zu bekommen, was man begehrt, oder zu erhalten, was man nicht möchte.
2. Wahrheit von den Ursachen des Leidens: Das Anhaften an und das Verlangen nach vergnüglichen Sinneseindrücken.
3. Wahrheit, dass das Loslassen von Verlangen, das Aufhören des Begehrens möglich ist.
4. Wahrheit, dass es einen Weg gibt, der zur Aufhebung des Leidens führt, den Edlen Achtfachen Pfad.

Vergleicht man den Inhalt der «vier edlen Wahrheiten» mit dem Handeln extremer Bergsteiger, so fällt auf, dass beides eigentlich nicht unterschiedlicher sein könnte. Extreme Bergsteiger haften auf eine geradezu fanatische Art einem Verlangen nach starken Sinneseindrücken an, die sie sich über das Bergsteigen verschaffen. Aufmerksamkeit, Anerkennung, Selbstbestätigung und intensive Erfahrungen erreichen sie durch bergsteigerische Maßnahmen steigender Intensität. Das Loslassen von ihrem Begehren geschieht häufig erst durch ihren Tod, der sie im Vollzug ihres Begehrens ereilt. Dass ihr Leid in einem schrankenlosen Verlangen nach Erfolgen besteht, vermögen sie in den seltensten Fällen zu realisieren. Die reine Gier bezeichnen sie gerne als ihren persönlichen Traum und eine besondere Zielorientierung.

Warum bekennen sich dann einige von ihnen zu einer Art Buddhismus?

Ich habe hier zwei Vermutungen: Möglicherweise ahnen die Extremen zumindest, dass sie in einem Mechanismus gefangen sind, der darin besteht, einem Begehren nach bergsteigerischen Erfolgen anzuhaften. Und dass es für sie eine große Entlastung sein könnte, diesen Prozess zu unterbrechen. Die oft geäußerte Leere nach Erreichen eines Ziels ist hierfür ein starker Hinweis. Konkrete Änderungen entwickeln die Extremen daraus aber nicht. Eine Alternativerklärung für die Buddhismus-Präferenz extremer Bergsteiger könnte darin bestehen, dass es hier im Prinzip keine Gottheit gibt, die verehrt wird. Das kommt dem persönlichen Weltmodell der Extremen insofern entgegen, als sich in ihrer Vorstellung alles um die eigene Person zu drehen hat, in der sich einer der besten Bergsteiger der Welt manifestiert. Narzisstische Großbergsteiger wähnen sich durch ihre Taten ja durchaus als Übermenschen und gottgleich. Zu diesem Weltbild passt eine Religion am besten, die ohne Gott auskommt.

Über die Nordwand zu den Göttern

Hannes gehört eigentlich zu den Extremen. Er arbeitet in einer Klinik, an der ich auch schon tätig war. Normalerweise würde er mit mir im Fels keine Tour machen, dazu liegen wir im klettertechnischen Können viel zu weit auseinander. Manchmal ist er aber in einem Leistungstief oder er hat Mitleid mit mir – oder beides. So ergibt es sich auch, dass er mit mir eine Tour am Geisselstein in den Ammergauern geht. «Du behauptest doch immer, dass du einen alpinen Fünfer schon schaffst.» Damit wollte er mich locken. «Dann schauen wir uns mal an, was du zur Alten Nordwand sagst, das ist eine Herzog Führe aus den 1920er-Jahren. Ein Klassiker, historisch sehr interessant.» Das weiß ich natürlich. Im Übrigen habe ich keinen rechten Respekt vor dem Berg. Der Geisselstein ist aus der Distanz kaum als eigenständiges Ziel auszumachen.

Aber dann kommt es ganz anders. Schon in der Einstiegsseillänge vergeht mir Hören und Sehen, zum Glück bin ich im Nachstieg. Irgendwann höre ich auf, die Seillängen zu zählen, vorsteigen kann ich in der Route nur in handverlesenen Passagen. Ganz oben nimmt Hannes dann noch die direkte Variante über das Hauseck. «Der Schluss war jetzt ein Sechser», begrüßt er mich am Ausstieg. «Da kannst du jetzt stolz sein, ging doch! Spür mal in dich rein, wie sich das anfühlt, wenn man einen Sechser draufhat, so alpin.» Hatte ich ja nicht, aber ich konnte ja so tun als ob, und ich spürte in mich hinein.

Hannes ist Dylanologe und hat zu diesem Thema immer eine Geschichte parat. Er findet, es sei der rechte Anlass, mal wieder einen gängigen Bob-Dylan-Witz zu erzählen: «Bob Dylan ist gestorben und soll in den Himmel kommen. An der Himmelspforte wird er von Petrus empfangen und aufs Herzlichste begrüßt. Bob Dylan äußert nur eine Bitte vor seiner Aufnahme in den Himmel. Er wünscht sich, dass niemand außer ihm Mundharmonika spielen darf. Dieses Anliegen werde ihm natürlich erfüllt, entgegnet Petrus, nichts sei leichter als das. Bob Dylan tritt ein und hört als Erstes, wie leise im Hintergrund auf einer Mundharmonika gespielt wird. Er ist durchaus irritiert und bittet Petrus um eine Erklärung. Nun, entgegnet Petrus, es sei Gott selbst, der spiele, schon lange versuche er so zu spielen wie Bob Dylan.»

Frühe psychologische und philosophische Beiträge

Die alpine Literatur ist so alt wie das Bergsteigen selbst. Seit Menschen auf Berge steigen, wird über die Gründe geschrieben, die sie dazu bewegen. Exemplarisch dafür werde ich einige frühe Beiträge zur Psychologie des Bergsteigens aus dem deutschen Sprachraum herausgreifen. Nicholas Mailänder bietet in seiner Monografie «Im Zeichen des Edelweiss – Die Geschichte Münchens als Bergsteigerstadt» einen umfassenden Überblick wichtiger Quellen auch zu diesem Thema. Auf dieses Buch beziehe ich mich bei meinen Ausführungen über Hermann von Barth. Bei den Autoren Eugen Guido Lammer und Leo Maduschka benutze ich mir vorliegende Ausgaben originaler Texte.

Hermann von Barth (1845–1876) legte bereits 1871 eine – aus heutiger Sicht – erstaunlich moderne Analyse dessen vor, was Menschen auf die Berge treibt («Im Zeichen des Edelweiss», S. 73):

> *In der Beantwortung dieser Frage lassen sich die gipfelstürmenden Hochgebirgswanderer wohl nur in zwei Klassen unterscheiden: Tatendurst und Ruhmsucht jagt sie beide, aber der Zielpunkt ihrer Begierde ist ein verschiedener; der eine findet seinen Lohn und seine Befriedigung in dem Bewusstsein, dass andere ihm (…) ihre Bewunderung zollen müssen, der andere in dem Bewusstsein, dass er kühn vollbracht, was er entschieden gewollt; der eine misst den Wert seiner Leistung nach seinen Vorgängern, die das Gleiche geleistet haben, nach seinen Nachfolgern, die das Gleiche versuchen werden, und vergisst über der gelungenen Ersteigung nur gar zu oft, ob er denn diese Ersteigung auch wirklich seine Leistung nennen dürfe; der andere misst seine Tat nach dem Gegenstande, an welchem er seine Kraft erprobt, und schätzt die Ersteigung eines jungfräulichen Bergscheitels geringer, als die einer schwer zu bezwingenden, wenn gleich bereits erklommenen Felszinne, schätzt die schwierigste und unerhörteste Kletterpartie für nichts, wenn er deren Gelingen nicht seiner eigenen Kraft und Gewandtheit verdankt; der eine will der Mitwelt, der andere will*

es dem trotzigen Gipfelhorne weisen, was er zu leisten im Stande (…).

Nicholas Mailänder sieht in dieser Passage die Grundidee des modernen Bergsports formuliert. Diese bestehe schlicht darin, persönliche Befriedigung zu erleben, nachdem man alpine Schwierigkeiten bewältigt hat. Hermann von Barth sieht die Grundmotive «Anerkennung durch andere» und «Erleben der eigenen Leistung» bereits in den 1870er-Jahren durch zwei Gruppen von Bergsteigern repräsentiert. Alle andern Motive seien, folgt man Hermann von Barth, bedeutungslos.

Vom Wiener Eugen Guido Lammer (1863–1945) liegt mir der Band «Durst nach Todesgefahr» vor. Herausgeber des Buches, in dem Originaltexte von Lammer wiederaufgelegt wurden, sind Reinhold Messner und Horst Höfler. Die folgenden Zitate vermitteln einen Zugang zum Denken dieses zu seiner Zeit extremen Bergsteigers und alpinen Schriftstellers («Durst nach Todesgefahr», S.77 f):

Rot glühend lohte in meinem Busen die Sehnsucht nach alpiner Tat, unlöschbar der Durst nach Abenteuer und Todesgefahr. Ich war entschlossen, das Höchste zu wagen, mein Leben wieder und wieder auf des Messers Schneide zu setzen. (…) Ich war ein wilder Bursche und ein echtes Kind jener Zeit der geistigen Märzenstürme: Damals in den Achtzigerjahren zertrümmerten wir alles, was unseren Vätern heilig war, (…) 1887, war ich splitternackter Individualist und stieg auch darum auf die Berge, um den ungestümen Leidenschaften meines Busens schrankenlosen Lauf zu lassen. Und die Alpinistik, in der sich mein Ich ganz frei auswirken durfte, rücksichtslos bis zur Selbstvernichtung, war mir einzige Religion.

Mit solchen Texten löste Eugen Guido Lammer, so seine Biografen, bei seinen Zeitgenossen hauptsächlich Kopfschütteln aus, er wurde damit aber für die bergsteigerische Jugend bis weit ins nächste Jahrhundert hinein stilprägend. Die Kernaussagen lassen sich so zusammenfassen:

> - Bergsteigen ist mehr als Sport.
> - Bergsteigen befreit aus den gesellschaftlichen Konventionen.
> - Bergsteigen ist Ekstase und Glück.
> - Bergsteigen ist hemmungslose Leidenschaft.
> - Bergsteigen ist männlich und heldenhaft.
> - Bergsteigen erfordert die Bewältigung der Ängste und stärkt das Ich.

Die eben zitierten Passagen stellen die Situation des 24-jährigen Lammer zu Ausgang des 19. Jahrhunderts dar. Seine Biografen berichten, er habe im Jahrzehnt zwischen 1883 und 1893 das Bergsteigen wie ein Besessener betrieben und darüber ungefiltert geschrieben. Viele Touren, auch Erstbegehungen, ging er solo, das führerlose Bergsteigen hat er kompromisslos propagiert, damals eine unerhörte Angelegenheit.

1895 heiratete Lammer, aus der Ehe gingen drei Kinder hervor. Nach seiner Heirat trat er nicht mehr als extremer Bergsteiger in Erscheinung, wohl aber als Schriftsteller, der seine alpinen Erfahrungen verwertete und seine Philosophie und Psychologie des Bergsteigens ausarbeitete.

Geht es denn klarer als im Satz «(…) und stieg auch darum auf die Berge, um den ungestümen Leidenschaften meines Busens schrankenlosen Lauf zu lassen»? Wir haben es mit einem jungen Kerl in der Blüte seiner Männlichkeit zu tun, auf der Suche nach intensivem Leben, nach Sex, nach ekstatischen Erfahrungen, nach Heldenstatus und nach Bestätigung seiner persönlichen Größe. In seinem Lebensumfeld war Sexualität tabuisiert, seine berufliche Zukunft war sicher, aber strengstens reglementiert, Lust, Rausch und intensive Gefühle waren nicht vorgesehen. Eugen Guido Lammer hatte das Bergsteigen entdeckt, dort erlebte er, was ihm im bürgerlichen Leben verwehrt war, und er schrieb darüber, auch dies wie im Rausch, sein Leben lang.

Sigmund Freud veröffentlichte im Jahr 1895 zusammen mit Josef Breuer die «Studien über Hysterie», die erste psychoanalytische Arbeit. Hier wird die Sexualmoral dieser Zeit transparent, und die daraus resultierenden Leiden werden fassbar. Die Seelenerforschung, die Eugen Guido Lammer bei sich selbst betrieb, ist eben auch ein Kind dieser Epoche. Das Bergsteigen war sein Weg, mit seinen unbewussten Impulsen, Wünschen und Sehnsüchten, auch mit seiner Sexualität, umzugehen.

Im Aufsatz «In Spannung leben – Angst – Mut – Freude» findet sich die Quintessenz der Psychologie des Bergsteigens von Eugen Guido Lammer. Er formuliert quasi als Axiom («Durst nach Todesgefahr», S. 153):

Wer sich also bewusst in Gefahr begibt, der will auch die Todesangst, und das will jeder kundige Alpinist bei jedem gewagten Unterfangen.

Bergsteiger seien Gefahrensucher, der entscheidende Punkt sei die Auseinandersetzung mit der Angst und der Sieg über die Angst. Je größer die Angst, desto mehr Willensenergie des Charakters sei zum Sieg über sie nötig und desto wertvoller sei der Sieg. Der Wert einer Tour misst sich – folgt man diesen Überlegungen – an der Höhe der Angst und am aufgebrachten Mut. Weiter argumentiert Lammer, die Sicherheit der Zivilisation sei wertlos, persönliches Wachstum erreiche der, der sich im Geiste des «Uralpinismus» mit der «Urwildnis» misst und sich mit «unzerbrechlichem Willen» im «Kampf gegen die Naturgewalt» bewährt. Daraus ergibt sich dieses Fazit («Durst nach Todesgefahr», S. 158):

Aller Gefahrensport will gerade das Gefühl, am Leben zu sein, das dem Alltagsmenschen meist gar nicht bewusst wird, riesenhaft steigern bis zur berauschenden Wollust, und so in der Todesangst selber einen reich strömenden Quell der Lebensfreude öffnen. (...) Dazu kommt aber noch – glaube ich – der Drang, sein Ichgefühl zu stärken, den Umfang des Selbst zu erweitern, weil unser sozialer Mechanismus die Persönlichkeit platt walzt und die Einzelmenschen zu Nummern und Massenteilchen entwertet.

Eugen Guido Lammers Verdienst ist es, die Themen Angsterleben, Angstbewältigung, Lusterfahrung, Ichstärkung in die Diskussion um das Bergsteigen eingebracht zu haben. Sein Menschenbild brachte er in seinem Mallory-Text auf den Punkt («Durst nach Todesgefahr», S. 184):

Das ist unwiderstehlicher Zug nach Macht über uns selber. Dieser Drang, der auch den Forscher, den Techniker immer weiter hetzt, der den gotischen Baukünstler zwang, seine Turmspitze immer höher hinauf in die Wolken zu bohren, der Drang, der Mallory und jeden Bergsteiger emporjagt auf Gipfel und Lawinenwände, der uns gegen unsern eigenen widerstrebenden Verstand nötigt, die Berge durch ihr Besteigen selbst zu erniedrigen und für uns zu entwerten, dieser unstillbare Hass aller Grenzen, er ist das eigentliche Schicksal des faustischen Menschen, unentrinnbar, dämonisch.

Hier wird ein Verhaltensstil, der sich durch zwanghaftes Leistungshandeln auszeichnet, als «faustisch» geadelt. Was Eugen Guido Lammer beschreibt, ist nach unserem heutigen Verständnis Ausdruck einer fragwürdigen persönlichen Strategie: Der Bergsteiger sucht sein fragiles Selbst durch immer neue Höchstleistungen zu stabilisieren. Das Leistungshandeln bleibt aber ohne Effekt, da sich dadurch am eigentlichen Problem, dem negativen Selbstkonzept, nichts ändert. Der «faustische» Mensch ist wie ein Sklave seinem zwanghaften Streben nach Macht unentrinnbar, dämonisch ausgeliefert, wie ein Hamster in seinem Rad.

Leo Maduschka (1906–1932) galt im Deutschland der Zwischenkriegszeit als Dichter-Bergsteiger, dessen Ideen bis weit in die 1960er-Jahre hineinwirkten. Seine Schriften wurden 1991 in der Reihe «Alpine Klassiker» wieder aufgelegt. Aus dieser Ausgabe zitiere ich hier. Leo Maduschkas Motivationsanalyse des Bergsteigens liest sich so (S. 252ff):

Der Wandertrieb ist ein Ableger des faustischen Urtriebs der germanischen Seele (…).

Bergsteigen ist Wandern, auch der Bergsteiger ist ein Wanderer. Auch sein Ziel ist der Weg; (…) sein Trieb in die Ferne ist unstillbar.

Wir müssen wandern, um unsere Sehnsucht zu töten – sonst würde sie uns töten (…).

Wandern ist zwecklos und ziellos (…).

Die alpine Tat ist (…) das bewusst aufgesuchte konzentrierte und zu einem Höchstmaß verdichteten Lebens und Erlebens gestaltete Abenteuer.

Worum geht es? Der Autor unterstellt, es gebe ein genetisches Programm, das den deutschen Mann zum Wanderer und Bergsteiger macht. Dieser übt sich in Selbstzucht, lebt seinen männlichen Mut zum Risiko aus und setzt in alpinen Taten alles auf eine Karte. Damit kann er seine Sehnsucht kurzfristig stillen, ohne das grundsätzliche Gefühl chronischer Unzufriedenheit wirklich beheben zu können, denn er muss zwanghaft mit diesem Handlungsmuster fortfahren, faustisch leben. Der von Leo Maduschka skizzierte Bergsteiger bewegt sich in einem Zirkel, aus dem er nicht entkommen kann, er bleibt zeitlebens ein Wanderer, der sich im Risiko beweist, schließlich wird er ein Opfer seines Leistungshandelns. Leo Maduschka selbst starb 1932 während eines Wettersturzes in der Civetta-Nordwestwand an Erschöpfung.

In Maduschkas Psychologie des Bergsteigens ist die alpine Tat wiederum eine Vermeidungsstrategie. Durch das Bergsteigen vermeidet der Akteur eine konfrontative Auseinandersetzung mit seiner «Sehnsucht», er weigert sich wahrzunehmen, was in ihm los ist. Stattdessen sucht er den kurzfristigen Kick und die schnelle Bestätigung durch einen Erfolg am Berg. Anschließend gewinnt die chronische Unzufriedenheit wieder die Oberhand.

Bereits im Abschnitt über Politik hatte ich auf den zeitgeschichtlichen Hintergrund dieses Gedankenguts hingewiesen. Junge deutsche Männer fühlten sich tief gekränkt als Angehörige eines – aus ihrer Sicht – zu Unrecht verachteten und gedemütigten Volkes nach einem verlorenen Krieg. Wirtschaftlich ging es ihnen schlecht, die Aufstiegschancen waren spärlich, und mit einer demokratischen Gesellschaft konnten sich die wenigsten identifizieren. Extremes Bergsteigen war da ein vorzügliches Mittel, um einen Kontrapunkt zu setzen.

Leo Maduschka kannte Friedrich Nietzsche, zumindest verweist er auf ihn. Eugen Guido Lammer hat sich im Laufe seiner schriftstellerischen Tätigkeit ebenfalls mit Nietzsche beschäftigt, er fand dort eine Seelenverwandtschaft zu seinen Ideen. Bei beiden Alpinautoren steht das dichterisch-philosophische Werk «Also sprach Zarathustra» im Zentrum ihrer Rezeption. Entsprechend sehen sie im Bergsteiger die Merkmale und Tugenden des «Übermenschen», den Nietzsche in jenem Werk schuf, in reiner Form realisiert. Diese Tugenden sind: das Schaffen und die Tat, die Selbstliebe, das Vertrauen in die eigenen Fähigkeiten, der männliche Wille, Mut, Härte und Kompromisslosigkeit in der Durchsetzung seiner Ziele. Auch Nietzsche hat in seinem «Zarathustra» direkten Bezug auf das Bergsteigen genommen:

Die Disziplin, Leid zu ertragen, großes Leid zu ertragen – weißt du nicht, dass nur diese Disziplin die Fortentwicklung des Menschen bis zum heutigen Tag hervorgebracht hat? (…) diese Härte tut jedem Berge-Steigenden not.

Das gesamte Werk von Friedrich Nietzsche lässt sicher viele Deutungen zu. Im deutschsprachigen Raum dürfte die Argumentationsfigur, im Bergsteiger realisiere sich der «Übermensch» im Sinne von Friedrich Nietzsche, damals jedoch durchaus Sympathien gefunden haben.

Im französischen Sprachraum haben andere geistige Strömungen Eingang in die Philosophie des Bergsteigens gefunden. Man kann den von Lionel Terray geprägten Begriff «Eroberer des Nutzlosen» als eine Interpretation der Ideen des französischen Existenzialismus sehen. Seine These lautet, dass Bergsteigen sinnlos und absurd sei. Bezieht man es auf das gesamte Leben des Menschen, entspricht das einem der Elementarsätze des Existenzialismus. Albert Camus bearbeitete in seinem berühmten philosophischen Essay «Der Mythos des Sisyphos» das Thema des absurden, nutzlosen Tuns. Sisyphos ist auf ewig dazu verurteilt, einen Stein den Berg hinaufzurollen, der, sobald der Gipfel erreicht ist, wieder ins Tal stürzt. In einer ähnlichen Situation sieht Lionel Terray den Bergsteiger. Das könnte als tragisches Schicksal interpretiert werden. Aber Albert Camus zieht in seinen Schlusssätzen ein anderes Fazit (S. 145):

Der Kampf gegen Gipfel vermag ein Menschenherz auszufüllen. Wir müssen uns Sisyphos als einen glücklichen Menschen vorstellen.

In existenzialistischer Sicht überwindet der Mensch die Absurdität des Lebens, indem er das Absurde annimmt. Das Leben, das darin besteht, einen Stein auf den Berg zu rollen, wird gelebt. Ähnlich sieht Lionel Terray den Bergsteiger. Der Sinn des Tuns besteht lediglich darin, auf Berge zu steigen – dies ist absurd, kann aber den Menschen erfüllen. Einer weiteren Erklärung bedarf es nicht. Bergsteigen, verstanden als persönlicher Lebensentwurf, erklärt sich somit aus sich heraus selbst. Im Vergleich zur «deutschen» Philosophie des Bergsteigens ein sympathischer Ansatz. Es gibt selbstverständlich aktuellere Beiträge zur Philosophie und Psychologie des Bergsteigens, hier möchte ich die Gedanken von Ulrich Aufmuth und Robert Macfarlane berücksichtigen.

Die Lust am Aufstieg

Von Ulrich Aufmuth («Ich bin Bergsteiger, und ich bin Psychologe») stammt die Monografie «Lust am Aufstieg» aus dem Jahr 1984, ursprünglich im Drumlin Verlag publiziert. In dieser Psychologie des Bergsteigens konstatiert er, dass es keinen «natürlichen Trieb zum Berg» gibt. Allerdings, so Aufmuth, stellen die Sozialwissenschaften Theorien bereit, um das Bergsteigen zu erklären (S. 12):

> *Die spezifischen Antriebskräfte der Bergsteigerei erwachsen allesamt aus der gesellschaftlichen und individuellen Situation derer, die das Bergsteigen betreiben.*

Das Buch ist unterteilt in die zwei Teile «Bergsteigen als Breitenbewegung» und «Über die Extremformen der Bergleidenschaft». Ich werde auf beide Abschnitte nacheinander eingehen und zum Abschluss eine kritische Würdigung wagen.

Folgen wir Ulrich Aufmuth, gilt prinzipiell, dass das Bergsteigen, wie wir es heute kennen, ein Produkt der modernen Industrie- und Kommunikationsgesellschaft ist. Er stellt in seiner Monografie eine Reihe von Gründen zusammen, die aus seiner Sicht erklären, warum wir in den Bergen glücklich sind. Aufmuth postuliert zunächst, beim Bergsteigen würden «Sehnsüchte nach einem urwüchsigen, elementaren Dasein, in dem auch unsere sinnlichen und körperlichen Anlagen voll zum Zuge kommen» (S. 20) befriedigt. Er stellt fest, es entstünde ein «euphorisches Gefühl intensivster Lebendigkeit», das gespeist werde «aus dem Erleben körperlicher Stärke und souveränen physischen Leistungsvermögens» (S. 23). Daraus resultiere schließlich das «göttliche Selbstbewusstsein des Bergsteigers».

Das Thema «Bergsteigen ist Kampf» taucht zusammen mit der Annahme «der Bergsteiger sucht den Kampf» im Buch immer wieder auf. Der Autor sieht im Kämpfen und Siegen entscheidende Motive für Bergsteiger: «Das schenkt uns ein barbarisch großartiges Lebensgefühl, das Gefühl eines Raubtiers, das mit seinesgleichen ringt.» (S. 28) Aufmuth stellt weiterhin fest, beim Bergsteigen werde der Körper positiv erlebt. Ferner gelte:

Die Verbundenheit der Menschen am Berg ist tatsächlich eine außergewöhnliche Art der Sozialbeziehung. (...) Trennende soziale Rollen und Statusfaktoren werden am Berg weitgehend hinfällig. Der Einzelne gilt vor allem durch seinen Charakter und seinen Beitrag zur gemeinsamen Sache.

Er stellt in einem weiteren Abschnitt fest: «In den Bergen haben wir unsere gesamten Bewusstseinskräfte für den konkreten Augenblick zur Verfügung.» (S. 46) Dann geht es, so Ulrich Aufmuth, beim Bergsteigen um den Nomaden in uns, der genetisch festgelegt sei und ausagiert werden müsse. Ferner gebe es einen Triebimpuls, der uns dazu bringe, möglichst viel Territorium zu beherrschen. Genau das ließe sich beim Bergsteigen realisieren, wobei unser körperlicher Appetit auf Landschaft gestillt werde. Dies sei orale Gier, in der sich der Weltbezug des Kleinkinds ausdrücke.

Breiten Raum nehmen auch Abschnitte über Leistungsorientierung ein. Aufmuth unterstellt, dass das persönliche Leistungsstreben eine quasi instinktive Verhaltensweise ist, die sich beim Bergsteigen optimal leben lässt: «Für nicht wenige von uns besitzen die alpinen Leistungen einen höheren Stellenwert in der persönlichen Seelenökonomie als das berufliche Schaffen.» (S. 60) Dabei unterstellt Ulrich Aufmuth, dass der «innere Drang zum Leistenmüssen» zu unserer Grundausstattung gehört und nicht zu hinterfragen ist, ganz gleich in welcher Form dieser «Drang» auftritt. Bergsteigen, speziell das Klettern, eigne sich zur Selbsttherapie von Ängstlichkeit. Die beim Bergsteigen bewältigten Ängste seien Sportangst und Sexualangst, die sich speziell in der Pubertät zeigten und überlagerten. Deswegen sei die Pubertät der Startpunkt für die Entwicklung extremen Bergsteigens. Das Erleben, die Angst bewältigen zu können, sei ein wesentliches Motiv, das Bergsteigen zu betreiben. Denn «der kämpferische Teil in uns hasst das ängstliche Ich» (S. 69). Dieser Aspekt lässt sich auch bei extremen Bergsteigern finden, so Aufmuth. Er schließt den Teil «Bergsteigen als Breitenbewegung» mit einer Typologie von Bergsteigercharakteren ab und unterscheidet fünf Typen: Technokrat, Leistungsfetischist, Extremer, guter Kumpel und Führer. Die Basis dieser Typologie bilden offensichtlich fünf konkrete Personen, die der Autor aus seinem privaten alpinistischen Umfeld kennt.

Im Teil «Über die Extremformen der Bergleidenschaft» nimmt er Bezug auf 25 Bergsteiger, von Edward Whymper bis Reinhard Karl, von denen oder über die Ulrich Aufmuth Publikationen vorlagen. Ausgangspunkt sind diese Rahmenbedingungen, die extremes Bergsteigen kennzeichnen: «Das vergleichsweise hohe Risiko für Leib und Leben; die oftmals folterähnlichen Strapazen und Entbehrungen und schließlich die Intensität der Hingabe, die bis zur Besessenheit reicht.» (S. 105) Daraus ergibt sich für den Autor ein Begründungsproblem, das er aufzuklären sucht. Er stellt fest, «dass der vorherrschende emotionale Grundton der Extremen das Leiden ist» (S. 110) und dass sie auch nach großen Erfolgen von «Empfindungen der Leere und Enttäuschung heimgesucht» (S. 111) werden. Er findet bei Extremen also ein «Diktat ihrer Bergsüchtigkeit» (S. 117). Diese Auffälligkeiten liegen für ihn so weit außerhalb normalen menschlichen Verhaltens, dass er sich aufmacht, die «verborgenen seelischen Wurzeln des Extrembergsteigens» (S. 120) zu finden.

Ulrich Aufmuth stellt zunächst fest: «Extreme haben ein suchtartiges Bedürfnis nach einer Reizdosis, die für ‹normale› Menschen der absolute Horror und der seelische Untergang wären.» (S. 122) Mit diesen starken Reizen erreichen sie kurzfristig, dass das Gefühl des «inneren Unerfülltseins» für einige Stunden oder Tage verschwindet. Die Suche nach dem Selbst sei das zentrale Lebensthema bei Extrembergsteigern. Exemplarisch dafür nennt Aufmuth Reinhold Messner und Reinhard Karl. Ihnen gehe es darum, Macht und Kontrolle zu besitzen. Hinter diesem Verhalten vermutet der Autor Kindheitstraumata: Aus der unzulänglichen Sinngewissheit der Extremen ergebe sich ihr permanenter Aktionsdrang. Aus ihrem Bergsteigen, und nur daraus, beziehen sie Sinn und Selbstwert. Interessant ist besonders dieser Abschnitt, der die Extremen beschreibt (S. 138):

Der Leib wird als ein widerspenstiges niedriges Objekt angesehen, dem der stählerne Wille als das «edle» Prinzip gegenübergestellt wird. Es herrscht die Vorstellung eines Kriegszustandes zwischen Körper und Wille vor, wobei auch stets von «Unterwerfen», «Überwinden, «Besiegen» die Rede ist.

Extreme Bergsteiger seien «ausgesprochen bindungsscheu und einzelgängerisch» (S. 139), und dies hänge, so Ulrich Aufmuth, mit ihrer «Individualitätsnot» zusammen: «Ein besonders hoher Anspruch im Hinblick auf Einzigartigkeit und Individualität auf der einen Seite und ein tatsächliches Defizit an Individualitätsgewissheit auf der anderen Seite.» (S. 143) Die Not des schwachen Ich wird auf diese Weise erträglich: «So blende ich beim schweren Bergsteigen mein Wissen um mich selbst weitgehend aus. Ich denke bloß an das momentan absolut Lebensnotwendige und ich denke von mir weg, nach außen.» (S. 145) Als besonders hilfreich schätzt Aufmuth dafür die erlebte Selbstwirksamkeit ein: «Ich fühle mich stark und mächtig wie niemals sonst.» (S. 151)

Beim Bergsteigen spielt das Haltsuchen, das Sichfestklammern selbstverständlich eine ganz prominente Rolle. Nur wer mit dem Berg fest verbunden ist, überlebt seine Touren. Ulrich Aufmuth interpretiert diesen Umstand tiefenpsychologisch: «Wiederholen wir da nicht eine Situation, die uns früher vielleicht begegnet ist und viele Schmerzen zugefügt hat – Halt suchen bei ständiger Gefahr des Abgewiesenwerdens?» (S. 156) Also: Bergsteiger sind in der Kindheit abgewiesen worden, speziell von ihrer Mutter. Beim Klettern erfahren sie die Sicherheit, die ihnen aus ihrer Biografie fehlt, zumindest versuchen sie den Zustand der Sicherheit herzustellen. Aber auch Sexualität spiele eine Rolle: «Das Bergsteigen vermag allem Anschein nach ein hohes Maß an Impulsen und Empfindungen, die dem sexuellen Bereich angehören, an sich zu binden, und zwar – dies ist wichtig – ohne dass anstrengende Sublimierungen vonnöten sind.» (S. 163 f.)

Und dann wendet sich der Autor einmal mehr den Themen Leistung, Konkurrenz und Perfektionismus mit diesem Fazit zu (S. 173):

Eine der ganz großen Wunden in unserer Seele ist es, dass wir uns unseres Wertes nicht richtig sicher sind. Durch

Taten, die weit über dem Maß des Normalen liegen, versuchen wir, die Wertungewissheit auszumerzen. Doch die Sicherheit reicht nicht weit. Die Angst «Ich bin nichts wert» verschwindet nicht. Sie treibt uns zu ständigen Gegenbeweisen in Form von allergrößten Anstrengungen.

Auffällig ist in dieser Textpassage, dass sich Ulrich Aufmuth selbst zu den Extremen rechnet, er schreibt über sein persönliches Seelenleben (S. 174): «Mancher Persönlichkeitszug wurde mit Gewalt in uns hineingemeißelt – wie das radikale Leistungsgebot.» Es sind also frühe Erfahrungen wie Abgewiesenwerden und Leistungsdruck, die Männer zu extremen Bergsteigern werden lassen. An dieser Stelle sei erwähnt: Ulrich Aufmuth beschreibt ausschließlich bergsteigende Männer, Frauen tauchen bei ihm nur als Familienangehörige oder Freundinnen von Bergsteigern auf. Auch das Thema Aggression und Kampf greift er abschließend auf: «Das Bergsteigen ist in seinen extremen Varianten ganz offenkundig ein modernes Gegenstück zu den Mann-gegen-Mann-Feldzügen der Anfangszeit unserer Kultur.» (S. 177)

So sieht sich Ulrich Aufmuth selbst als einen verbissenen, zornigen Krieger, der seine Impulse am Berg ungehemmt ausleben kann: «Wir leidenschaftlichen Alpinisten kämpfen nicht nur gegen den Berg, sondern auch gegen uns selbst.» (S. 180) Das Bergsteigen ist damit eine Zorn-Therapie, bei der es darum geht, in der Kindheit erlebte Traumata anzugehen. Ulrich Aufmuth schließt sein Buch mit dieser Formulierung ab (S. 196):

Bergsteigend kann man ebenso gut von sich weglaufen, wie man zu sich hinfinden kann. In aller Regel wird der Gang in die Berge, gerade von uns Passionierten, in erster Weise gebraucht. Wir sind wohl mutig in äußerer Gefahr, aber nicht in der Begegnung mit unserem verborgenen Selbst.

Im Buch von Ulrich Aufmuth finden sich viele Gedanken und Beobachtungen, die auch mich bei meiner Psychologie des Bergsteigens geleitet haben. Der Text stammt aus den späten 1970er- und frühen 1980er-Jahren. Inzwischen hat sich die Psychologie als Wissenschaft weiterentwickelt, und es gab immense gesellschaftliche Transformationen. Ich halte einige Ausführungen des ersten Teils «Bergsteigen als Breitenbewegung» für wenig sachgerecht. So zum Beispiel die Annahme, beim Bergsteigen würden «Sehnsüchte nach einem urwüchsigen, elementaren Dasein, in dem auch unsere sinnlichen und körperlichen Anlagen voll zum Zuge kommen» befriedigt. Dies gibt möglicherweise die Erfahrungen des Autors wieder, kann aber in dieser Form kaum verallgemeinert werden. Ich kenne viele Bergsteiger, denen sinnliche und körperliche Erfahrungen wie das übermäßige Schwitzen, die Blasen an den Füßen, die Schmerzen am ganzen Körper, die kaputten Gelenke, der entsetzliche Gestank und das nächtliche Schnarchen in den Lagern, das miserable Essen auf den Hütten, der billige Rotwein und das Gedränge in den Governänen zutiefst zuwider sind. Sie nehmen das nur in Kauf, weil sie auf einen Gipfel wollen.

Eine Aussage wie «Trennende soziale Rollen und Statusfaktoren werden am Berg weitgehend hinfällig; der Einzelne gilt vor allem durch seinen Charakter und seinen Beitrag zur gemeinsamen Sache» überzeugt mich ebenfalls nicht. Es gibt kaum Seilschaften und Bergsteigergruppen, deren Teilnehmer deutlich unterschiedliche soziale Hintergründe aufweisen, im Gegenteil: Beim Bergsteigen finden in der Regel Personen aus einem ähnlichen sozialen Milieu zusammen. Die Zusammensetzung regelt sich üblicherweise durch das Einkommen der Teilnehmer, alles andere halte ich für ein Märchen. Möglicherweise war dies vor vierzig Jahren, als Ulrich Aufmuth sein Buch schrieb, noch nicht so ausgeprägt.

Ganz erhebliche Einwände habe ich auch dagegen, «Kämpfen und Siegen» als grundständiges Motiv beim Breitenbergsteigen anzunehmen. Dies mag der ganz persönliche Antrieb von Ulrich Aufmuth sein, aber es lässt sich aus meiner Sicht kaum belegen, dass dieses Motiv die Masse der Freizeitbergsteiger antreibt. Es gibt sicher nur wenige Menschen, die sich beim Bergsteigen wie ein Raubtier fühlen. Auch für die Annahme eines Nomaden-Gens in uns und für einen Triebimpuls, möglichst viel Raum zu beherrschen, gibt es keine Belege. Dass Menschen danach streben, Leistung zu erbringen, ist hingegen sicher richtig. Ich finde es wichtig, dann aber kritisch zu diskutieren, weshalb dieses Prinzip vom Autor vorbehaltlos auf das Freizeitbergsteigen übertragen wird. Auch sollten die privaten und gesamtgesellschaftlichen Kosten eines ungezügelten Leistungsstrebens zumindest erwähnt werden. Allerdings: Diese Diskussion gab es vor vierzig Jahren noch nicht in der Form, wie wir sie heute kennen, da die negativen Konsequenzen noch nicht in aller Deutlichkeit offenlagen.

Das Thema Angst wird von Ulrich Aufmuth mutig angesprochen. Sicher richtig ist, dass Bergsteigen Parallelen zu einer Angsttherapie aufweist. Allerdings ist eine Unterscheidung in Sportangst und Sexualangst obsolet. Die Forschung zu Angst, Angsterkrankungen und zur Behandlung von Ängsten hat in den vergangenen Jahrzehnten enorme Fortschritte gemacht, die Ausführungen von Ulrich Aufmuth werden diesem Thema heute nicht mehr gerecht. In seinen Passagen zum extremen Bergsteigen, zu frühen Traumatisierungen bei den Extremen, zu deren radikalem Leistungshandeln und zu ihrer inneren Leere liegt Ulrich Aufmuth ganz nah bei meinen Ausführungen. Dabei hat er seine Schlussfolgerung («Wir sind wohl mutig in äußerer Gefahr, aber nicht in der Begegnung mit unserem verborgenen Selbst») vor einem ganz anderen wissenschaftlichen Hintergrund und mit weniger empirischem und theoretischem Input gezogen.

Erstaunlich ist, dass in Aufmuths Buch Bergsteigen als Tätigkeit von Männern analysiert wird, ich habe darauf bereits hingewiesen. Als das Buch entstand, gab es bereits eine sehr aktive Frauenbewegung, und Frauen waren schon damals zahlreich als Bergsteigerinnen unterwegs.

Ich halte das Buch von Ulrich Aufmuth trotzdem für einen zu seiner Zeit ungemein innovativen und wichtigen Beitrag, der aber dringend weiterentwickelt werden muss. Eine Psychologie des Bergsteigens sollte Erkenntnisse aus der psychologischen Forschung zu Persönlichkeit und Persönlichkeitsstörungen, zu Entwicklungspsychologie, Klinischer Psychologie, Psychopathologie und zu Psychotherapie berücksichtigen. Das individuelle Verhalten sollte auch in seinem Wechselspiel mit gesamtgesellschaftlichen Bedingungen gesehen werden. All dies fehlt – im Wesentlichen dem Entstehungszeitpunkt geschuldet – dem Buch von Ulrich Aufmuth. Deutlich wird dies, wenn man das Literaturverzeichnis betrachtet. Dort sind lediglich drei psychologische Quellen aus den 1970er-Jahren aufgeführt. Die von Ulrich Aufmuth vorgelegte Psychologie des Bergsteigens ist in erster Linie eine Auseinandersetzung mit der eigenen Entwicklung als Bergsteiger.

Robert Macfarlane: Berge im Kopf

Robert Macfarlane liefert mit seiner Monografie «Berge im Kopf – Die Geschichte einer Faszination» (2003 in deutscher Übersetzung beim AS-Verlag erschienen) eine Untersuchung der Beweggründe des Alpinismus seit seinen Anfängen. Sein Ausgangspunkt ist, dass sich die Art und Weise, wie wir Berge wahrnehmen, in den vergangenen Jahrhunderten drastisch geändert hat. Das beruht auf der psychologischen Basiserkenntnis, dass unsere Wahrnehmung immer ein aktiver Konstruktionsprozess ist. Eine Wahrnehmung basiert auf physikalisch manifesten Reizen, die beispielsweise über den visuellen oder akustischen Kanal aufgenommen werden, sowie auf den Eigenschaften des Apparats, der die Reize weiterverarbeitet. Das ist unser kognitives System, unser Geist, physiologisch gesehen im zentralen Nervensystem verortet. Der Verarbeitungsprozess ist bestimmt von unserem gesamten vorhandenen Wissen über die Welt, von Erinnerungen, Einstellungen, Wünschen, Vorurteilen und Vorstellungen. Entsprechend nehmen wir auch die Natur wahr.

Berge sind in physikalischer Sicht geologische Zufallsprodukte, die wir sehen. Ihren persönlichen Wert erhalten sie erst durch die individuelle Wahrnehmung. Bis in das 18. Jahrhundert hinein wurde das Gebirge in der Kultur des Westens ausschließlich als Ort der Gefahr und des Schreckens wahrgenommen – ein Ort, den man meiden sollte. Ganz langsam entwickelte sich im 18. und 19. Jahrhundert eine andere Perspektive, man bewertete Berge positiver und suchte die Gebirge der Welt zunehmend aktiv auf. Robert Macfarlane interpretiert diesen kulturellen Wandel folgendermaßen: Entscheidend war die «Entdeckung», dass wilde Regionen wie Wüsten und Berge beim Beobachter eine berauschende Mischung aus Lust und Schrecken hervorrufen. Herrschte in den westlichen Kulturen bis ins 18. Jahrhundert hinein der Grundsatz, dass Schrecken zu vermeiden sei, so wurde nun zunehmend die Angst um ihrer selbst willen attraktiv. Robert Mcfarlane drückt dies so aus (S. 91):

Wurden wilde Regionen einst gemieden, suchte man sie nun als Arenen intensiver Erlebnisse eigens auf: Orte, an denen man für gewisse Zeit beunruhigt war oder welche die Illusion einer Bedrohung darstellten.

Das Bergsteigen ist aus dieser Perspektive also das Ergebnis eines allgemeinen kulturellen Wertewandels. Zu diesem Wandel trug, so Robert Mcfarlane, die viktorianische Überzeugung bei, dass das Überwinden einer Gefahr dazu beiträgt, ein besserer Mensch zu werden – ein Gedanke, der später auch von Nietzsche formuliert wurde. Bergsteigen ist eine Möglichkeit der Selbstvervollkommnung durch das Überwinden von Schwierigkeiten. Gerade den Briten ist die Eigenschaft der Entschlossenheit in der Zeit des Imperialismus schon in jungen Jahren eingeimpft worden, so Robert Mcfarlane.

Neben dem kulturellen Wandel werden von ihm weitere Faktoren benannt, die hinter dem Phänomen Bergsteigen stehen. So formuliert er: «… dass das Bedürfnis, den Raum zu erforschen – hinaufzusteigen –, dem menschlichen Geist angeboren ist» (S. 162). Hinzu kommt, dass «das Unbekannte die Phantasie so sehr [entflammt], weil es ein imaginär formbarer Raum ist: eine Projektionsfläche, auf die ein Kulturkreis oder ein Individuum seine Ängste und Bestrebungen werfen kann» (S. 199).

Menschen streben also danach, in die Höhe zu steigen und bisher nicht betretene Regionen als Erste aufzusuchen. Höhe, Licht, Weite, Überblick, Unbekanntes sind Größen, die für den Menschen aus sich heraus erstrebenswert sind, da sie sehr positive Emotionen auslösen, so Robert Mcfarlane. Menschen sind von diesen Phänomenen der Schönheit und Fremdheit geradezu unwiderstehlich angezogen. Insgesamt resultiert diese Anziehungskraft also aus einem angeborenen Instinkt und aus einer in unserer Kultur in den vergangenen 300 Jahren entwickelten positiven Einstellung zu den Bergen. In der Person des George Mallory zeigt sich auf exemplarische Weise diese Entwicklung, so Robert Mcfarlane. Die hinterlassenen Dokumente, die Robert Mcfarlane akribisch auswertete, «sprühen nur so vor Mallorys Begeisterung für die Höhe, für die Aussicht, für das Eis, für die Gletscher, für entlegene Gebiete, für das Unbekannte, für Gipfel und für das Risiko und die Angst» (S. 251).

So zeigt sich im Schicksal dieses Bergsteigers dies (S. 252):

Mallory erbte einen Komplex aus Emotionen und Einstellungen zur Gebirgslandschaft, der ihm schon lange vor seiner Geburt vermacht worden war und der weitgehend seine Reaktion auf sie vorbestimmte: auf ihre Gefahren, ihre Schönheit, ihre Bedeutung.

Bergsteigen muss sicher im Kontext der Kulturgeschichte gesehen werden. Eine befriedigende Erklärung für individuelle Entwicklungsverläufe, dafür, dass ein Mensch zu einem extremen Bergsteiger wird, liefert dieser Ansatz meines Erachtens nicht. Dass es allein die Liebe für die hohen Berge ist, die den extremen Bergsteiger antreibt, erscheint mir nicht plausibel. Nach allem, was wir wissen, ist die Psyche des Menschen komplexer.

Biografien

Biografische Bergsteigerliteratur kann danach gesichtet werden, ob und welche psychologischen Merkmale, die im ersten Teil diskutiert wurden, in diesen Quellen zu finden sind. Daraus lassen sich dann Aussagen darüber treffen, welche psychologischen Momente bei diesen Bergsteigern und Kletterern entscheidend für das bergsteigerische Handeln waren. Diese Aussagen sind natürlich vorläufige Hypothesen, da sie auf keiner direkten persönlichen Exploration der Personen beruhen. Allerdings könnten diese Hypothesen mit wissenschaftlichen Methoden überprüft werden.

Die von mir verwendeten Quellen sind in der Hauptsache Selbstberichte. Möglicherweise wurden diese Berichte redaktionell überarbeitet. Wenn dies bekannt ist, wird darauf verwiesen. In zweiter Linie greife ich auf Berichte über die Bergsteiger zurück. Dies ist beispielsweise dann der Fall, wenn Herausgeber eine Biografie gestalten und dabei die Schriften zusammenstellen und kommentieren. Auf Biografien von Fremdautoren greife ich nur am Rande zu. Zusätzlich berücksichtige ich eine Reihe von Büchern, die ich als Überblickstexte über das Bergsteigen bezeichnen möchte.

Zur Frage nach Motiven werde ich die vorhandenen Quellen nach folgenden Kriterien auswerten:

- Sind Defizite, Traumatisierungen und Mängel in der Biografie dokumentiert?

- Werden negative Erfahrungen aus der Kindheit berichtet? Gibt es Aussagen zu den Beziehungen zu den Eltern?
- Wird ein Zusammenhang zwischen Biografie und bergsteigerischem Handeln hergestellt?
- Gibt es Berichte über Flow-Erleben, Achtsamkeit, Genussfähigkeit?
- Werden suchtartige Verhaltensweisen beschrieben?
- Gibt es Ausführungen zu Leistungs- und Konkurrenzverhalten?
- Gibt es Aussagen zu Risikobereitschaft und Sensation-Seeking?
- Gibt es Ausführungen zu Berg- und Seilpartnern? Wie sind diese Gemeinschaften charakterisiert?
- Gibt es Aussagen zu Partnerschaften, die über Tourenpartnerschaften hinausgehen? Wie werden diese Partnerschaften dargestellt?
- Gibt es Aussagen über Politik oder politische Motive beim Bergsteigen?
- Gibt es religiöse oder spirituelle Begründungen für das Bergsteigen?

Die Personenauswahl

Die Auswahl ist nicht in einer wissenschaftlichen Form systematisch, sondern folgt einer relativ zufälligen Liste von Alpinautoren, von denen mir Publikationen zur Verfügung standen. Dies ist, auch unter forschungsmethodischen Gesichtspunkten, plausibel, da eine konkrete und hypothesenprüfende Fragestellung nicht vorlag. Eine erste Frage müsste sich sonst darauf richten, welche Personen in die Kategorie fallen, die ungefähr so zu beschreiben wäre: Alpinist oder

Alpinistin, ambitioniert, extrem, erfolgreich, prominent. Ich könnte diese Frage nicht beantworten, mir wäre auch nicht bekannt, ob es für diese Merkmale klare Auswahlkriterien gäbe.

Kein Auswahlkriterium kann die absolute erreichte Kletterschwierigkeit sein, die ein Bergsteiger erreicht hat. Diese lag im Goldenen Zeitalter des Alpinismus bei den Topathleten vermutlich im Bereich des vierten UIAA-Grades. Auch die Höhe ist kein Kriterium. Noch in den 1970er-Jahren waren Bergsteiger, die einen Achttausender erreicht hatten, ausgewiesene Extreme. Heute gilt das Erreichen dieser Höhe allein nicht mehr als Merkmal bergsteigerischer Exzellenz.

Seit 1991 wird der Piolet d'or (Goldener Eispickel) jährlich von der französischen Zeitschrift «Montagne Magazine» in Zusammenarbeit mit dem französischen Extremalpinistenverband vergeben. Es gibt die – keineswegs uneingeschränkt geteilte – Meinung, diese Auszeichnung sei quasi der Weltmeistertitel im Bergsteigen oder der Bergsteiger-Oscar. Man könnte nun die Träger dieses Titels als Vertreter extremen Bergsteigens herausgreifen und beschreiben. Dies wäre nur mit einer extrem aufwendigen Recherchearbeit möglich, zu vielen der Preisträger sind keine erschöpfenden biografischen Daten zugänglich. Zudem ließen sich damit nur die vergangenen zwanzig Jahre erfassen. Zwei der Preisträger (Steve House und Ueli Steck) sind in meinen biografischen Skizzen berücksichtigt.

Die Aufarbeitung der Literatur ist angelehnt an ein Vorgehen, das in den Sozialwissenschaften als qualitative Forschung bezeichnet wird. Ausgangspunkt ist, dass die betreffenden Bergsteiger eine von ihnen selbst autorisierte Darstellung der eigenen Person veröffentlicht haben beziehungsweise veröffentlichen ließen. Diese Darstellungen werde ich zusammenfassen und interpretieren. Dies geschieht vor dem Hintergrund der psychologischen Konzepte, die im ersten Teil des Buches erläutert wurden. Dies geschieht natürlich auch vor dem Hintergrund meiner langjährigen psychotherapeutischen Erfahrung in Kliniken und in ambulanter Tätigkeit. Aus dieser Perspektive habe ich im Lauf der Jahre über tausend Anamnesen bei Patienten erhoben. Zunehmend fiel mir auf, dass in der mir bekannten Bergsteigerliteratur immer wieder Beschreibungen zu finden waren, die verblüffend an psychopathologische Befunde erinnerten.

Ich werde dreizehn Bergsteiger in zwölf Kapiteln ausführlicher besprechen und dabei auf eine immer wiederkehrende Konstellation aus frühen Belastungen und Traumatisierungen, exzessivem Leistungs- und Konkurrenzhandeln, individuellem Erleben sowie Beziehungen am Berg und im Privaten hinweisen. Dies werde ich ergänzen mit biografischen Elementen anderer prominenter Bergsteiger, die durch mein erstgenanntes Raster fallen. Ich werde versuchen, deren Besonderheiten gebührend herauszuarbeiten.

Es gibt bei meiner Auswahl ein Bias: Das Übergewicht liegt in Europa und bei deutschsprachigen Bergsteigern. Berücksichtigung finden zudem Dokumente, die sich in meiner privaten Bibliothek befinden und zu denen ich direkten Zugang habe. Eine systematische Literaturrecherche habe ich nicht betrieben, allerdings habe ich von einigen Autoren deren Bücher gezielt gesucht oder von Freunden beschafft. Es gibt somit kein klares Auswahlkriterium. Indessen ist es nicht so, dass ich nur Biografien skizziere, von denen ich wusste, dass sie meine später gezogenen Aussagen stützen. Bei einigen Biografien (Erhard Loretan, Steve House, Stephan Siegrist) war ich überrascht, dass sie meine Annahmen unterstützten. Ich kannte deren Bücher tatsächlich nicht, als ich begann, an dieser Untersuchung zu arbeiten.

Die Darstellung erfolgt chronologisch und umfasst Edward Whymper, Christian Klucker, Riccardo Cassin, Lionel Terray, Hermann Buhl, Reinhard Karl, Erhard Loretan, Steve House, Gerlinde Kaltenbrunner, Anatoli Bukreev, Andy Kirkpatrick, Stephan Siegrist und Ueli Steck.

Edward Whymper

Er ist einer der prominentesten Vertreter der britischen Bergsteiger des sogenannten Goldenen Zeitalters des Alpinismus (etwa zwischen 1854 und 1865). Besser gesagt: Er gehörte zu denjenigen, die dieses Zeitalter mit der Besteigung des Matterhorns beendet haben. Es gibt wenig Publikationen zur Person Edward Whymper, die nicht direkt oder indirekt die Information transportieren, er sei ein wenig umgänglicher Zeitgenosse gewesen. Fergus Fleming sieht ihn so: «Er war ehrgeizig, ein Einzelgänger, mürrisch und nachtragend.» («Nach oben», S. 254)

Zur Quellenlage: Der Klassiker von Edward Whymper, «Scrambles amongst the alps» aus dem Jahr 1871, liegt mir als Reprint der deutschen Erstausgabe «Berg- und Gletscherfahrten» von 1872 vor, erschienen 1990 bei Bruckmann. Eine gekürzte Fassung dieses Buches, das nur die Kapitel enthält, die sich mit der Besteigung des Matterhorns befassen, erschien 2007 beim Zürcher AS Verlag («Matterhorn. Der lange Weg auf den Gipfel»). In dieser Ausgabe findet sich eine biografische Skizze von Sylvain Jouty. Als weitere Quelle ziehe ich das Buch von Fergus Fleming («Killing Dragons», in der deutschen Übersetzung wurde daraus: «Nach oben») heran, das im Jahr 2000 erschien. Ich beziehe mich auf die deutsche Fassung, die 2012 im Unionsverlag erschien.

Zur Biografie: Edward Whymper wird am 27. April 1840 in London geboren. Er ist der zweite Sohn in einer Familie mit elf Kindern. Seine Familie gehört nicht zur privilegierten englischen Oberschicht, der Vater betreibt als Holzstecher eine eigene Werkstatt. Von seinem Sohn Edward verlangt er, dass er diesen Beruf ergreift, die Schule muss er mit vierzehn Jahren verlassen. Er beschreibt seinen Beruf als «widerliche Arbeit». Whymper fügt sich jedoch in sein Schicksal und beschließt schließlich, «bessere Holzstiche zu machen als jeder andere». Er ist darin erfolgreich. Zum Bergsteigen findet er über seinen Beruf, 1860 erhält er den Auftrag, eine Ausgabe der Zeitschrift «Peaks, Passes and Glaciers» zu illustrieren. Zu diesem Zweck muss er in die Alpen reisen und lernt die Landschaft, das Bergsteigen und seine damaligen Protagonisten kennen. Edward Whymper gehört von seiner sozialen Herkunft nicht zur Gruppe der vielleicht 200 Männer der viktorianischen Bergsteiger des Goldenen Zeitalters des Alpinismus. Sylvain Jouty fasst es so zusammen («Matterhorn», S. 14):

Die meisten von ihnen sind reich, sehr reich sogar; sie sind gebildet, um nicht zu sagen sehr gebildet; sie sind in der Schweiz, um Urlaub zu machen, er ist dort, um zu arbeiten. Im Grunde gibt es nur einen einzigen Punkt, der sie verbindet: die körperliche Fitness, insbesondere die große Ausdauer beim Gehen.

Edward Whymper erkennt jedoch die Gelegenheit, die sich ihm bietet. Sein Beruf verschafft ihm den Eintritt zu dieser Welt und ermöglicht ihm den sozialen Aufstieg. Beim Bergsteigen kann er doppelte Anerkennung und Prominenz erlangen, als Holzstecher und als Alpinist. Er ergreift die Chance: Bereits im Jahr 1861 gelingt ihm als Anfänger die Erstbesteigung des Mont Pelvoux, zusammen mit zwei anderen Neulingen und unerfahrenen Führern. Direkt im Anschluss daran beginnen seine Versuche am Matterhorn. Dessen Besteigung gelingt ihm 1865 zusammen mit drei Führern und drei weiteren britischen Bergsteigern. Nur er selbst und die beiden Führer aus Zermatt überleben die Erstbesteigung des Matterhorns.

Bereits vor dem Matterhorn tritt er mit den Erstbesteigungen der Barre des Écrins, der Aiguille d'Argentière, des Mont Dolent, der Aiguille Verte und der Grandes Jorasses ins Rampenlicht der Alpingeschichte. Nach der Katastrophe am Matterhorn absolviert Edward Whymper in den Alpen keine spektakulären neuen Gipfelbesteigungen mehr. Er bleibt dem Bergsteigen allerdings treu. Sein Buch «Scrambles amongst the alps» erscheint 1871. Er hält Vorträge, unternimmt weitere Reisen in die Alpen und in andere Regionen (Grönland, Anden, Rocky Mountains), die er ausführlich dokumentiert und über die er publiziert. Zum Ende des 19. Jahrhunderts veröffentlicht er Führer für Chamonix und Zermatt, die er erfolgreich vermarktet. Im Jahr 1880 besteigt er zusammen mit Johann Anton Carrel und Ludwig Carrel den Chimborazzo in Ecuador, den höchsten bis dahin erreichten Gipfel weltweit. Einsam stirbt Edward Whymper 1911 in Chamonix.

Leistungs- und Konkurrenzhandeln: Nachdem Edward Whymper erkannt hat, welche Möglichkeiten ihm das Bergsteigen eröffnet, setzt er alles daran, erfolgreich zu sein. Nach der Einschätzung von Sylvain Jouty sind die einzigen Gipfel, die Edward Whymper wirklich interessieren, diejenigen, die umkämpft sind. Sofort nach seinem Erfolg am Mont Pelvoux definiert er das Matterhorn als sein Ziel und geht diesen Berg mit brachialer Gewalt an. Er sieht, dass dieses Stück Fels eine ganz besondere Ausstrahlung besitzt und der Erstbesteiger die Chance hat, eine öffentliche Person zu werden. Dieses Ziel erreicht Edward Whymper letztendlich, bezahlt dafür aber einen hohen Preis, denn die meisten seiner Gefährten sterben.

Er ist davon überzeugt, dass er mit der Besteigung des Matterhorns einen Schlussstrich unter das Bergsteigen gezogen hat, da danach keine alpinistische Steigerung mehr möglich sei. Das größte Problem der Alpen hat er in seiner eigenen Wahrnehmung gelöst. So interpretiert zumindest Sylvain Jouty den Zustand von Edward Whymper nach der Erstbesteigung des Matterhorns. Whymper täuscht sich, denn das Ende des Goldenen Zeitalters ist der Ausgangspunkt für viele neue Entwicklungen im Bergsteigen.

Der Kampf um das Matterhorn ist sehr erbittert. Seine direkten Konkurrenten sind Jean-Antoine Carrel und John Tyndall. John Tyndall, zwanzig Jahre älter als Whymper, ist einer der herausragenden englischen Bergsteigerpioniere. Er besteigt beispielsweise zusammen mit zwei Führern als Erster das Walliser Weisshorn. Als Edward Whymper die Bühne des Bergsteigens betritt, ist John Tyndall bereits einer der anerkanntesten Alpinisten und seit mehr als zehn Jahren bergsteigerisch aktiv. Er arbeitet als Physikprofessor, hat seine Stellung allerdings sozusagen auf dem zweiten Bildungsweg erworben. John Tyndall wird in der Literatur als hochintelligent, äußerst zielstrebig, aber auch als aggressiv charakterisiert. In seiner Biografie findet man sowohl bei seiner wissenschaftlichen Laufbahn als auch bei seiner bergsteigerischen Karriere ein rigoroses Leistungshandeln: Er will den Erfolg um jeden Preis und auf allen Gebieten, in denen er aktiv ist. Vom Matterhorn ist auch er besessen.

Jean-Antoine Carrel, der dritte Mann im Wettkampf um die Erstbesteigung, ist ein italienischer Bergführer, der anders als seine Zeitgenossen sehr früh eigene Pläne bei seinen bergsteigerischen Aktivitäten verfolgt. Er gilt als der beste Kenner des Matterhorns, da er sowohl mit «Herren» als auch aus eigener Initiative mehrfach Besteigungsversuche unternommen hat. Er ist auch von Edward Whymper als Führer engagiert worden und bei einem Besteigungsversuch gescheitert. Jean-Antoine Carrel sieht wie die beiden englischen Bewerber das Matterhorn als eine persönliche Herausforderung. Er will die Erstbesteigung mit seinem Namen verknüpft sehen. Zusätzlich wird er als italienischer Nationalist beschrieben. Für ihn ist es durchaus auch eine nationale Aufgabe, als Italiener als Erster das Matterhorn zu bezwingen. Er bevorzugt daher Landsleute als «Herren».

Nachdem Edward Whymper 1861 am Matterhorn gescheitert ist, findet er sich 1862 wieder vor Ort, auf der italienischen Seite in Breuil, ein. Die Konkurrenzsituation mit John Tyndall und Jean-Antoine Carrel macht ihn zu einem geradezu blindwütigen Akteur. Von Carrel wird er versetzt, aber einen anderen kompetenten Führer kann er nicht finden. Mit Unterstützung durch den Träger Luc Meynet, der den schriftlichen Quellen zufolge wohl keine bergsteigerischen Qualitäten aufweist, berennt er das Matterhorn ein ums andere Mal. Er proklamiert für sich ein Alleinrecht auf diesen Berg und fordert, sollte er sich an einer größeren Partie beteiligen, die Führung ein. Diese Haltung verhindert auch eine gemeinsame Besteigung mit John Tyndall. Diesem gelingt es jedoch, Jean-Antoine Carrel als Führer zu gewinnen, aber die beiden scheitern beim Aufstieg – möglicherweise auch deshalb, weil Tyndall nicht angemessen auf die Empfindlichkeiten seines italienischen Führers eingeht, denn dieser fühlt sich zum Träger degradiert. Carrel unterstützt den Besteigungsversuch jedenfalls nicht mit allen ihm zur Verfügung stehenden Mitteln. Whymper erlebt schließlich, dass seine beiden Konkurrenten zusammen scheitern, und atmet erst einmal kräftig durch. Es wird aber noch drei Jahre und mehrere Versuche dauern, bis er schließlich den Gipfel erreicht. In dieser Zeit ist er immer geleitet von Konkurrenzdenken und dem Bestreben, als der größte Bergsteiger anerkannt zu sein. Das äußert er beispielsweise so: «Ich war aber wie der Spieler, der jeden Einsatz verliert und nur umso eifriger wieder setzt, weil sich das Glück noch einmal ändern muss.» («Berg- und Gletscherfahrten», S. 213)

Es sind durchaus Größenideen, die Edward Whymper treiben. Er will sich zum Übermenschen erheben. Durch seine Leistungen am Berg zählt er sich zu den größten lebenden Menschen, sein persönlicher Wert erscheint ihm maximal.

Flow-Erfahrungen: Nach allem, was man nachlesen kann, suchte Edward Whymper keine Berg- und Naturerfahrungen um ihrer selbst willen. Er konnte nicht genießen. Alkohol nutzte er wohl häufig, jedoch mit dem Ziel, Spannungen besser ertragen zu können.

Psyche, Angst, Sucht, Sensation-Seeking: Edward Whymper muss eine ganz besondere Fähigkeit zur Angstregulation besessen haben. Anders lässt sich nicht erklären, wie er als Neuling zu einem Soloversuch am Matterhorn aufbrechen konnte, der ihn fast das Leben kostete. Durch den Unfall beim Abstieg vom Matterhorn wurde er traumatisiert («Matterhorn», S. 28):

In jeder Nacht, verstehst du, sehe ich meine Kameraden vom Matterhorn auf ihren Rücken rutschend, ihre Arme ausgestreckt, einer nach dem anderen, in perfekter Anordnung mit gleichen Abständen – Croz der Führer zuerst, dann Hadow, dann Hudson und zuletzt Douglas. Ja, ich werde sie immer sehen ...

Edward Whymper erholte sich nie wieder von diesem Trauma. Sein Leben lang wurde er von intrusiven Erinnerungen an den Absturz, an das Auffinden der entstellten Leichen heimgesucht. Er wurde endgültig zum Einzelgänger, litt an depressiven Zuständen, an Unruhe und hatte, darauf deuten viele Hinweise hin, wahrscheinlich ein Suchtproblem. Der Alkohol diente ihm wahrscheinlich zur Selbstmedikation, um traumabedingte Unruhezustände zu beherrschen. Zudem grübelte er bis zu seinem Lebensende über die Frage nach, wer die Schuld am Absturz der vier Begleiter hatte. Ein weiteres Indiz für die Traumatisierung, denn viele Betroffene beschäftigen sich lebenslang mit Fragen nach der eigenen Schuld am auslösenden Ereignis.

Beziehungen und Regeln (Seilpartner, am Berg, privat): Edward Whymper begann mit dem Bergsteigen zu einer Zeit, als es Konsens war, nur mit Bergführern zu gehen. Führer wurden bezahlt, damit ihre Herren Erfolge für sich verbuchen konnten. Er hatte jedoch Schwierigkeiten, Führer zu finden, die seinen Ansprüchen genügten. Sein Umgang mit Führern und Trägern war nicht menschenfreundlich. Er äußerte sich üblicherweise bissig bis abwertend über seine einheimischen Begleiter, ihre Leistungen schätzte er oft gering. Nur wenige Führer konnte er wirklich schätzen, darunter Michel Croz aus Chamonix. Mit ihm realisierte er mehrere Erstbesteigungen, am Matterhorn war Michel Croz unter den Opfern. Die Menschen der Alpenregionen, die er aufsuchte, mochte er nicht, zumindest äußerte er sich in seinen Texten häufig negativ über sie. Auch der Landschaft konnte er nicht wirklich etwas abgewinnen, sie war lediglich Bühne für seine ruhmvollen Taten. Mit britischen Landsleuten entwickelte Edward Whymper keine längerfristigen stabilen Bergpartnerschaften, nach der Katastrophe am Matterhorn mied er sie sogar vollständig. Fergus Fleming beschreibt den zwischenmenschlichen Stil Edward Whympers so: «Whymper erledigte Menschen genauso wie Berge.» («Nach oben», S. 279)

Edward Whymper hatte den Anspruch, am Berg die Führung zu übernehmen. Er legte die Regeln fest und erwartete, dass sich seine Begleiter dem unterordneten. Dies bereits zu einer Zeit, als er selbst kaum alpine Erfahrungen vorweisen konnte. Auch im Privatleben blieb er lange ein Einzelgänger. Er heiratet 66-jährig die 21-jährige Edith Marie Lewin. Die Ehe wird nach vier Jahren geschieden, eine Tochter gibt es aus dieser Beziehung.

Politik: Edward Whymper lebte zu einer Zeit, in der die britische Überlegenheit über den Rest der Welt als ein Axiom galt, zumindest für die Briten selbst. Sicherlich teilte er diese Grundüberzeugung. Für sein persönliches Streben nach Ruhm waren politische Motive jedoch ohne Bedeutung.

Fazit: Edward Whymper hat einen komplexen biografischen Hintergrund. Er stammt aus einer kinderreichen englischen Familie, individuelle Entwicklungsmöglichkeiten sind für ihn zunächst nicht vorgesehen. Vom Vater wird er in eine beruflichen Laufbahn gezwungen, die er nicht anstrebt, seine Wünsche sind nicht zu erfüllen. Es ist dem Zufall geschuldet, dass er sich innerhalb kürzester Zeit zum besten Bergsteiger seines Zeitalters entwickelt. Zum besten, wenn man die Führer der damaligen Zeit nicht mit berücksichtigt. Dies ist wiederum vor dem Hintergrund eines absoluten Konkurrenz- und Leistungshandelns zu verstehen, dessen Basis ein äußerst fragiles Selbst ist. Nach der Besteigung des Matterhorns blieb er für sein restliches Leben traumatisiert und entwickelte verschiedene Symptome einer ernsten psychischen Störung. Er war von Ideen seiner eigenen Großartigkeit getrieben. Stabile persönliche Beziehungen konnte er nicht entwickeln, weder zu Partnern am Berg noch im Privatleben. Er war ein ausgeprägter Regelsetzer, der sich im Normalfall abwertend gegenüber seinen Mitmenschen äußerte.

Christian Klucker

Christian Klucker war ein Schweizer Bergführer zu Ende des 19. und zu Beginn des 20. Jahrhunderts. Er prägte das Führerwesen und trug mit seinen bergsteigerischen Leistungen zur Entwicklung des Alpinismus bei. Christian Klucker kannte noch Persönlichkeiten aus dem Goldenen Zeitalter des Alpinismus, beispielsweise wurde er von Edward Whymper für eine Kanadareise engagiert. Gleichzeitig war er schon ein Wegbereiter eines neuen Stils beim Bergsteigen im 20. Jahrhundert.

Zur Quellenlage: Christian Klucker hat die Biografie «Erinnerungen eines Bergführers» verfasst. Erschienen ist das

Buch posthum im Jahre 1930, herausgegeben von Ernst Jenny. Wieder aufgelegt wurde das Werk 2010 vom AS Verlag. Für diese Ausgabe hat Emil Zopfi eine Einführung verfasst, es wurden ausgewählte Briefe aufgenommen, und die biografische Skizze von Ernst Jenny wurde beibehalten. Auf diese Ausgabe beziehe ich mich.

Emil Zopfi weist in seiner Einführung auf die Sonderstellung des Buches von Christian Klucker hin. Es ist eines der wenigen Dokumente der früheren alpinen Literatur, die aus der Perspektive des Führers geschrieben wurden. Die Leistungen der Führer blieben sonst im Schatten, wurden verschwiegen oder marginalisiert. Hier stellte nun ein Führer unmissverständlich dar, in welchem Verhältnis die Leistungen von Führer und Herr zu sehen sind.

Auf eine weitere Geschichte macht Emil Zopfi in seiner Einführung aufmerksam: «Eine Legende meint sogar, Klucker, dieser kräftige dreißigjährige Bergler mit festem Blick und blauen Augen, habe Nietzsche als Vorbild zur Figur des Zarathustra gedient, den er als Menschen der Berge, als Bergsteiger charakterisiert.» (S. 12)

Zur Biografie: Christian Klucker wird am 28. September 1853 als jüngstes von acht Kindern im Fextal, Engadin, geboren. Sein Vater ist Pächter einer Landwirtschaft. Ab dem sechsten Lebensjahr muss Christian Klucker die Viehherde der Familie während der Sommermonate hüten, in den Wintermonaten kann er bis zu seinem vierzehnten Lebensjahr die Schule in Sils-Maria besuchen. Mit fünfzehn Jahren wird er Wagnerlehrling in Samedan. Achtzehnjährig zwingt ihn sein Vater jedoch zur Rückkehr in sein Heimatdorf. Dort soll er – als neues Familienoberhaupt – seinen erlernten Beruf selbstständig ausüben und für den Kauf des Pachtgutes verantwortlich sein. Christian Klucker fügt sich zunächst in sein Schicksal, die schwierigste Zeit seines Lebens beginnt: «Die folgenden Jahre, 1873–1875, waren die traurigsten und unglücklichsten meines Lebens … Kein Freund, kein Ratgeber und auch keine Hilfe winkten mir weit und breit.» (S. 44) Die vom Vater vorgesehene Lebensplanung misslingt schließlich. Er erlebt Scheitern und Mangel. Ruhe findet er nur, wenn er sich in die Berge aufmacht. Er beginnt, als «wilder» Führer zu arbeiten, und erkennt: «Wenn meine Hilfe von den Bergen kommen soll, so versuche ich mein Heil dort oben; unten im Tal wird mir weder materielle noch moralische Hilfe zuteil!» (S. 45)

Ab dem Sommer 1875 ist er Bergführer mit Seil und Pickel. In diesem Beruf findet er sein seelisches Gleichgewicht wieder. Da in Graubünden zu dieser Zeit uneingeschränkte Gewerbefreiheit für den Bergführerberuf besteht, bedarf es keinerlei formaler Zertifikate. Ein amtliches Führerpatent erwirbt er tatsächlich erst 1908.

Er erlernt seinen Beruf, indem er ihn ausübt. Die Qualität der von ihm geführten Touren steigt kontinuierlich an. 1882 führt er zum ersten Mal Kunden auf den Piz Bernina, den höchsten Berg in seiner Heimat. Im selben Jahr gelingt ihm mit dem Torrone Orientale seine erste Erstbesteigung im Bergell, seinen Hausbergen. Er wird bekannt, die Kunden werden zahlreicher. 1883 gewinnt er Theodor Curtius, einen deutschen Hochschullehrer, als Kunden. Dieser nimmt ihn erstmals in andere Gebirgsregionen mit, es entsteht eine lebenslange Freundschaft. Danach buchen zahlreiche internationale Kunden den Bergführer Christian Klucker, er ist in den ganzen Alpen aktiv, wird ein Bergführerstar, eine Reise führt ihn als Führer von Edward Whymper bis nach Kanada.

Über fünfzig Jahre übt er diesen Beruf mit Tatendrang und Begeisterung aus. Künstliche Hilfsmittel hat er nach seinen Angaben nie eingesetzt. Unfälle sind nicht dokumentiert. Es umgibt ihn schließlich ein Nimbus der Unfehlbarkeit in bergsteigerischen Angelegenheiten, er selbst ist ebenfalls davon überzeugt.

Im Privatleben sieht es anders aus. Eine Verlobung scheitert an Geldproblemen, eine eigene Familie gründet Christian Klucker nicht, für Mutter, Schwestern und Nichte sorgt er hingegen. Er bleibt seinem Heimatdorf bis zu seinem Tod verbunden.

Leistungs- und Konkurrenzhandeln: Christian Klucker ist ein Getriebener. In seinem Beruf als Bergführer will er erreichen, was ihm sonst versagt scheint. Er möchte Erfolge erzielen, anerkannt werden, bewundert werden, aus dem Jammertal des armen Bergbauernbuben entkommen, geachtet sein, ein Herr sein. Er setzt dafür alles ein, was ihm zur Verfügung steht. Er hat ganz besondere Begabungen in Fels und Eis, sein Durchhaltevermögen ist phänomenal, am Berg hat er seine Gefühle im Griff. Dazu sprüht er vor Ideen und Plänen für Neutouren und Erstbesteigungen.

Während seiner ganzen Laufbahn berichtet er immer über schnelle Begehungszeiten, die er grundsätzlich anstrebt, und die enormen Höhendifferenzen, die er bewaltigt. Seine Spezialität sind Erstbegehungen, die er mit leistungsfähigen und zahlungskräftigen Kunden angeht, zum Teil in Zusammenarbeit mit Führerkollegen. Bemerkenswerte Neutouren sind beispielsweise die Nordwände von Piz Roseg und Lyskamm mit Ludwig Norman-Neruda. Bei beiden Routen hackt Christian Klucker für seinen Kunden Stufen bis auf den Gipfel. Wenn ich die mir vorliegenden Texte richtig verstehe, wurden dabei keine Steigeisen benutzt, aus heutiger Sicht eine unvorstellbare Tat. Ganz herausragend ist auch die Begehung des Peutereygrat, als Führer von Paul Güßfeldt. Diese Routen haben ihr Renommee bis heute behalten. Heute würde man sagen, das Angebot von Neutouren war Christian Kluckers Markenkern, sein Alleinstellungsmerkmal. Ohne zahlende Kunden verwirklichte er seine Pläne nicht.

Christian Klucker möchte dazugehören, entsprechend kleidet und präsentiert er sich. Von Führerkollegen darauf angesprochen, es sei gar nicht zu unterscheiden, wer bei der Partie Führer und wer Herr sei, stellt er klar: «Mein guter

Freund, Sie sollten doch wissen, dass das Kleid nicht immer maßgebend ist, um einen Menschen zu klassifizieren! Im Übrigen geben wir uns des Öftern beide als Herren, und oben im Gebirge sind wir manchmal beide brauchbare Führer!» (S. 88)

Christian Klucker sucht Herausforderungen, nicht die bequemen Wege, darin unterscheidet er sich von der Masse seiner Führerkollegen. Er will für seinen besonderen Einsatz und seine außergewöhnlichen Leistungen aber auch anerkannt und als Gleicher behandelt werden, nicht als Lakai. Er sieht sich auch in Konkurrenz zu Bergführerkollegen. Beispielsweise erlebt er, wie ihm Martin Schocher aus Pontresina den Aufstieg auf den Piz Cengalo von Norden mit einem Kunden «wegschnappt». Klucker hatte den Kollegen auf diese Route aufmerksam gemacht. Er «revanchiert» sich, indem er mit einem Kunden im Berninagebiet eine Neutour begeht. Sein Grundmodus war lebenslang, wenigstens als Bergführer etwas zu gelten, wenn es sonst nicht möglich war.

Das Erleben von und das Leiden an Konkurrenzsituationen hat Christian Klucker vielleicht um die Erstbegehung einer frühen Paradetour in seinen Bergeller Bergen gebracht: die Nordkante des Piz Badile. Er wäre dazu in der Lage gewesen. In Socken, ohne Sicherungsmittel und im Alleingang hatte er die Kante im Auf- und Abstieg bereits bis zur Schlüsselstelle rekognosziert. Allein, es fehlte die passende Kundschaft. Das Bergell war damals keine attraktive Destination. Zwar verzehrte sich der russische Adlige Anton von Rydzewski nach dieser Route und wollte Klunker als Führer dafür engagieren. Christian Klucker erfüllte ihm diesen Wunsch aber nicht. Erstens weil der Russe die Erstbegehung für sich reklamiert und darüber geschrieben hätte, sie wäre dann mit dessen Namen verbunden gewesen. Zweitens weil er ihm diese Tour nicht zutraute. Allerdings hatte er ihn auf vergleichbar schwierigen, wenn auch kürzeren Anstiegen bereits erfolgreich geführt. Es dauerte bis 1923, als Walter Risch, ein jüngerer Kollege von Christian Klucker, seinen Kunden Alfred Zürcher über die Kante führte. Die Schlüsselstelle wird heute noch als Zürcherplatte bezeichnet, als Seilerster geklettert ist sie Walter Risch.

Flow-Erfahrungen: Christian Klucker liebte die Natur, seine heimischen Berge. Er setzte sich zu Zeiten für den Naturschutz ein, als es dafür noch gar keinen Begriff gab. Das kontemplative Erleben war ihm durchaus bekannt, in seiner Lebensführung hat es allerdings nur eine geringe Rolle gespielt. Berge zu besteigen, ist für ihn ein Geschäft, Erstbegehungen sucht er zu vermarkten. Allein zu seinem privaten Vergnügen geht er keine Neutouren an.

Psyche, Angst, Sucht, Sensation-Seeking: Selbstbeherrschung, speziell die Angstregulation, stellte eine besondere Fähigkeit von Christian Klucker dar. Routen, vor denen Führerkollegen zurückschreckten, zog er kompromisslos durch: «Mein guter Kamerad, wenn diese Sache dir zu gefährlich und schwierig vorkommt, so bleib du morgen in der Hütte, und ich ziehe allein mit dem Alten! Ein Zurück gibts für mich nicht, wenn das Wetter gnädig ist …» (S. 153)
Der Kollege beteiligte sich schließlich an der Begehung, die durch lebensgefährlichen Steinschlag führte. Solche Situationen suchte Christian Klucker nicht ungern auf. Kollegen, die von Angstzuständen überwältigt wurden, verspottete er. Er selbst wurde vermutlich bei solchen Anstiegen auch traumatisiert, in seiner Autobiografie berichtet er von – so würde man es heute bezeichnen – Flashback-Erlebnissen: «Wenn ich an die Einzelheiten unseres Aufstieges im Gemellicouloir zurückdenke, so glaube ich jedes Mal das Aufschlagen der fallenden Steine in der Cengalowand und das Surren der unheimlichen Geschosse durch die Eisschlucht zu vernehmen!» (S. 160)
Von diesen Erfahrungen konnte er trotzdem nie lassen, er war süchtig danach. So belastbar Christian Klucker bei schwie-

rigen Situationen am Berg war, so empfindlich war er, wenn er mit Kritik und schlechter Behandlung konfrontiert war.

Beziehungen und Regeln (Seilpartner, am Berg, privat): Christian Klucker berichtet von einer gescheiterten Verlobung. Zu privaten Beziehungen gibt es von ihm kaum weitere Angaben. Partnerschaften am Berg und Verbindungen, die sich daraus entwickelten, bestimmten sein Leben. Im Alter vereinsamte er und erlebte zunehmend depressive Phasen.

An Anton von Rydzewski, zwischen 1891 und 1900 ein regelmäßiger Kunde, arbeitete sich Christian Klucker regelrecht ab. Die Beziehung zu diesem russischen Adligen erlebte er als eine einzige große Kränkung. Der «Russe» buchte ihn über zehn Jahre hinweg als leitenden Bergführer, er wollte auf seinen Schultern als Erschließer der Bergeller Berge in die Alpingeschichte eingehen, zumindest erlebte ihn Christian Klucker so. Zwei umfangreiche Kapitel seiner Autobiografie widmet er dieser Beziehung und den damit verbundenen Touren. Dies ist erstaunlich, da Christian Klucker mit zahlreichen seiner Kunden freundschaftlich verkehrte und langjährige, stabile Beziehungen aufbaute. Mit Gästen wie Ludwig Norman-Neruda oder Paul Güßfeldt schaffte er sensationelle Erstbegehungen. Die Texte darüber sind weit weniger umfangreich.

Kluckers Bedürfnisse nach Anerkennung, nach besonderer Behandlung, nach Kontrolle und Macht wurden von Rydzewski nie angemessen berücksichtigt. Daran verzweifelte Klucker regelrecht. Für ihn war es selbstverständlich, dass er in den Bergen – und darüber hinaus – die Regeln festlegte, die Pläne entwarf und als der Herr des Unternehmens galt. Andere Kunden respektierten diese Ansprüche und profitierten davon, er zeigte schließlich auch bedingungslosen Einsatz und Initiative. Dies galt nicht für Anton von Rydzewski. Dieser bediente sich des Führers, um Erstbegehungen zu kaufen, die er allein nie hätte realisieren können. Er behandelte ihn schlecht, publizierte Tourenberichte und reklamierte die Erfolge für sich. Christian Klucker haderte mit dieser Literatur, sachlich fand er sie falsch, und sich persönlich nahm er als herabgesetzt wahr. Der Russe schmückte sich mit fremden Federn, so erlebte es Christian Klucker. Entscheidend dürfte gewesen sein, «dass ich von Anfang an die von ihm auch bei ernster Arbeit im Hochgebirge geforderte Servilität und Salonetikette unzweideutig ablehnte». (S. 143)

Der Regelsetzer Christian Klucker war nicht bereit, die Rolle eines Dieners zu spielen. Dennoch schaffte es Anton von Rydzewski Jahr für Jahr aufs Neue, Christian Klucker zu verpflichten. Dokumentiert sind schriftliche Entschuldigungen und Schmeicheleien, die den Bergführer immer wieder umstimmen konnten. Der Adlige wusste wohl genau, welche Bedürfnisse er beim Bergler bedienen musste, um die gewünschten Leistungen zu erhalten. Wenn es nicht anders ging, erfüllte er dessen Wünsche, Geld spielte nur eine Nebenrolle.

So empfindlich Christian Klucker auf Kritik reagierte, so heftig teilte er selbst gegen andere aus. Typisch ist beispielsweise diese Äusserung: «… mit einem kleinmütigen und energielosen, auf Eis und Firn schwachen Kollegen und mit einem nervösen, kurzsichtigen sechzigjährigen Touristen, welcher in schwieriger Lage nur die Rolle eines Mehlsacks spielen konnte» (S. 180). Solche Abwertungen konnten jeden ereilen, der sich nicht dem Regelsetzer Christian Klucker unterordnete. Kritikpunkte fand er rasch und er äusserte sie. Das konnten die Schrullen eines Edward Whymper sein, die Kriterien bei der Ausbildung und Zulassung von Führern, die Gestaltung eines Alpenblumengartens oder das Kartenspielen auf Hütten. Christian Klucker war oft «not amused». Auch über die bergsteigerischen Qualitäten von Kunden wie beispielsweise Paul Güßfeldt äusserte er sich negativ. Möglicherweise war er tatsächlich von der eigenen Unfehlbarkeit überzeugt.

Politik: Christian Klucker hat politische Ämter in seiner Heimatgemeinde übernommen. Hinweise darauf, dass er beim

Bergsteigen politisch oder chauvinistisch motiviert war, finden sich nicht. Zur Religion dürfte er ein eher distanziertes Verhältnis gehabt haben. Ein religiöses Bekenntnis findet man in seiner Biografie nicht, betende Kollegen hat er verspottet. Es war der persönliche Ehrgeiz, der ihn zu einem Ausnahmebergsteiger gemacht hat, im Hintergrund stand keine Ideologie.

Fazit: Christian Klucker wurde in sehr ungünstige materielle Verhältnisse hineingeboren, auch an emotionaler Zuwendung hat es gefehlt. Die Rahmenbedingungen, unter denen er heranwuchs, waren für die damalige Zeit allerdings nicht bemerkenswert. Zu dem offenkundigen Konflikt mit dem Vater äußerte er sich nicht schriftlich, er handelte und entzog sich dem Vater. Außergewöhnlich waren die Strategien, die er entwickelte, um seine Bedürfnisse nach einem wertigen Selbst zu bedienen. Er stieg aus der ihm vorgegebenen Erwerbsbiografie aus, wurde Bergführer und leistete in diesem Beruf über Jahrzehnte Außergewöhnliches. Er genoss dafür Anerkennung und Bewunderung, dafür ging er in die Berge. Sein Grundmuster war lebenslang: Ein verletztes, fragiles Selbst stabilisiert und erhöht sich durch kompromisslose Leistung. Zuletzt hatte er die Überzeugung, in bergsteigerischen Fragen unfehlbar zu sein. Er litt entsetzlich, wenn sein Status als Ausnahmebergführer nicht vollumfänglich anerkannt wurde. Christian Klucker zahlte einen hohen Preis, ein zufriedenes Privatleben hatte er nicht.

Bergführer: Die Händler der Gipfelträume

Stefan steigt mit einem ganz entspannten Lächeln die Stufen zu unserer Lodge hoch. Er kommt in einer Siegerpose zurück, als erfolgreicher Expeditionsleiter.

«Könntest du mir dein Rasierzeug leihen?» Komische Frage, denke ich, hat der wirklich nichts anderes im Kopf? Aber na gut, soll er haben, ist ja nicht das erste Mal. Schon im Basislager hatte ich ihm mit einigen Utensilien ausgeholfen. Dann erhalte ich wenigstens einige Informationen aus erster Hand. Ich trage ihm das Zeug also hinterher und frage ihn aus.

«Nachdem du ins Basislager abgestiegen bist, sind wir ja direkt ins Lager zwei, am nächsten Tag ins Lager drei aufgestiegen. War vollkommen problemlos, die Fixseile waren gut verankert, das Wetter ziemlich stabil, die Climbing Sherpas hatten die Zelte hochgetragen. Ich verstehe immer noch nicht, weshalb ihr nicht mitgekommen seid. Du hättest eine Chance gehabt, auf den Gipfel zu kommen, Gerhard sowieso.»

Mir kommen fast die Tränen. Mir ist natürlich auch klar, dass meine Verfassung gar nicht schlecht war, technisch hätte ich die Tour auch beherrscht. Bis in Lager eins war ich ja bereits einmal gegangen, und das ist der heikelste Teil des Aufstiegs gewesen. Das bestätigt Stefan jetzt noch einmal.

«Das hört sich jetzt saublöd an, aber mir fehlte der Auftrieb, ich hatte den Kopf nicht frei, war gefangen in finsteren Gedanken, am Ende habe ich mich selbst fertiggemacht. Die Tür für den weiteren Aufstieg war an jenem Morgen vielleicht eine Stunde offen, dann wart ihr endgültig weg, ich konnte euch doch nicht einfach allein hinterherlatschen, über den offenen Gletscher. Vielleicht hätte ich es einfach machen sollen. Ich habe sehr mit mir gerungen. Logisch war es gewiss nicht, an dem Punkt ohne Not abzubrechen.»

Stefan schüttelt sein weises Haupt. «Ja, ja», lässt er seinen Redeautomatismus ablaufen wie zu allen passenden und unpassenden Gelegenheiten. «Ihr Psychos seid manchmal schon schwierig.»

Das ist jetzt wirklich nicht nötig, schwierig waren auf dieser Expedition gewiss andere gewesen, das ist wenigstens meine Meinung. Tatsächlich bin ich aber nicht fertig mit diesem Thema. Das ganze Frühjahr habe ich auf diese Expedition hingefiebert, war in jeder freien Minute in den Bergen unterwegs, habe Höhenmeter gemacht und mich fit gefühlt. Meine Ausrüstung war komplett, selbst Expeditionsstiefel hatte ich mir geleistet. Mein Konto war schließlich grenzwertig überzogen. Der Abreisetermin war über Monate mein Ankerpunkt gewesen, hatte mir Auftrieb und Energie gegeben. Darum bin ich gekreist, die Expedition sollte ein absoluter Höhepunkt in meinem Leben werden, sollte sinnstiftend sein, die sonstigen Niederungen erträglich machen. Und jetzt dieses Ende: Bei schlechtem chinesischem Bier warte ich auf die die Rückreise, den Berg selbst habe ich gar nicht ernsthaft versucht.

«Der Unfall ganz zu Anfang hat bei mir schon eine Rolle gespielt.» Ich wage jetzt einen Erklärungsversuch Stefan gegenüber. «Als wir hörten, dass in der anderen Gruppe sechs Personen abgestürzt sind, war das für mich wie ein Tiefschlag. Zwei Sherpas abgestürzt und tot, zwei Teilnehmer schwer verletzt ausgeflogen, zwei weitere rannten ja mit ihren Blessuren noch rum und leckten ihre Wunden. Ich konnte das nicht so einfach wegstecken. Meine spontane Reaktion war: Da geh ich keinen Schritt weiter.»

«Jetzt übertreib mal nicht», kontert Stefan. «Die sind nach einer langen Schlechtwetterperiode mit ausgiebigen Schneefällen bei akuter Lawinengefahr aufgestiegen, haben den letzten möglichen Tag für einen Gipfelversuch genutzt. Das war ein hohes Risiko, und es ist schiefgegangen. Dieses Risiko mussten wir nicht eingehen, wir hatten schließlich wieder stabile Verhältnisse. Trotzdem, ich hatte ein ziemlich flaues Gefühl, als wir bei unserem Gipfelgang an der Abrisskante des Schneebretts vorbeikamen.» Stefan ist es ganz wichtig, dass er kein hohes Risiko eingegangen war.

«Ich fand es zudem nicht in Ordnung», erwidere ich, «wie über den Tod der Sherpas hinweggegangen wurde. Der Leiter der anderen Gruppe hat alles getan, um diesen Verlust nicht öffentlich zu machen. Hinterher haben wir im Internet gelesen, alle Teilnehmer seien gesund zurückgekommen, wegen der schlechten Verhältnisse habe man den Gipfel nicht erreicht. Über die toten Sherpas kein Wort.»

«Das stimmt schon», sagt Stefan. «Da geht es erst mal ums Geschäft, so ein Unfall ist einfach schlecht fürs Image, das gibt keine gute Presse. Aber auf der anderen Seite ist es so, dass der Chef der Agentur direkt nach Kathmandu gefahren ist, zu den Familien der Verunglückten. Dort hat er sich um deren Versorgung gekümmert, die waren doch versichert.»

Stefan kommt jetzt ins Erzählen, ganz ohne Zensur. «Das war auch für mich ein ganz heißes Eisen. Ein ziemlicher Druck. Aber auf keinen Fall konnte ich unsere Expedition an diesem Punkt abbrechen. Wir sind ein direkter Konkurrent des anderen Anbieters. Klar, da wollte ich mit unserer Gruppe punkten und den Gipfel erreichen. Aber nur, wenn wir kein besonderes Risiko eingehen müssen.» Da sprach also jetzt die unternehmerische Seite.

«Wir hatten doch den Riesenvorteil», fahrt Stefan fort, «dass wir die eingerichtete Route bis in den Gipfelbereich nutzen konnten, die Fixseile waren frisch angebracht, die andere Gruppe hat sie dort belassen – die hatten nach dem Unfall auch gar keine Gelegenheit mehr, sie abzubauen. Ohne die Vorarbeit hätten wir keine Chance gehabt, wir hätten gar nicht so viel Material dabeigehabt, ich war auf eine viel leichtere Route eingestellt.»

Das tut mir jetzt ziemlich weh, Stefan erzählt im Detail über meine verpasste Gelegenheit, einen hohen Berg zu besteigen. Er ist ja der Meinung, ich hätte eine Chance gehabt, wenn ich denn weiter aufgestiegen wäre. Bin ich aber nicht.

«Am Ende haben dann der Uli, die Susanne und auch die Erika den Gipfel erreicht. Hast du ja schon gehört. Der Gipfeltag war schon ziemlich hart. Bei den Vorbedingungen kann ich mich damit gut sehen lassen.» Das ist jetzt die Sicht des Veranstalters.

Also, ich bewundere Bergführer. Halte aber Distanz zu ihnen, besonders in der Schweiz. Dort darf man einen Bergführer nicht ansprechen, wenn man ihn nicht dafür bezahlt, jedes Wort ist teuer. Oder die Antwort enthält eine direkte persönliche Abwertung. In den Alpen bin ich bis auf zwei Ausnahmen fast nie mit einem Bergführer gegangen, könnte ich mir auch gar nicht leisten.

Aber hier im Himalaja, auf einer Expedition aus dem Katalog, hat man natürlich auch einen richtigen Bergführer dabei, der die ganze Unternehmung managt. Stefan ist sicher einer der profiliertesten deutschen Expeditionsbergsteiger mit Erfahrung als Expeditionsleiter an vielen Achttausendern, auch den Everest hat er bereits mit einem Kunden bestiegen. In Gesprächen mit professionellen Bergführern, von denen ich zugegebenermaßen nicht viele kenne, habe ich den Eindruck gewonnen, dass sie in einem gewissen Spannungsverhältnis zu ihren Kunden stehen. Als Auftraggeber leben sie von ihnen, als Bergsteiger verachten sie sie. Das ist natürlich nur ein Eindruck, den wahrscheinlich kein professioneller Führer bestätigen würde, das wäre ja geschäftsschädigend. Aber ich darf diesen Eindruck trotzdem haben. Mit Stefan ist dies auf dieser Reise nicht anders.

«Und wie hoch war der Berg jetzt tatsächlich?»

Stefan bringt mein Rasierzeug schon wieder zurück, ich setze meine Befragung fort. Er hat ja beim Anmarschtrekking erzählt, dass sich Trekking- und Expeditionsveranstalter Sechs- und Siebentausender in Nepal, Indien und Pakistan «kreieren», um ihre Angebote aufzuwerten. Wenn ein Trekking mit einem Sechstausender kombiniert sei, erhöhe das den Marktwert der Reise, sagte Stefan, auch wenn der Gipfel nur knapp über der verkaufsfördernden Marke liege. Da es aber keine nachprüfbaren Vermessungsdaten gebe, lägen die Ziele oft gar nicht über der Marke, die so wichtig für das persönliche Ansehen ist. Auch unser Siebentausender sei so ein Kandidat, nach seinen Recherchen falle er gar nicht in diese Höhenkategorie.

«Tja, nach meinem GPS waren es 6850 Meter. Auch wenn man da einen Messfehler berücksichtigt, besteht kaum eine Chance, dass es ein echter Siebentausender ist. Ist aber egal, in der Literatur und auf allen Karten ist er höher, hat doch keiner ein Interesse daran, den Berg kleiner zu machen.» Mich tröstet diese Botschaft nicht, ich hätte den Gipfel doch gerne erreicht.

So ein Bergführer muss zudem ganz andere Bedürfnisse befriedigen, bei den täglichen Sitzungen im Gruppenzelt ist er der zentrale Akteur. Er gibt die Infos weiter, bespricht die Planungen, erzählt Geschichten und Witze, versucht ausgleichend zu sein, versucht Zuversicht zu vermitteln, berichtet über seine eigenen Heldentaten und lästert über Kollegen und Konkurrenten. Da bei so einer Expedition die meisten Teilnehmer schon bei anderen Unternehmungen, mit anderen Anbietern und anderen Bergführern unterwegs waren, ergibt sich schnell ein munterer Austausch. Gerhard mit seiner großen Erfahrung an den Bergen der Welt hat beispielsweise immer einen Beitrag parat, auf den Stefan reagieren kann.

«Stefan, erzähl mal, wie das mit Sigi am Mustagh Ata war.» Gerhard war zwar nie an diesem Berg gewesen, er kennt aber jenen Sigi, einen Bergführer aus Tschechien, der jetzt in Österreich lebt. Von jenem sind allerhand Geschichten in Umlauf. Stefan ist wie immer gerne bereit, Geschichten aus seiner Zunft zu erzählen. Auch wenn sie nicht immer ganz wahr sind, sind sie meist gut.

«Ja, ja, ... das wollt ihr doch gar nicht wissen. Susanne, vielleicht hörst du jetzt mal nicht zu. Ich kenne die Story doch auch nur aus zweiter Hand, die hat sich aber schon so zugetragen. Den Sigi kenne ich aus einer gemeinsamen Zeit bei einem anderen Expeditionsanbieter.» Inzwischen haben alle im Zelt die Aufmerksamkeit auf Stefan ausgerichtet.

«Sigi betreut weibliche Expeditionsteilnehmer immer ganz besonders intensiv. Die hebt er auf seine ganz persönliche

Weise in die Spur. Wenn eine Frau nur annähernd das Zeug auf den Gipfel hat, Sigi bringt sie hoch. Vorausgesetzt, sie mag ihn auch wirklich gern, was kein Problem ist, er ist ja unheimlich charmant. Am Mustagh Ata waren zwei Frauen dabei. Mit beiden hat er den Gipfel erreicht. Er hat damals die Chance gesehen, seinen persönlichen Höhenrekord im Vögeln zu verbessern. Alle Beteiligten haben hinterher bestätigt, im damaligen Lager drei, immerhin 6700 Meter hoch, habe ein abgeschlossener Verkehr stattgefunden. Die exakten Details kenne ich aber auch nicht.»

Männer können alles zu einem Wettbewerb machen, das ist bekannt. Jetzt hängen alle an Stefans Lippen. Die Geschichte ist aber noch nicht zu Ende, Stefan hat noch mehr auf Lager. «Damals war auch eine österreichische Gruppe am Berg. Sigi also sofort hin zu deren Expeditionsleiter, hat ihm brühwarm von seiner neuen Rekordhöhe erzählt. Vor Publikum.»

«Männer, so sind Männer, es ist zum Kotzen!» Susanne läuft rot an vor Wut, nicht aus Scham. Dabei sind ihre eigenen Storys auch nicht weit weg von solchen Aktionen.

«Das ist noch nicht alles.» Stefan setzt wieder an. «Der Österreicher hat nur schief gegrinst. Weißt du, Sigi, hat der geantwortet, im letzten Jahr, Vormonsun, Everest Nordseite. Ich habe einen bestätigten Verkehr auf über 8000 Meter, ohne zusätzlichen Sauerstoff, da musst du schon noch nachlegen, bevor du mit solchen Rekorden hausieren gehst. Das erzählte der natürlich auch vor Publikum.»

«Das stimmt, hat mir der österreichische Bergführer auch erzählt.» Endlich hat Gerhard wieder einen Einstieg in die Debatte gefunden. Und Susanne wieder mal einen Grund, geräuschvoll das Zelt zu verlassen.

Erst wieder auf der Heimfahrt vom Frankfurter Flughafen nach München komme ich mit Stefan erneut ins Gespräch: «Ich habe mal zwei Jahre in der Schweiz als Führer gearbeitet», erzählt er mir. «Da war ich mal mit einer Frau verbandelt, deshalb bin ich da hin, die hat in Saas Fee gelebt, war dort geboren, eine echte Schweizerin. War aber saumäßig teuer, die Miete meine ich, höher als in München. Das lokale Führerbüro in Saas Fee hat mir Kunden vermittelt. Aber gefressen haben mich die dort nicht. Ich habe schon ganz oft deutsche Kunden gehabt. In diesem Job kannst du ja sowieso nur bestehen, wenn du dir einen Kundenstamm aufbaust. Also Leute, die immer wieder kommen und mit dir Touren machen, die dich vielleicht auch für eine ganze Woche buchen.»

Stefan kommt ins Erzählen. Der Druck der Expedition ist weg, wir sitzen im Zug, München ist nur noch drei Bahnstunden entfernt. «Da habe ich auch mal eine ziemlich beschissene Erfahrung mit einem Kunden, quasi einem Stammkunden, gemacht. Der wollte unbedingt aufs Matterhorn, das hat ihm in seinem persönlichen Portfolio gefehlt, den Gipfel wollte er sich zum sechzigsten Geburtstag selbst schenken.»

Jetzt bin ich gespannt, Stefan der Everest Mann erzählt von einem Matterhorn-Ereignis. Dieser Berg ist, so scheint es mir wieder mal, für viele ein Thema – oder eher ein Trauma. «Ich habe ihm gesagt, er müsse körperlich fit sein, wenn er ins Wallis kommt, und sollte vorher einige Touren gemacht haben. Er kam dann direkt von einer vierwöchigen Neuseelandreise, körperlich in einem ziemlich desolaten Zustand, hatte vier Wochen lang vermutlich hauptsächlich Bier getrunken. Auf mich wirkte er angeschlagen, das Matterhorn musste es aber trotzdem sein.»

«Und dann hast du ihn hochgezogen», unterbreche ich Stefan.

«Wo denkst du hin», entgegnet er. «Es ist inzwischen Konsens, gerade bei den Zermatter Führern, dass man mit unsicheren Kunden, deren Leistungsfähigkeit man nicht einschätzen kann, eine Probetour macht. Habe ich mit meinem Kandidaten auch gemacht, nicht wirklich einen hochalpinen Test, aber wenigstens einen Tag mit Konditionsprüfung und Technikübungen. Direkt oberhalb von Saas Fee, noch in Seilbahnnähe. Es war, wie ich vermutet hatte, mein Kunde wurde ganz schnell kurzatmig und kaltschweißig, im Fels und am Seil war er extrem unsicher. Ich habe ihm dann gesagt, das Matterhorn geht nicht. Er war stinksauer, hat mich beschimpft und richtig beleidigt. Ich hätte gar keine Ahnung, sei als Führer eine absolute Pfeife. Das war nicht schön. Er gehe jetzt auch keinen Schritt mehr, solange ich dabei sei, ich solle abhauen.

Das Problem war, wir waren noch oben im Gelände, die Bahn hatte den Betrieb bereits eingestellt, trotzdem hatten wir noch über drei Stunden Helligkeit, kein Thema eigentlich. Es führt ein einfacher Wanderweg ins Dorf, aber ich konnte einen Kunden nicht einfach in der Pampa sitzen lassen. Trotzdem ging er aber keinen Schritt mehr, solange ich in der Nähe war.»

Das ist ja jetzt eine spannende Story, hätte ich nicht gedacht, dass Stefan mit so etwas rüberkommt, liegt vielleicht am Bier aus dem Bordbistro: «Ich habe ihm dann gesagt, okay, ich lasse dich allein, du kennst den Weg ins Tal, zu Fuß ist es eine Stunde bis ins Hotel. Jetzt ist es halb sechs, um acht Uhr werde ich mich dort nach dir erkundigen.»

«Und dann?» Da musste noch was nachkommen, sonst hätte Stefan diese Geschichte nicht ausgepackt, er ist erkennbar unter Druck.

«Mein Kunde tauchte auch bis acht Uhr nicht im Hotel auf. Seine Freundin hatte keine Nachricht von ihm. Ich habe dann versucht, die Bergwacht zu aktivieren. Das musst du dir mal vorstellen, ich, der Bergführer, bin im Tal, melde mich bei der Bergwacht, weil mein Kunde am Berg überfällig ist. Blöde Situation. Die haben gesagt, da machen wir gar nichts, es wird jetzt eh bald dunkel, da können wir nicht suchen. Und auf einer Wiese oberhalb des Dorfs ist noch keiner verloren gegangen.»

Für Stefan ist das eine ganz heikle Geschichte, die ihn nachhaltig aus der Bahn geworfen hat, das merke ich ihm inzwischen deutlich an.

«Ich konnte einen Kollegen aktivieren, die von der Bahn haben die Sessel wieder angestellt, wir sind zu zweit hoch, haben das Gelände aufgeteilt und gesucht. Es war zu diesem Zeitpunkt Dämmerung, noch nicht ganz dunkel. Mein Kollege hat ihn nach ein paar Minuten gefunden, ich bin sofort hingerannt. Mein Kunde saß auf einer Bank, er war tot. Er hatte einen Herzinfarkt gehabt, so die spätere medizinische Abklärung, es wäre wohl nichts zu machen gewesen, auch wenn ich ihn begleitet hätte. Aber ich komme von diesem Bild bis heute nicht los. Das taucht immer wieder auf, wie der dasitzt, selbst in Nepal, in den langen Nächten im Zelt, ist es wieder präsent.»

Da hat mir Stefan von seinem ganz persönlichen Trauma erzählt, so etwas passiert mir sonst nur in einer Therapiesitzung, ich muss schlucken. Stefan wirkt richtig mitgenommen, an dem Thema war er noch nicht richtig dran, da schleppt er ein Packchen mit sich herum. Heute werden wir da aber auch nicht weiterkommen, unser Zug erreicht gerade München. Dort wird er abgeholt, ich mache mich auf den Weg zu meinem Zug ins Allgäu. In der nächsten Woche werde ich wieder zurück nach München fahren, ins Büro gehen und hoffentlich konsequent bleiben.

Riccardo Cassin

Seit den 1930er-Jahren gilt Riccardo Cassin als italienische Bergsteigerlegende. Ein großer Unabhängiger, ein sturer Dickschädel. Sein Motto lautete: «Solange ich jung war, bis sechzig, ging ich nie als Seilzweiter – nie!»

Zur Quellenlage: Riccardo Cassin verfasste die Autobiografie «Capocordata. La mia vita di alpinista», die, von Christine Kopp ins Deutsche übersetzt, 2003 im AS Verlag erschien. Auf diese Ausgabe beziehe ich mich.

Zur Biografie: Die Autobiografie des 1909 geborenen Riccardo Cassin startet mit dieser Skizze (S. 14):

Als Vater nach Kanada auswanderte, war ich zwei Jahre alt und meine Schwester Gina eben auf die Welt gekommen. Ich habe keine Erinnerung an ihn außer aus den Erzählungen meiner Mutter Emilia. Und auch daran, dass unser Pfarrer zwei Jahre später von seinem Tod berichtete, erinnere ich mich nur schwach.

Zeit seines Lebens taucht der schmerzlich vermisste Vater immer wieder in seinen Gedanken auf, schließlich besucht er im Jahr 1998 dessen Sterbeort in Kanada. Zu seinen frühen Erinnerungen zählen die Erlebnisse von Kampfhandlungen und Hunger, als Kind hat er während des Ersten Weltkriegs das Gepäck von gefallenen Soldaten nach Essbarem durchsucht. Als Zwölfjähriger muss er bereits einen zwölfstündigen Arbeitstag in einer Schlosserei absolvieren, mit siebzehn sucht er Arbeit in Lecco, und spätestens von diesem Zeitpunkt an ist er auf sich selbst gestellt. In den Bergen bei Lecco hat er an einem arbeitsfreien Sonntag sein bergsteigerisches Erweckungserlebnis: «Dieser Ausflug zum Resegone markierte eine entscheidende Wendung in meinem Leben. Er stand am Anfang einer allen Alpinisten wohl bekannten ‹Krankheit›, von der ich nie mehr genas.» (S. 19)

Für Riccardo Cassin öffnen sich neue Horizonte. Das Klettern immer schwierigerer Routen wird sein Lebensinhalt, und sehr schnell begeht er auch Neutouren. Seine Mittel sind zunächst extrem begrenzt, er hat nur an Sonntagen frei und erhält eine Woche Urlaub im Jahr. Trotzdem wird er in den 1930er-Jahren durch seine Erstbegehungen in den damals höchsten Schwierigkeitsgraden und an den Grenzen des klettertechnisch Machbaren international bekannt. Bis heute gelten seine Neutouren wie beispielsweise die Piz-Badile-Nordostwand (1937) oder der Walkerpfeiler an den Grandes Jorasses (1938) als absolute Klassiker.

Der Zweite Weltkrieg unterbricht seine bergsteigerische Laufbahn, Riccardo Cassin kämpft zusammen mit vielen seiner bergsteigenden Kameraden bei den italienischen Partisanen aktiv für die Befreiung vom Faschismus. Nach dem Krieg wendet er sich wieder dem Bergsteigen zu. Seine bitterste Enttäuschung erlebt er, als ihm die Teilnahme an der italienischen Karakorum-Expedition im Jahre 1954 verweigert wird. Der Expedition gelingt anschließend die Erstbesteigung des K2. Für Cassin folgen allerdings danach mehrere große und erfolgreiche Auslandsexpeditionen unter seiner Leitung.

Ab 1947 ist Riccardo Cassin auch in der Entwicklung und Produktion von Bergsportausrüstung tätig und unternehmerisch erfolgreich. Er heiratet und hat drei Kinder. 2009 stirbt er im Alter von hundert Jahren in seinem Haus bei Lecco.

Leistungs- und Konkurrenzhandeln: Riccardo Cassin war einem kompromisslosen Leistungs- und Dominanzdenken verfallen. Bergsteigen betrieb er von Anfang an mit der Einstellung eines Spitzensportlers. Er war ein durchtrainierter Athlet, der kurze Zeit auch aktiv boxte, diese Kampfeinstellung hat er wohl ins Bergsteigen mit hineingenommen: «Wer hofft nicht, die unsagbare Freude über eine Erstbesteigung oder -begehung zu genießen? Wer hat nicht Lust, sich Hals über Kopf in einen Wettbewerb zu stürzen, besonders wenn der ausgesetzte Preis von höchstem moralischem Wert ist und die Konkurrenten zu den besten Kletterern gehören?» (S. 134)

Bei der Erstbegehung der Nordwand der Westlichen Zinne kommt es beispielsweise zu dieser Szene: «Die zwei Deutschen steigen nicht wie wir in den Kamin ein, sondern bleiben rechts von der Kante, und nachdem sie ein paar Hundert Meter aufgestiegen sind, versuchen sie uns diagonal pendelnd zu überholen. Wird sich die Kletterei in einen Wettlauf verwandeln, wer zuerst oben ankommt?» (S. 137)

Riccardo Cassin genoss bereits mit 28 Jahren große öffentliche Bekanntheit, wurde gefeiert, war ein richtiggehender Kletterstar: «Im Zug lesen wir in den Zeitungen über unsere Unternehmung, und als wir in Lecco ankommen, ist der Bahnhof voller Leute. Die Musikkapelle ist da, ein Umzug bildet sich, Reden werden gehalten, alle feiern uns. Es war uns nicht klar, dass wir so berühmt sind.» (S. 145) Cassin nahm seine Berühmtheit zumindest billigend in Kauf, sehr wahrscheinlich wird er sogar sehr stolz gewesen sein. Was ihn nicht daran hinderte, sich bei seinen nächsten Zielen hinsichtlich Höhe, Schwierigkeit und Länge der Unternehmung weiter zu steigern: Seine Autobiografie ist durch eine Abfolge von Tourenbeschreibungen gekennzeichnet, die sich bis zum Beginn des Zweiten Weltkriegs durch zunehmende Schwierigkeit auszeichnen. Die berichteten Daten sind in der Regel die Begehungszeit, die Zahl der benutzten Haken und die persönliche Leistung als Erster der Seilschaft.

Seine Beschreibung der Nachkriegszeit zeigt einen Getriebenen (S. 212):

In den Jahren unmittelbar nach dem Krieg war viel zu tun, angefangen mit dem Wiederaufbau der verschiedenen Hütten. Zwischen 1950 und 1965 bin ich Präsident der (…) Nationalen Kommission für die Bergsteigerschulen: Die zwei Ämter beim Club Alpino Italiano zusammen mit der Aufgabe, meine Firma, die technische Ausrüstung für das Bergsteigen herstellt, auszubauen, nehmen meine ganze Zeit in Anspruch. Das hält mich nicht davon ab, dennoch intensiv in den Voralpen, in den Alpen und in den Dolomiten unterwegs zu sein, wo ich die wichtigsten Routen wiederhole und weitere neue eröffne.

Riccardo Cassin ist ein Ruheloser, seine kompromisslose Einstellung beim Klettern nimmt er auch in andere Lebens-

und Arbeitsbereiche hinein und agiert dort ebenso leistungsorientiert.

Flow-Erfahrungen: Das bewusste Wahrnehmen des eigenen Tuns und der Umgebung war Riccardo Cassin durchaus geläufig, er konnte darüber reflektieren (S. 60):

Wenn man jung ist, zieht man die Handlung der Betrachtung vor, und so schön die Landschaft sein mag, man schaut sie vor allem der Klettereien wegen an, die sie bietet. Im Lauf der Jahre ändert man sich, dann rastet man auch gern und nimmt Dinge wirklich wahr, die man zuvor hastig überflogen hat.

Er war sicher kein Mensch, für den Flow-Erlebnisse wichtig waren oder der wegen dieses Erlebens eine Tour unternommen hat. Aber er wusste zumindest davon.

Psyche, Angst, Sucht, Sensation-Seeking: Riccardo Cassin berichtet nicht über seine Angst. Aussagen über Gefühle tauchen in der Autobiografie generell höchstens am Rande auf. Aus all seinen Schilderungen lässt sich trotzdem erschließen, dass er den Kick beim Klettern gesucht hat, dass er diesem Erleben verfallen gewesen sein muss, er reflektiert darüber aber nicht.

Beziehungen und Regeln (Seilpartner, am Berg, privat): In einem Porträt in der Wochenzeitschrift «Die Zeit» zum hundertsten Geburtstag von Riccardo Cassin erfahren wir etwas über seinen Beziehungsstil:

Er war ebenso entschlossen wie autoritär: «Auch wenn ich es nicht wollte – sobald ich in etwas involviert war, wurde ich zum Boss; die Befehle erteilte ich!» Er war es, der seinen Freunden die nächste Tour vorschlug («Ich brauchte niemanden, der mir sagte, was ich tun sollte!»), er übernahm die Verantwortung und führte jede Unternehmung als Capocordata, als Seilschaftserster, an.

Riccardo Cassin war ein Regelsetzer, er bestimmte, nicht nur in den Bergen. Er heiratete 1940, aus dieser Ehe hatte er drei Söhne. In seiner Autobiografie finden sich dazu kaum Angaben. Die Hochzeit wird in einem Halbsatz erwähnt: «Die Saison 1940 ist nicht durch besonders erwähnenswerte Touren charakterisiert. Im Mai heirate ich, und die kriegerischen Ereignisse nehmen fast ganz Europa ein. Auch meine alpinistische Aktivität lässt nach.» (S. 199)

Auch seine Söhne erwähnt er in seinem Buch fast nie. Der mittlere Sohn taucht in dieser Passage auf: «Im Sommer 1971 wiederhole ich in Begleitung der jungen ‹Ragni› Pino Negri und Mario Conti und meines Sohnes Pierantonio die Route [Nordostwand des Piz Badile] zum zweiten Mal, um einen Film über die Begehung zu machen.» (S. 218) Nur bei bergsteigerischen Leistungen scheinen die Söhne für Riccardo Cassin interessant zu sein. Cassin versorgte eine große Familie: Im Haus lebten Ehefrau und drei Söhne, die Mutter sowie eine Schwester mit Tochter. Über besondere Zuneigung, über familiäre Wärme, über positive Bindungen oder darüber, dass ihm die Familie wichtig sei, hat Riccardo Cassin nicht berichtet. 1958 bricht er als Expeditionsleiter zum Gasherbrum IV auf, in seiner Autobiografie erinnert er diese Szene:

Meine Frau kann die Tränen nicht zurückhalten. Ich werde mir der Verantwortung bewusst, die ich ihr und meiner Schwester für die Monate meiner Abwesenheit übergebe, sei es, um die Arbeiten im Geschäft zu erledigen, sei es, sich um unsere drei Söhne und meine liebe Nichte Orietta zu kümmern. Valentino, der Älteste, ist siebzehn; dann folgen der fünfzehnjährige Pierantonio und der zwölfjährige Guido: ein heikler Moment für sie in ihrem jugendlichen Alter. Bei den Verabschiedungen und den gegenseitigen Versprechen fehlen die Aufforderungen zum Lernen nicht. Der Abschied von meiner Mutter ist zärtlich – sie sah mich als Jungen auf der Suche nach Arbeit aufbrechen und erlebt nun auf gleiche Art meinen Abenteuerhunger.

Wirklich wichtig scheint dem fast Fünfzigjährigen vor allem der persönliche «Abenteuerhunger» zu sein, die Familie ist zweitrangig. Und die Söhne werden beim Abschied aufgefordert, etwas zu leisten. Ein herzliches Familienleben, eine schmerzliche Trennung, würde mit anderen Worten geschildert. Familie scheint für Riccardo Cassin etwas gewesen zu sein, das man sich mit Leistung erarbeitet, für deren materielle Sicherheit zu sorgen ist. Mehr nicht.

Seine vermutlich größte persönliche Kränkung erlebte er, als er 1954 für die italienische Karakorum-Expedition nicht berücksichtigt wurde. Riccardo Cassin sieht sich hier als Opfer einer Intrige von Ardito Desio, dem späteren Expeditionsleiter. Desio, mit größerem Einfluss auf die «Entscheider» bei dieser nationalen Unternehmung ausgestattet, konnte wahrscheinlich neben sich keinen Mann mit einer Dominanz wie Riccardo Cassin akzeptieren, auch wenn dieser, alpinistisch gesehen, die erste Wahl gewesen wäre.

Politik: In seiner Autobiografie erzählt Riccardo Cassin, dass es für ihn und seine Kletterkameraden geradezu selbstverständlich war, sich den Partisanen anzuschließen, gegen den Faschismus und für die Freiheit (S. 204):

«In die Berge geht man, um frei zu sein. Ohne die Freiheit gibt es keinen Alpinismus mehr», hat mein Freund Bruno Detassis einmal gesagt ... Sein Satz erklärt perfekt, weshalb auch ich mich im ... Nationalen Befreiungskomitee

als Anführer des Gruppo Rocciatori della Brigata Lecco engagierte.

Bergsteigen war für Riccardo Cassin der Inbegriff individueller Freiheit. Aus dieser Grundeinstellung ergab sich für ihn zwingend die politische Konsequenz, auch mit hohem persönlichem Einsatz gegen eine Ideologie vorzugehen, die die persönliche Freiheit unterjochte. Dies illustriert, dass er sich in seinem Bergsteigen nicht von nationalistischen oder anderen politischen Motiven leiten ließ. Beim Bergsteigen ging es ihm um persönliche Erfolge und persönliches Erleben. Aber auch er nahm es – vor seiner Partisanenzeit – hin, dass er vom italienischen Diktator Mussolini für seine Erfolge geehrt wurde. Genauso wie er die Unterstützung der faschistischen Partei am Beginn seiner Karriere als Kletterer annahm, wenn es ihm zweckmäßig erschien: «(…) kam es manchmal vor, dass uns der Sekretär der faschistischen Föderation von Como ein paar Seile gab und der Kommandant von Lecco die Zugfahrt in die Dolomiten zahlte» (S. 24).

Fazit: Riccardo Cassin wuchs ohne Vater in sehr beschränkten materiellen Verhältnissen auf. Sehr früh musste er für sich, seine Mutter und seine Schwester sorgen, eine Aufgabe, die er ein Leben lang erfüllte. Er folgte einem kompromisslosen Leistungshandeln, das ihn nicht nur beim Bergsteigen leitete. Er bestimmte die Regeln, dominierte sein Umfeld, erwartete im Mittelpunkt zu stehen und zeigte sich wenig empathisch. Besonders prägnant sind das extreme Autonomiebedürfnis und die durchaus gegebene Kränkbarkeit, wenn er nicht im Zentrum der Aufmerksamkeit stand. Durchgängig zeigt sich ein prototypisches männliches Konkurrenzhandeln, das dem Ziel dient, den eigenen Wert zu definieren und zu erhöhen.

Lionel Terray

Lionel Terray war einer der herausragenden französischen Bergsteiger. Seit den 1940er-Jahren kletterte er in den Alpen die extremsten Routen seiner Zeit, und er war weltweit an zahlreichen richtungsweisenden Erstbesteigungen beteiligt.

Zur Quellenlage: Lionel Terray veröffentlichte 1961 «Les Conquérants de l'inutile», das mir in einer deutschen Übersetzung von Herbert Stifter aus dem Jahr 1965 («Vor den Toren des Himmels. Von den Alpen zur Annapurna») in einer Ausgabe der Büchergilde Gutenberg vorliegt. Dieses Buch ist nach meiner Einschätzung ein seltener Glanzpunkt der internationalen Bergsteigerliteratur. Die Zitate beziehen sich auf diese Ausgabe.

Zur Biografie: Lionel Terray, geboren im Jahr 1921, entstammt einer begüterten und gebildeten französischen Familie und wächst auf einem herrschaftlichen Anwesen in Grenoble auf. Schon früh kann er den Wünschen seiner privilegierten Familie, besonders seines Vaters, nicht genügen (S. 10):

> *So aber war er sehr enttäuscht darüber, solch einen Nichtstuer zum Sohn zu haben. Trotz allen Schlägen und allem Sitzenbleiben wuchs ich zwischen der traurigen, schwarzen Welt der Schule und der unseres leuchtenden und geheimnisumwehten Parks heran, blieb ein unverbesserlicher Faulpelz und wurde dennoch ein aufgeweckter, sehr kräftiger Bub mit Unternehmungsgeist und praktischem Sinn, hingebungsvoll und überschäumend, aber auch schwermütig und verschlossen.*

Trotz materiell sehr günstiger Bedingungen wird hier ein schwerer Start ins Leben beschrieben: Eine Verdachtsdiagnose auf ein Aufmerksamkeitsdefizit-/Hyperaktivitätssyndrom (ADHS) liegt nahe. Heute werden Jungen mit diesen Auffälligkeiten häufig entsprechend behandelt und erhalten Medikamente. Schwer wiegt für den jungen Lionel Terray, dass seine früh entdeckte Leidenschaft für die Berge und das Klettern nur auf Ablehnung stößt: «Die Heftigkeit, mit der mein Vater den Alpinismus verurteilte, traf mich in meinem innersten Wesen so stark, dass ich ihn manchmal hasste, wenn er voll Sarkasmus über das Bergsteigen sprach.» (S. 11)

Schon als Kind ist es die Wunschvorstellung von Lionel Terray, ein «Held der Alpen werden zu können». Während seines erstes Aufenthaltes in Chamonix als Heranwachsender wird er augenblicklich und für alle Zeit von der Bergleidenschaft erfasst: «Ich wünschte aus ganzer Seele, in das Innere dieser wunderbaren Bergwelt vorzustoßen und ihre Gipfel zu erklettern.» (S. 12f) Diese Hoffnung erfüllt sich indes zunächst nicht. Die Eltern trennen sich, Lional Terray lebt fortan beim Vater, scheitert in der Schule, erlernt keinen Beruf, wird in den Zeiten des Zweiten Weltkriegs zeitweise dienstverpflichtet, heiratet, lässt sich als Bauer nieder, wird nach Kriegsende als Ausbilder bei der Armee beschäftigt, bevor er schließlich Berufsbergführer wird und in seinen Bergen Routen mit steigender Schwierigkeit begeht (S. 72):

So häufte ich Tour auf Tour. Bisweilen gelang es mir, fünf bis sechs aneinanderzureihen. Dann wieder, wenn wir schon am Vormittag zur Hütte zurückgekehrt waren, versuchte ich sogar, einen Freund dazu zu bewegen, mit mir am selben Tag noch eine zweite Bergfahrt zu machen. Es gab nichts anderes mehr für mich. Die Leidenschaft verzehrte mich ganz und gar. Vor den Toren des Himmels lebend, hatte ich vergessen, dass ich der Erde angehörte.

Lionel Terray formuliert in wunderschönen Sätzen, wie schließlich sein ganzes Leben nur noch auf die Berge fixiert ist. Er führt über Jahre hinweg die Existenz eines Bergsteigerfreaks am Rande der Gesellschaft. Sehr vielsagend sind hierbei auch die Ausführungen über die allmähliche Klärung des Verhältnisses zum Vater (S. 107f):

Da mein Vater gefürchtet hatte, ich könnte auf Abwege geraten, war er sehr glücklich, zu sehen, dass ich mich anständig und ehrlich durchbrachte. Wohl war der Beruf, den ich mir gewählt hatte, nicht der mir von ihm zugedachte; die Tatsache aber, dass ich auf diesem Gebiet Hervorragendes leistete, goss Balsam in die Wunde seiner Eigenliebe. Meine Leidenschaft für den Alpinismus war ihm freilich immer noch unverständlich, aber die Strenge und Konsequenz meiner Lebensführung erschienen ihm achtenswert.

So klar formulierte selten ein Autor das Dilemma eines Menschen, der von Leistungshandeln gefangen ist: Hervorragendes leisten, um vom Vater geachtet zu werden. Diesen Weg geht Lionel Terray konsequent weiter, er leistet auf seinem Gebiet tatsächlich Hervorragendes. Als Bergführer, als Begeher neuer Routen, als Expeditionsteilnehmer und Expeditionsleiter bei Unternehmungen, die ihn rund um die Welt führen, schließlich auch als Vortragsredner und Publizist. Im Jahr 1965 stürzt er bei einer seiner zahllosen Touren zu Tode.

Leistungs- und Konkurrenzhandeln: Beim Bergsteigen war Lionel Terray von Anfang an alles andere als ein «Nichtstuer», seine erste Erfahrung mit dem Abseilen beschreibt er so: «Wie später noch oft zwang mich hier das erste Mal mein Wille dorthin, wohin ihm mein Körper nicht folgen wollte.» (S. 13) Das sind Begriffe, die ihn sein Leben lang begleiten werden: Wille, Zwingen. So engagiert er in den Bergen Höchstleistungen erbrachte, in seinen frühen Jahren auch im Skilauf, so gnadenlos scheiterte er in der Schule und genügte den großbürgerlichen und intellektuellen Anforderungen seines Vaters nicht. Für Lionel Terray blieb dies lebenslang ein beherrschendes Thema.

Nach dem Zweiten Weltkrieg fand er in Louis Lachenal einen seelenverwandten und alpinistisch ebenbürtigen Partner. Zusammen durchstiegen sie in den Alpen alles, was zu dieser Zeit Rang und Namen hatte. Die prominentesten Ziele waren der Walkerpfeiler (1945, dritte Begehung) und die Eigernordwand (1947, zweite Begehung). Sowohl Terray als auch Lachenal waren Getriebene (S. 114):

Manche werden nun vielleicht einwenden, dass unsere oft sensationellen Zeiten Ausdruck einer besonders stupiden Form des Konkurrenzkampfes gewesen sein. Obwohl ich diese Ansicht schwer widerlegen kann, bin ich sicher, dass Lachenal nur so schnell kletterte, weil er vor Lebenskraft überschäumte (...). Ganz ehrlich gesagt glaube ich sagen zu können, dass uns der Wettkampfteufel nie allzu sehr gequält hat. Freilich ist es auch nicht immer gelungen, uns seiner völlig zu erwehren.

Diese Relativierungen sehe ich als Schutzbehauptungen. Möglicherweise erschrak Lionel Terray vor sich selbst, als er über seine Taten reflektierte. Eindeutig kommt seine – und Lachenals – Besessenheit in diesem Satz zum Ausdruck: «Wir hatten die höchsten und schwierigsten Wände der Alpen durchklettert, und nun war innerhalb der Grenzen Europas nichts mehr vorhanden, woran wir uns hätten messen können.» (S. 156) Selbstverständlich gingen Lionel Terray und sein Partner ihren Weg weiter: «Wir mussten die härtesten Wände im Alleingang bezwingen oder sie mitten im Winter angreifen. Zweifellos boten die großen Berge der Welt ein unseren Wünschen entsprechendes Ziel ...» (S. 156)

Damit war ein neues Kapitel des Leistungshandelns eröffnet. Lionel Terray war fortan weltweit aktiv, die Liste der Unternehmungen, an denen er in den 1950er- und frühen

1960er-Jahre teilhatte oder die er leitete, ist enorm. Dem körperlichen Zusammenbruch war er dabei immer wieder sehr nah: «Oft bin ich bis ans Ende meiner Kräfte gegangen und wurde schließlich vom schlechten Wetter gerettet wie der Boxer vom Gong.» (S. 177)

Insgesamt blieb Lionel Terray während seines gesamten Lebens einem kompromisslosen Leistungshandeln verpflichtet. Sein Ziel war immer, Hervorragendes zu leisten.

Flow-Erfahrungen: War dies Flow-Erleben, was Lionel Terray beschreibt? (S. 113):

Von recht seltenen Ausnahmen abgesehen, hat der Alpinist kaum Ruhm zu erhoffen, nicht einmal Ansporn durch Beifall der Zuschauer. Ohne einen anderen Zeugen als seinen Seilgefährten schlägt er sich in der Einsamkeit und Stille des Berges einzig aus der Freude daran, Hindernisse zu bewältigen und sich stark und mutig zu fühlen. Kein Sport entbehrt mehr der menschlichen Anteilnahme, keine Tätigkeit ist reiner und uneigennütziger als der Alpinismus in seiner primitiven Form, und gerade darin liegen seine Größe und sein Reiz.

Er reflektierte in seinen Texten sehr differenziert über das Spannungsfeld zwischen der reinen Lust am Tun und dem Getriebensein von Leistungshandeln und Konkurrenzdruck. Er selbst blieb im Leistungshandeln verhaftet, kannte aber die andere Seite genau und beschrieb sie beispielsweise so: «Was wir beim Klettern so liebten, war das Gefühl, Herr über die Schwere zu sein, über dem Abgrund zu tanzen, senkrecht emporzulaufen. In diesen Momenten fühlt sich der Mensch wie der Flieger im Raum.» (S. 157)

Das ist eine sehr genaue Beschreibung des Flow-Erlebens. Terray macht deutlich, dass es ihm sehr gut bekannt war. Seine wesentliche Triebfeder war es jedoch nicht.

Psyche, Angst, Sucht, Sensation-Seeking: Lionel Terray hatte immer damit zu kämpfen, seine Ängste zu beherrschen. Er berichtete beispielsweise über ein «subjektives Gehemmtsein», das ihn bei seinen Unternehmungen bremsen konnte (S. 25): «Ich fühlte plötzlich einen schweren Schwindelanfall und wagte mich nicht einen Schritt weiter. Wir mussten wahre Wannen von Stufen ausschlagen, damit ich wenigstens wieder etwas Vertrauen fand und schließlich den Gipfel erreichte.» Terray war folglich auch kein Alleingeher, er erlebte in der Einsamkeit die Natur als bedrohlich und suchte daher die Gegenwart eines Partners, auch wenn er auf technische Sicherungen verzichtete.

Das Bergsteigen erfüllte bei ihm eindeutig die Merkmale einer Sucht (S. 72):

Meine Frau hatte genug davon, wieder und wieder meiner Bergleidenschaft den Vortritt lassen zu müssen, und drohte, mich zu verlassen. Doch das spielte keine Rolle. Ich kümmerte mich nicht um Müdigkeit und nicht um Herzweh. Die Gipfel standen leuchtend im Licht, und ihr Ruf war stärker als jede Einsicht.

Auch der Aspekt des Sensation-Seeking war bei Lionel Terray ganz sicher stark ausgeprägt vorhanden, wie das folgende Beispiel belegt: «Ich habe Hunderte schwieriger Unternehmungen in all den speziellen Spielarten des Alpinismus durchgeführt, und dennoch bin ich nicht öfter als etwa zwanzigmal dem Tod wirklich nahe gewesen, wobei ich zehnmal ernsthaft abstürzte.» (S. 51) Sehr lebhaft schreibt er über dieses Merkmal auch bei seinem Partner Louis Lachenal, der wegen der Erfrierungen, die er sich an der Annapurna zugezogen hatte, nicht mehr an sein altes bergsteigerisches Niveau anknüpfen konnte. Dieser Umstand führte bei Lachenal zu einer Persönlichkeitsveränderung und zu einem intensiven Ersatzverhalten beim Autofahren: «Der Alpinismus bot ihm nicht mehr jenes einzigartige Gefühl, über eine vierte Dimension zu verfügen und mit himmlischer Leichtigkeit an den Grenzen des Unmöglichen gleichsam zu tanzen. (...) Lachenal ging ständig bis an die Grenzen des technisch Möglichen und begab sich so fast jeden Tag in Lebensgefahr.» (S. 246) Tatsächlich scheint es ein Verlangen nach Todesgefahr und nach Geschwindigkeit zu sein, das bei beiden klar zutage trat. Louis Lachenal starb schließlich durch einen Spaltensturz.

Beziehungen und Regeln (Seilpartner, am Berg, privat): Ausführlich äußert sich Lionel Terray über Louis Lachenal, in dem er einen kongenialen Partner gefunden hatte und mit dem ihn über das Bergsteigen hinaus eine tiefe Freundschaft verband. Er war sich dabei durchaus darüber im Klaren, dass Beziehungen zwischen Seilpartnern meist nicht auf echter Zuneigung beruhten und entsprechend fragil sein konnten: «Die meisten Bergsteiger sind eingefleischte Individualisten. Häufig genug stößt man auf Rivalitäten und kleinliche Feindseligkeiten. Nur wenige Seilschaften halten einander lange die Treue.» (S. 158)

Seine Tätigkeit als Bergführer betrachtete er als etwas ganz Besonderes, er sah darin einen Beruf, der mit Macht und Kontrolle zu tun hatte: «Der Führer ist noch ein Herr. Am Berg, an der Spitze der Gesellschaft, kommt er gleich nach Gott. Wohl muss er schwer arbeiten, doch hält er das Leben seiner Schützlinge in der Hand. Nur wenige Mächte dieser Erde besitzen noch dieses Vorrecht.» (S. 159)

Insofern war Lionel Terray sicher auch ein Mensch, der Regeln setzte und über Menschen bestimmte, dazu hat er sich einen passenden Beruf gewählt. Andererseits zeigt sein Bericht über die Erstbesteigung der Annapurna, wie er sich empathisch und aufopferungsvoll um die Rückkehrer vom Gipfel bemühte. Ohne seine tatkräftige Unterstützung und die von Gaston Rébuffat hätten Maurice Herzog und Louis Lachenal den Abstieg wahrscheinlich nicht überlebt.

Die Beziehung zu seiner Frau bleibt in seiner Monografie bis auf wenige Andeutungen im Dunkeln. Über Wünsche oder Taten, eine eigene Familie zu gründen, schreibt er nichts. Sein Lebensinhalt war das Bergsteigen.

Politik: Zu Zeiten, als Lionel Terray seine Bergsteigerkarriere und Erwerbsbiografie startete, wurde Frankreich durch das nationalsozialistische Deutschland militärisch besiegt, das Land wurde zum Teil besetzt und zum anderen Teil von einem Kollaborationsregime beherrscht. Mit der Résistance hatte Terray Kontakt, ohne sich klar dazu zu bekennen: «So stand ich in ständiger Verbindung mit der Résistance, war auch über ihre Tätigkeit genau unterrichtet, gehörte aber keiner ihrer Organisationen wirklich an.» (S. 56)

Nach Ende des Zweiten Weltkriegs war Terray maßgeblich an der französischen Himalaja-Expedition beteiligt, der die erste Besteigung eines Achttausenders gelang. Dies war zwar ein von nationalen Ideen und Interessen geleitetes Projekt, aber Terray war kein Freund von nationalistischen Ideen: «Es ist ein Irrtum der Franzosen, zu glauben, dass sie das Salz der Erde sind und ihre Zivilisation jeder anderen überlegen ist.» (S. 167) Er ist dennoch von Stolz über den französischen Erfolg an der Annapurna erfüllt.

Fazit: Lionel Terray wurde in eine privilegierte französische Familie geboren, er war ein Einzelkind, die Eltern trennten sich noch während er jung war. Die Erwartungen seines Vaters konnte er nie erfüllen, er blieb jedoch während seines ganzen Lebens bemüht, auf seinem Gebiet – dem Bergsteigen – Hervorragendes zu leisten, auch um väterliche Anerkennung zu erlangen. Er entwickelte vor diesem Hintergrund ein kompromissloses Leistungshandeln, das ihn stabilisierte, das sich für ihn aber zu einem Zwang entwickelte. Er betrieb ein intensives Sensation-Seeking, suchte die Gefahr, das Bergsteigen nahm Suchtcharakter an. Seine Verhaltensmuster hat er nie modifiziert. Lionel Terray war kein Einzelgänger, aber sehr wohl ein Individualist, Autonomie war eine zentrale Größe in seinem Denken und Handeln, Regeln zu setzen und Kontrolle auszuüben, waren ihm wichtig. Für seine Partner am Berg stellte er aber immer eine verlässliche Größe dar, hier war er zu stabilen Beziehungen fähig. Über persönliche Beziehungen, die über das Bergsteigen hinausgingen, hat er fast nichts dokumentiert.

Hermann Buhl

In den 1950er-Jahren gehörte Hermann Buhl zu den herausragenden Alpinisten weltweit. Herausragend in Bezug auf seine Leistungen im Fels, in kombinierten Touren und im Höhenbergsteigen. Herausragend auch, was seinen kompromisslosen Stil und sein Innovationspotenzial betraf. Hermann Buhl war ein Individualist, der Bergsteigen als seinen persönlichen Weg sah, der sich keiner Ideologie und keinem Kommando unterordnete.

Zur Quellenlage: Hermann Buhl hat das Buch «Achttausend drüber und drunter» veröffentlicht, das in verschiedenen Formen auf den Markt kam, die «redaktionelle» Veränderungen am Ursprungstext aufwiesen. Kurt Maix, so äußern sich Reinhold Messner und Horst Höfler zu diesem Punkt, habe über redaktionelle Beiträge hinaus den Urtext von Hermann Buhl verändert und in seinem Sinne umgeschrieben. Messner und Höfler stellen hierzu fest: Kurt Maix war stilistisch und in seinem Denken den 1930er-Jahren verbunden geblieben und sah Bergsteigen unter einer völkischen Perspektive, während der Nazizeit hatte er im «Völkischen Beobachter» publiziert. Diese Einflussnahme findet sich in verschiedenen publizierten Ausgaben von «Achttausend drüber und drunter» wieder, der originale Hermann Buhl wird darin entstellt. Dies zeigt sich stilistisch, Hermann Buhl selbst schrieb besser, moderner und wollte keine politische Überzeugung transportieren.

Mir liegen zwei Ausgaben vor, in denen das Material aus «Achttausend drüber und drunter» auf unterschiedliche Weise aufbereitet und ergänzt wurde: die Ausgabe «Allein am Nanga Parbat», 1984 vom Steiger Verlag publiziert, sowie die Ausgabe «Achttausend drüber und drunter», 2005 vom Malik Verlag veröffentlicht. Ein drittes Buch, das mir als Quelle diente, wurde von Reinhold Messner und Horst Höfler herausgegeben: «Hermann Buhl. Kompromisslos nach oben», 1997 beim Steiger Verlag erschienen. Die Herausgeber verfolgten mit dieser Ausgabe das Ziel, nur originale Texte von Hermann Buhl zu veröffentlichen und mit weiteren Beiträgen und Kommentaren zu kombinieren.

Zur Biografie: Als jüngstes von vier Kindern wird Hermann Buhl am 21. September 1924 in Innsbruck geboren. Seine Mutter stirbt, als er vier Jahre ist, er kommt in ein Waisenhaus, später zu Verwandten, und nachdem sein Vater wieder geheiratet hat, in die Familie mit der Stiefmutter.

Nach dem Besuch der Volksschule absolviert er eine kaufmännische Lehre in einer Spedition. Es gibt kaum Aussagen von ihm über Kindheit und Jugend, in den wenigen Schilderungen wird die leibliche Mutter idealisiert, und er berichtet von einer nicht erfüllbaren Sehnsucht nach ihr. Vom Vater erfahren wir, er sei begeisterter Bergwanderer gewesen, von den Geschwistern nichts. In den 1930er-Jahren unternimmt der schwächliche Junge, so seine Selbsteinschätzung, erste Touren in den heimischen Bergen. Kindheit und Jugend sind gekennzeichnet durch emotionale Deprivation, körperliche Schwäche und materiellen Mangel. Keine günstige Ausgangssituation für ein stabiles Selbst.

Sein bergsteigerisches Einstiegserlebnis hat Hermann Buhl im Alter von zehn Jahren, als er von seinem Vater als Geburtstagsgeschenk eine Bergtour auf den Glugenzer geschenkt bekommt. Von dort überblickt er die Nordkette über Innsbruck, die später seine Sehnsuchtsberge am Beginn seiner Bergsteigerkarriere werden. Dort bekommt er, was ihm im Tal versagt bleibt («Allein am Nanga Parbat», S. 25):

Wenige Jahre später wurde die Nordkette, der südliche Teil des Karwendelgebirges, zu meinem Klettergarten. Fast jeden Sonntag war ich dort. Ich suchte nach neuen Wegen, kletterte und lief. Bergauf, bergab. Das Steigen schien mir so leicht. Und wenn irgendwo kahler Fels aus Schutt und Schnee emporwuchs, stopfte ich meine Schuhe in den kleinen Rucksack und kletterte den Stein in Wollsocken empor. Ich hatte kein Geld für Kletterschuhe. Das bedrückte mich aber nicht. Mich bedrückte überhaupt nichts, wenn ich droben in den Felsen sein durfte.

Sehr früh lernt Hermann Buhl, dass er in den Bergen den Sorgen des Alltags entgehen kann, diesen Zustand strebt er seither an – koste es, was es wolle.

Im Zweiten Weltkrieg dient Hermann Buhl als Gebirgsjäger in Italien. Es sind Bilder aus dieser Zeit publiziert, auf denen – man möge mir den Vergleich nachsehen – Hermann Buhl aussieht wie ein Mädchen in Uniform. Nach dem Krieg verfällt Hermann Buhl geradezu in einen bergsteigerischen Rausch, er geht alle schweren und schwersten Touren seiner Zeit an, zunächst in den Ost-, dann in den Westalpen, aus dem Felsgeher wird ein Kombinierer, er tritt mit Erstbegehungen hervor und ist auch als Berufsbergführer tätig. Er ist ein Ruheloser und Getriebener.

1951 heiratet er Eugenie Högerle aus Berchtesgaden (Ramsau), aus der Ehe gehen drei Töchter hervor. Ab Anfang der 1950er-Jahre ist Hermann Buhl als Sportartikelverkäufer bei Sport Schuster in München tätig. 1953 nimmt er an der deutsch-österreichischen Nanga-Parbat-Expedition teil. Er erreicht im Rahmen dieser Unternehmung, im Alleingang ab dem letzten Lager, als Erster den Gipfel, kehrt in die Welt der Lebenden zurück und wird damit unsterblich. Diese Tat wird in Deutschland und in Österreich (Hermann Buhl war Österreicher) ähnlich aufgenommen wie der Gewinn der Fußballweltmeisterschaft im folgenden Jahr. Es ist ein Akt der nationalen Selbstwertstabilisierung und Genugtuung, Hermann Buhl ist ein Held, ein Star.

Vom Bergsteigen lässt Hermann Buhl nach diesem Erfolg nicht ab, es folgen weitere schwere und schwerste Touren in den Alpen, er lässt nichts aus. Schließlich ist er 1957 an der Erstbesteigung des Broad Peak entscheidend und prägend beteiligt, die, zum ersten Mal an einem Achttausender, im «Westalpenstil» gelingt. Aber auch nach diesem Erfolg kommt er nicht zur Ruhe, er versucht wenige Tage nach dem Broad Peak einen hohen und anspruchsvollen Siebentausender als Erster zu besteigen. Kurt Diemberger ist sein letzter Bergpartner, als er am 27. Juni 1957 an der Chogolisa bei einem Wechtensturz ums Leben kommt.

Leistungs- und Konkurrenzhandeln: Der Name Hermann Buhl ruft mir automatisch diesen Satz in Erinnerung: «Alles war nur Training auf Größeres, Härteres und Schwierigeres.» Buhl war ein von Leistung und Konkurrenz Besessener, von Beginn seiner Bergsteigerlaufbahn an: «Es ist mir wie ein Befehl, ein inneres Gesetz: besser werden, härter! Du bist den Bergen verfallen, aber du musst auch an ihnen wachsen. Der Gedanke, durch Unfähigkeit einmal am Berge zugrunde zu gehen, ist unerträglich. Ich muss lernen, jeder Lage gewachsen zu sein. Besser werden (...).» («Allein am Nanga Parbat», S. 34)

In «Allein am Nanga Parbat» kommen mehrere Bergpartner von Hermann Buhl zu Wort, die den Leistungsmenschen Buhl sehr lebhaft schildern (S. 9 ff):

Er trainierte weiter, fanatisch, und stählte seinen Körper zu unglaublicher Leistungsfähigkeit. Bald entwuchs er seinen Seilgefährten, übertraf sie in Können und Durchhalten.

Erst war es so, dass er mit den anderen gleichziehen wollte. Und dann wollte er sie übertreffen; das war seine Idee!

Das hat Hermann ausgezeichnet, dass er vor allem hart war, gegen sich selbst genauso wie gegen die anderen, und dass er besessen war vom Bergsteigen und alles dafür eingesetzt hat.

Diese Einstellung ermöglichte ihm, diese außergewöhnlichen bergsteigerischen Leistungen zu erbringen. Leistungshandeln bestimmte jedoch selbst den Umgang mit seinen kleinen Kindern, folgt man den Aussagen der Tochter Kriemhild Buhl: «Er wollte uns fördern, indem er Leistung von uns forderte, nicht durch Verhätscheln.» («Kompromisslos nach oben», S.20) Wohlgemerkt, hier wird der Umgang mit drei kleinen Mädchen geschildert, fünfeinhalb Jahre, drei Jahre und ein Jahr alt. Und seine Tochter fährt fort:

Verweichlichung, die sanfte Erziehungsschiene, war ihm ein Dorn im Auge. Klar, er hatte als Kind selbst darauf verzichten müssen. Er hätte gern auch einen Sohn gehabt. Einen Sohn aus seinem Holz, den er nach seinen Vorstellungen hätte prägen und fördern können, den er natürlich am liebsten in seinen eigenen Fußstapfen gesehen hätte. Ein Buhl-Sohn hätte es sicher schwer gehabt, unter Vaters Einfluss einen eigenen Weg zu gehen.

Leistungshandeln war ein festes Grundmuster bei Hermann Buhl, das sein komplettes Leben bestimmte, am Berg und im Privaten.

Flow-Erfahrungen: Bergsteigen war für Hermann Buhl kein Spaß. Das Erleben war irrelevant, es ging um Ziele und Beweise. Nach der Rückkehr vom Nanga Parbat sind Fotos von ihm publiziert worden, die geradezu zu Ikonen des Alpinismus wurden. Ein Foto zeigt ihn im Zustand des Glücks: Ein junger Mann mit dichtem Bart liegt im Gras, hat die Hände hinter dem Kopf verschränkt und lächelt mit einem offenen und gelösten Gesichtsausdruck in die Kamera. Er hat noch die Gletscherbrille ins Haar geschoben, vermittelt aber mit seinem gesamten Körper, dass alles Schwere hinter ihm liegt und er mit sich und der Welt zufrieden ist. Einen scharfen Kontrast dazu bilden die Fotos, die ihn im Abstieg kurze Zeit nach dem Gipfelerfolg zeigen. Hier wirkt er um Jahre gealtert, der damals 28-Jährige geht gut als Mittfünfziger durch, ist höchst angespannt, erschöpft, vollständig dehydriert, distanziert, von der Sonne gezeichnet. Er wirkt, als sei er mental noch nicht zurück aus der Todeszone.

Im «Glücksfoto» sehen wir nicht den Hermann Buhl in seinem normalen Funktionsschema, der ist auf dem Anspannungs- und Leistungsfoto zu sehen. Es war sein Los, dass er nicht im Glückszustand verbleiben konnte. Die Ungewissheit über das eigene Selbst kehrte unmittelbar nach seinen Erfolgen zurück. Hermann Buhl kannte nur eine Strategie, mit dieser Ungewissheit umzugehen: Er musste aufs Neue Höchstleistungen erzwingen. Das zeigen die Touren, die er anging, nachdem er körperlich wiederhergestellt war. Dies, obwohl er als Sieger vom Nanga Parbat nationale und internationale Anerkennung genoss, als Bergsteigerstar respektiert und bewundert wurde und wirtschaftlich so erfolgreich war, dass er sich zum ersten Mal im Leben etwas leisten konnte. Hermann Buhl ging in die Berge, zu Hause blieben seine junge Frau und drei kleine Kinder. Dieses Glück reichte ihm nicht.

Psyche, Angst, Sucht, Sensation-Seeking: Hermann Buhl konnte seine Angst offensichtlich ziemlich gut regulieren oder ausblenden, das Alleingehen wurde seine Stärke, auch weil es an Partnern mangelte, die ihm noch folgen konnten. Welches Maß an Emotionsregulation das Alleingehen voraussetzt, kann jeder nachvollziehen, der bereits solo unterwegs gewesen ist. Ein einfacher Test seiner persönlichen Fähigkeit in diesem Bereich besteht darin, allein in eine Tour einzusteigen, die nur knapp unterhalb der persönlichen Leistungsgrenze liegt. Die meisten Bergsteiger verspüren in dieser Situation eine starke Anspannung und werden wahrscheinlich schnell wieder umkehren. Ganz anders bei Hermann Buhl: Sein Verhalten am Berg erfüllte die Merkmale einer Sucht, er suchte den Kick.

Beziehungen und Regeln (Seilpartner, am Berg, privat): In «Allein am Nanga Parbat» äußern sich Bergpartner über die persönlichen Beziehungen, die sie zu Hermann Buhl hatten. Einem seiner Seilpartner wurde nach einer Kletterei, die am Rande seiner Möglichkeiten war, von Hermann Buhl beschieden: «Jetzt haben wir fünfeinhalb Stunden gebraucht; mit dem Abram Erich wäre ich in vier Stunden durchgekommen.» (S. 11) Es ist klar: Eine mitfühlende Bergkameradschaft sieht anders aus. Empathie war nicht die Stärke von Hermann Buhl. Entsprechend die Reaktion des Partners: «Ich habe es ohne Weiteres geschluckt. Aber daran denken tu ich jetzt nach vierzig Jahren noch.» Die ehrliche Aussage verdeutlicht, wie verletzlich auch die ganz harten Kerle sein können, und ist wohl beispielhaft für die Reaktionen vieler Betroffener.

Weitere Seilpartner schildern Buhl ähnlich (S. 11 f):

Es ist öfter vorgekommen, dass Hermanns Seilgefährten seiner Leistungsfähigkeit und seinem Können ganz einfach nicht standhielten. Man erinnert sich an Gemeinschaftstouren im Mont-Blanc-Gebiet, wo sein Gefährte nach drei Tagen am Ende war. Er aber konnte einen Partner nach dem anderen «verschleißen».

Man musste Hermann schon sehr gern haben, um seine rasche, ungeduldige, oft harte Art zu akzeptieren.

Hermann hat gewusst, wie meine Leistungsfähigkeit ist, sonst hätte er mich für diese Tour sicher nicht ausgewählt. Diese Haltung hat ihm ja den Ruf eingetragen, ein Egoist zu sein.

Buhl heiratete früh und hatte drei Töchter. Die älteste Tochter, Kriemhild, arbeitet heute als Schriftstellerin und Bibliothekarin. Sie schreibt über den Familienvater: «Er war kein Familienmensch mit Leib und Seele, sondern ein ausgeprägter Individualist mit einem eigenen Bedürfnis nach Familie – aber mehr nach Familie im Hintergrund, als stilles Reservoir.» («Kompromisslos nach oben», S. 20)

Alle Aussagen zeigen: Hermann Buhl legte die Regeln fest, am Berg und privat, er erwartete Gefolgschaft. Beziehungen hatten seinen alpinen Interessen zu dienen. Wer denen nicht genügte, wurde aussortiert.

Politik: Das Bergsteigen, speziell das Expeditionsbergsteigen, wurde zu Zeiten der großen Erfolge von Buhl durchaus zu politischen Zwecken instrumentalisiert. Die 1930er-Jahre wirkten noch stark in die 1950er-Jahre hinein. Hermann Buhl selbst sah seine Leistungen aber immer als individuelle Taten und ließ sich in keine Propaganda einbinden. Er wollte seine Erfolge, ganz besonders seinen einzigartigen Alleingang zum Gipfel des Nanga Parbat, als seine individuelle Leistung gewürdigt sehen. Dies führte zum Konflikt mit dem Expeditionsleiter am Nanga Parbat, Karl Maria Herrligkoffer. In «Kompromisslos nach oben» fassen die Herausgeber die Ereignisse so zusammen (S. 177):

Als Buhl, Ertl und Frauenberger ins Basislager zurückkehren, schlägt ihnen eine Atmosphäre menschlicher Kälte und Sachlichkeit entgegen. … Hermann Buhl wird nicht gefeiert! Man sieht seine überragende Leistung als selbstverständlichen Teil des Mannschaftserfolges, den Herrligkoffer ausschlachten will, an.

Herrligkoffer, der von allen Experten als bergsteigerischer Laie eingestuft wird, hatte diese Expedition im Geiste der 1930er-Jahre auf die Beine gestellt. Zurück in Deutschland gab er dieses erste Statement ab («Kompromisslos nach oben», S. 177):

Wir sind alle, alle mit Ihnen sehr glücklich, dass es uns gelungen ist, (dass es der besonderen Initiative unseres Buhl gelungen ist), den deutschen Schicksalsberg endlich zu bezwingen und das Vermächtnis Willy Merkls und der anderen Toten des Nanga Parbat somit einzulösen.

Damit war der Startschuss zu einer Auseinandersetzung gefallen, die sich schließlich vor einem Zivilgericht bis ins Jahr 1954 hineinzog. Bei der juristischen Auseinandersetzung, die Karl Maria Herrligkoffer gewann, ging es um die publizistische Aufarbeitung der Expedition, die sich der Expeditionsleiter von allen Teilnehmern vertraglich hatte zusichern lassen. Karl Maria Herrligkoffer sah Hermann Buhl als einen Nebendarsteller in einer Mannschaft unter seiner Leitung. Dass der Erfolg der Expedition in der Öffentlichkeit Hermann Buhl, und nur ihm, zugeschrieben wurde, war für Herrligkoffer schwer erträglich. Ebenso schwer erträglich war, dass Hermann Buhl diesen Erfolg nicht für Willy Merkl, nicht für Deutschland, nicht für die Toten des Nanga Parbat und schon gar nicht für Karl Maria Herrligkoffer erreicht hatte.

Buhl hatte am Gipfel eine pakistanische Flagge und einen Tiroler Wimpel gehisst. Er hatte den Nanga Parbat nur für sich selbst bestiegen.

Fazit: Hermann Buhl wuchs in instabilen und prekären familiären Verhältnissen auf, auf sichere Bindungen war kein Verlass. Vor diesem Hintergrund entwickelte er ein Muster narzisstischen Leistungshandelns zur Stabilisierung seines fragilen Selbst, das er lebenslang beibehielt. Schließlich kostete es ihn das Leben. Das Bergsteigen hatte bei ihm den Charakter einer Sucht, kurzfristig ließen sich damit Glückszustände herstellen, die aber immer instabil blieben. Sein grundlegendes Handlungsmuster hat er nie modifiziert. Für seine Mitmenschen war er nicht leicht handhabbar, Empathiefähigkeit war keine Stärke von ihm. Er hatte ein hohes Autonomiebedürfnis, behielt dauerhaft einen egozentrischen Stil bei und war leicht zu kränken.

Reinhard Karl

Reinhard Karl war für deutsche Bergsteiger und Kletterer der 1980er- und 1990er-Jahre eine Lichtgestalt und ist heute eine Legende. Sein Buch «Erlebnis Berg: Zeit zum Atmen» war für eine ganze Generation ein Identifikationstext. Reinhard Karl brachte mit diesem Buch die Bergsteigerliteratur gewaltig durcheinander, räumte auf und rückte zurecht, und er schrieb schonungslos und ohne Deckung über sich selbst.

Zur Quellenlage: Mir liegen drei Publikationen von beziehungsweise über Reinhard Karl vor, die ich hier auswerte: das bereits genannte Buch in der Originalausgabe des Limpert Verlages von 1980. Zweitens die Neuausgabe dieses Buches, erweitert um die Texte «Am Fitz Roy» und «Unterwegs nach Hause», 1994 beim Verlag J. Berg erschienen. Drittens das von Tom Dauer herausgegebene Buch «Reinhard Karl. Ein Leben ohne Wenn und Aber», das 2002 beim AS Verlag erschienen ist. In dieser Publikation sind neben Texten und Fotos von Reinhard Karl auch Beiträge von Partnern und

Partnerinnen am Berg und im Privaten versammelt. Ich habe dieses Werk als Zusammenstellung aller Texte von Reinhard Karl verstanden, bin mir aber nicht sicher, ob das wirklich den Tatsachen entspricht. Auf jeden Fall finden sich darin eine vorzügliche Zusammenstellung der Publikationen von Reinhard Karl und kenntnisreiche, sehr persönliche Aufsätze über ihn. Es stellt auch den Fotografen Reinhard Karl in einer umfassenden Form vor. Meine Darstellung orientiert sich an diesem Buch, die Seitenangaben beziehen sich darauf.

Zur Biografie: Die Eltern von Reinhard Karl lernen sich 1945 kennen. Der Vater Anton ist Musiker in einer amerikanischen Militärkapelle. Er wird nach Kriegsende nach Heidelberg versetzt, wohin ihm Marianne Karl, eine gebürtige Dresdenerin, folgt. Dort wird am 3. November 1946 Reinhard geboren, später folgen noch die Schwestern Ilona und Regine. Heidelberg bleibt für Reinhard Karl immer der Lebensmittelpunkt.

Der Vater ist als Musiker auf Tournee, die Mutter fühlt sich mit drei kleinen Kindern im Stich gelassen. Der Vater scheint in der Familie keine Rolle gespielt zu haben, an der Erziehung seiner Kinder hat er sich nicht beteiligt, die Verhältnisse sind dürftig, es scheint an allem gemangelt zu haben. Die Mutter muss als Putzfrau und später als Sekretärin praktisch alleinerziehend drei Kinder ernähren, sie lässt sich schließlich nach zwanzig Jahren Ehe scheiden. Reinhard Karl erwähnt in seinen Texten seinen Vater an keiner Stelle, Kindheit und Jugend sind trotz des nominell vorhandenen Vaters so gut wie vaterlos gewesen. Gute Startbedingungen für das Leben sehen anders aus. Karls engste Bezugspersonen sind seine Mutter und die ältere der beiden Schwestern. Enge Freunde gibt es während der Schulzeit nicht. Mit vierzehn Jahren beginnt Reinhard Karl eine Ausbildung zum Automechaniker: «Mein Leben war ziemlich trostlos, und ich war unglücklich, unzufrieden und hoffnungslos. (…) ein kleiner, rechtloser, unwissender Handlanger, Brötchenholer, Werkstattkehrer...» (S. 40) Der eingeschlagene Berufsweg bietet ganz offensichtlich keine Basis für ein gedeihlich starkes Selbst. Auch im Sozialen gibt es wenig Hilfe (S.40):

Meine Schwester hatte mit mir ein Einsehen und ging mit mir zum Abschlussball. Hätte es einen Preis für das hässlichste Paar gegeben, wir hätten ihn gewonnen. (...) Und dann der Balzgang ins Kino, schön frisiert, mit meinen paar Kröten die Klamotten gekauft, die man haben muss, die mir Sicherheit geben sollten, meine Unsicherheit zu überspielen – was für ein Abgrund, was für ein grausames Leben.

Was tut ein junger Kerl in einer solchen Situation, die ja nicht besonders außergewöhnlich ist? Die Lage ist nicht rosig und in erster Linie durch ein unsicheres Selbst gekennzeichnet. Er kann sich in eine Fantasiewelt begeben, er kann sich ein Vorbild suchen, einen Orientierungs- oder Ankerpunkt, vielleicht den Vater oder ein Idol aus dem Film, er kann sich einer Peergroup anschließen, er kann mit Drogen experimentieren, er kann sich in den Sport stürzen, er kann religiös werden, und heute könnte er sich hinter dem Computer vergraben. Er kann diese oder noch andere Strategien auch gleichzeitig ergreifen und vermischen. Reinhard Karl liest, träumt und werkelt herum. Seine Mutter macht ihm verschiedene Vorschläge, und schließlich landet er beim Heidelberger Alpenverein, findet Anschluss an einige etwas ältere Kletterer mit akademischem Hintergrund und findet so sein Lebensthema (S. 45):

Da sind die saubere Luft, der Fels, das Licht, die Wolken, die Sonne und die Sterne, die über uns funkeln, wenn wir unter der Falkenwand im Freien schlafen – biwakieren. Und da sind die anderen Kletterer, die mich ernst nehmen

... Da bin ich der Reinhard, der ganz in Ordnung ist. Viel mehr bin ich eigentlich noch nicht, aber schon der Reinhard; ich selbst zu sein, das ist doch unheimlich viel.

Nicht der Beruf, nicht die Klamotten, nicht die Suche nach Erfolg bei den Mädchen geben Reinhard Karl die Bestätigung, wertvoll zu sein. Es ist das Klettern, das Draußensein, die Akzeptanz durch die anderen Kletterer, was ihn wohl zum ersten Mal in seinem Leben das Gefühl des eigenen Werts spüren lässt. Dabei bleibt er, davon muss er mehr haben: «Von nun an ging ich jedes Wochenende zu den Felsen bei Baden-Baden. Mein Klettern verbesserte sich enorm.» (S. 46) Hier zeichnet sich ab, was Reinhard Karl später als Jagd, die fortan sein Leben bestimmen wird, bezeichnet: «Ich bin auf der Jagd nach dem Geist, ein guter Bergsteiger zu werden. Ein guter Bergsteiger ist derjenige, der die großen drei Nordwände gemacht hat.»

In den späten 1960er-Jahren steckt Reinhard Karl all seine Energie und seine geringen finanziellen Mittel in seine bergsteigerischen Aktivitäten, den Beruf vernachlässigt er zugunsten von unbezahltem Urlaub und gibt ihn schließlich ganz auf, auch um das Abitur nachzuholen und Student zu werden. In der Seilschaft mit Hermann Kühn ist er der Seilzweite, holt aber gewaltig auf und wird als Bergsteiger immer selbstständiger. In Hermann Kühn personifiziert sich die Wende, die das Leben von Reinhard Karl nimmt. Er steht für die Neuorientierung in einer Peergroup und ist, einige Jahre älter, Vorbild und Ankerpunkt, nicht nur für die Entwicklung beim Bergsteigen.

Nach der Durchsteigung der Eigernordwand 1969 zieht Reinhard Karl allerdings eine sehr ernüchternde Bilanz (S. 69):

Das Leben scheint mir mehr und mehr ein gipfelloser Berg zu sein. Nie werde ich oben sein. Die Jagd nach dem Geist, ein guter Bergsteiger zu werden, war zu Ende. Der

Geist, war er ein Gespenst gewesen, ohne Inhalt? Eine Schnapsidee?

Spricht hier ein moderner Sisyphos? Reinhard Karl zeigt eine Reflexionsfähigkeit, die sich in der übrigen Bergsteigerliteratur selten findet. Früh erkennt er die Endlosschleife, in die er sich begeben hat, er sieht, wie ähnlich sein Bergsteigen einer Akkordarbeitertätigkeit ist. Bergsteigend kann er in einen Zustand der Selbstgewissheit kommen, den er sonst im Dickicht der Städte nie erreicht, aber dieser Zustand ist nicht stabil, er benötigt daher eine immer höhere Dosis Berg, um ihn zu erreichen. Karl bleibt dem Bergsteigen trotzdem treu, entdeckt für sich das Klettern im Yosemite Valley und öffnet zusammen mit Helmut Kiene (als Seilzweiter) die Schwierigkeitsskala beim Klettern nach oben. Im Jahr 1978 stößt er dann, so die Informationslage aus den Publikationen, eher zufällig als Fotograf zu einer Everest-Expedition. Im Auftrag der Zeitschrift «Bunte» soll er über den Versuch von Reinhold Messner und Peter Habeler, den Gipfel ohne Zusatzsauerstoff zu erreichen, berichten. Im Rahmen dieser Unternehmung ist er der erste Deutsche, der den Gipfel erreicht. Bis heute wird sein Statement nach dem Erfolg am Everest gerne zitiert («Wirklich oben bist du niemals»), ob es denn passt oder nicht. Reinhard Karl selbst wird zunehmend klarer, dass das Bergsteigen kurzfristig Anerkennung bringt und das Ego stärkt, langfristig aber keine stabilen Effekte erzeugt.

Noch im Jahr seines Erfolges am Mount Everest heiratet er Eva Altmeier. Dem Bergsteigen bleibt er verbunden, vielleicht ist er abhängig davon. Er wird einer der ersten Alpinisten in Deutschland, die das Bergsteigen professionell betreiben. In immer schnellerer Folge unternimmt er weitere Expeditionen zu den Achttausendern, nach Patagonien und Reisen in die Klettergebiete der USA. Sein Fazit in seinem letzten Aufsatz: «Mein Ich habe ich mir in den Bergen geholt … Trotzdem gehe ich noch immer in die Berge. Wenn ich klettere, fühle ich immer noch am intensivsten, dass ich bin.» (S. 348, 354)

Seine kritische Haltung gegenüber dem eigenen Tun und seine ausgeprägte Reflexionsfähigkeit bremsen seine Aktivitäten nicht. Am 19. Mai 1982 wird Reinhard Karl in der Südwand des Cho Oyu von einer Eislawine erschlagen.

Leistungs- und Konkurrenzhandeln: Die Einstellung zum Alpinismus ist bei Reinhard Karl von starkem Leistungsdenken geprägt. Es gibt ein unbedingtes Streben nach Erfolg. Von Nicholas Mailänder gibt es dazu eine erhellende Passage über zwei vom Ehrgeiz Zerfressene (S. 16):

Reinhard Karl und ich hatten am Riesenstein gebouldert und waren dann, unserem Ritual folgend, hinaufgejoggt zum Gipfel des Heidelberger Königstuhls, 500 Meter über der Stadt. Wie immer starteten wir locker schwatzend und zogen dann langsam die Geschwindigkeit an, bis der Lauf – wie immer – im letzten Steilaufschwung zu einem unbarmherzigen Wettlauf eskalierte. Brust an Brust, mit verzerrten Mienen, keuchten wir dahin, als Reinhard aus vollem Lauf unvermittelt stehen blieb. Erstaunt über die vermeintliche Kapitulation, verlangsamte auch ich meine Schritte. Fast etwas besorgt schaute mich der Freund an. «Du, Nico, wir verschwenden mit diesem Gehetze unsere Zeit!», stieß er, noch immer nach Atem ringend, hervor. «Wenn man vor Ehrgeiz sterben könnte, wärst du schon lange tot. Wir sollten uns besser um das kümmern, was am Bergsteigen wirklich schön und wichtig ist.» Schlagartig wurde mir klar, dass er recht hatte.

Reinhard Karl äußerte sich regelmäßig kritisch zu Themen wie Leistungsorientierung und Konkurrenz, er selbst orientierte sich bei der Auswahl seiner Ziele und Routen aber lebenslang daran.

Flow-Erfahrungen: In den vorliegenden Quellen gibt es Beispiele dafür, wie Reinhard Karl das Draußensein jenseits von Leistung und Abenteuer erleben und schätzen konnte (S. 122):

Im Mai, wenn die Margeriten und der Löwenzahn blühen, was gibt es da Schöneres, als barfuß mit einem Mädchen über die Wiesen zu gehen, verliebt in sie und in die grüne Mittelgebirgslandschaft? Zu zweit einen «Dreier» zu klettern (...). Der warme Wind, der uns begleitet, und die Küsse unten, oben und nach dem Abseilen. Nach zwei Seillängen ein kühles Bier in einer Bauernkneipe. Ein Mittagsschläfchen auf einer Wiese und abends ein Feuer im Wald. Mein Gott, wie ist das Leben doch schön, sogar ohne Geld.

Er kannte die Aspekte des Spielerischen und des Genießens beim Klettern sehr gut. Flow-Erleben und Achtsamkeit spielten jedoch in seiner leistungs- und konkurrenzorientierten Karriere keine Rolle. Er versuchte bis zu seinem Tod, der beste Bergsteiger zu sein, und blieb in diesem endlosen Gewinde gefangen. Flow-Erfahrungen und Lustgewinn waren nicht der entscheidende Antrieb für seine Touren.

Psyche, Angst, Sucht, Sensation-Seeking: Angst war ein zentrales Thema für Reinhard Karl. Um seine Angst in den Griff zu bekommen, begab er sich – psychotherapeutisch gesprochen – in eine fortwährende selbst verordnete Expositionstherapie. Allerdings ging es um durchaus angemessene Ängste, also um Angst vor der Tiefe und dem Absturz, die er im Gegensatz zu vielen anderen Bergsteigern nicht hinter einer Heldenpose versteckte. Seine Angst bekam er dadurch – so seine Selbstberichte – immer besser in den Griff: «Ich liebte das prickelnde Gefühl von Angst und das ‹Siehste, das kannst du auch›.» (S. 348) In diesem Sinne war er zeit seines Lebens ein Sensation-Seeker. Er blieb aber während seiner ganzen Karriere als Bergsteiger ein Angstmensch, als Alleingänger trat er beispielsweise nie in Erscheinung, heikle und exponierte Seillängen überließ er gerne seinen Partnern. Das Bergsteigen durchsetzte schließlich das Denken und den Alltag von Reinhard Karl vollständig, es bekam Suchtcharakter, die Dosis musste er immer weiter steigern. Erst sein Tod setzte dem ein Ende.

Beziehungen und Regeln (Seilpartner, am Berg, privat): Bernd Kullmann kannte als aktiver Kletterer den acht Jahre älteren Reinhard Karl seit den 1970er-Jahren. 1974 erlebte er ihn während eines Chamonix-Aufenthaltes als Bergpartner und kam dabei zu einem wenig vorteilhaften Urteil über ihn (S. 108):

> *Zumindest was das Bergsteigen betrifft, war Reinhard ein Egoist, alles andere als ein Musterknabe. Für den eigenen Erfolg wurde schon mal schnell ein Kumpel ausgebootet. Selbst mit seinem Freund und Mentor Hermann Kühn verfuhr er in jenem Sommer 1974 nicht anders. Und in den Folgejahren war Reinhard oft so von der Rolle, dass er nahezu mit allen alten Freunden Krach bekam. Klettern war nicht mehr angesagt, zu unserem Staunen machte es ihm mehr Spaß, nach Frankfurt auf die Demos zu gehen, Polizisten zu verprügeln und Autos umzuschmeißen. Erst nachdem er Eva, seine spätere Frau, kennengelernt hatte, änderte er sich wieder. Er, der ewig Umtriebige, hatte ein Zuhause gefunden, eine Bezugsperson. Er wurde selbstbewusster.*

Reinhard Karl war kein Mensch, der sich gerne an vorgegebene Regeln hielt. Er stellte diese systematisch infrage, hatte allerdings, folgt man den vorliegenden Zeugnissen, nicht das Bestreben, seine eigenen Regeln unbedingt als Vorgaben für andere Menschen durchzusetzen.

Politik: Reinhard Karl war der erste Deutsche auf dem Everest, dafür wurde ihm das Silberne Lorbeerblatt verliehen. Während des Festbanketts saß Reinhard Karl neben dem damaligen Innenminister Gerhart Baum und soll sinngemäß gesagt haben: «Wissen Sie, wenn ich nicht Bergsteiger geworden wäre, wäre ich vielleicht Terrorist geworden.» So wird es von Tom Dauer in seiner biografischen Skizze überliefert. Karls Bergsteigen hatte nichts mit nationalen oder völkischen Zielen zu tun. Er folgte seinen persönlichen Zielen und Wünschen, nur diesen war sein Bergsteigen verpflichtet.

Fazit: Die familiäre Situation, in der Reinhard Karl aufwuchs, war die eines Broken Home. Er war quasi vaterlos und wies ein instabiles Selbst auf. Wahrscheinlich war ein zufälliges Zusammentreffen der entscheidende Auslöser, der ihn zum Bergsteiger machte, er wurde aber vom Bergsteigen mit voller Wucht gepackt und kam nach dem ersten Erlebnis am Fels nicht mehr davon los. Er definierte sich fortan über die Berge und seine immer schwierigeren Touren. Sein Bergsteigen bekam Suchtcharakter, Reinhard Karl war dem Sensation-Seeking verfallen.

Die Angst hat ihn dabei immer begleitet, der Umgang mit der Angst war ein fortwährendes Thema für ihn. Möglicherweise hat er vor seinem Tod zum ersten Mal nicht in gewohnter Weise auf Gefahrensignale reagiert und mit seinem Leben dafür bezahlt.

Es liegt ein prototypisches narzisstisches Muster vor. Selbstwertstabilisierung wird über Anerkennung durch bergsteigerische Leistungen erreicht. In seinen Bergpartnerschaften konnte er auch durchaus ausbeuterisch sein. Wesentliche andere narzisstische Persönlichkeitsmerkmale sind indessen nicht dokumentiert. Reinhard Karl wird von vielen seiner Begleiter als sehr empathisch geschildert, Abwertungen anderer Personen findet man in seinen Schriften nicht, bemerkenswert sind auch die kritischen Reflexionen über die eigene Entwicklung. Und er wird durchgängig als humorvoller Mensch geschildert, der über sich selbst spotten konnte. Zudem war er kein gnadenloser Regelsetzer.

Anatoli Boukreev

Anatoli Boukreev wurde durch den Bestseller «In eisige Höhen» von Jon Krakauer bekannt. Jon Krakauer porträtierte ihn in diesem Buch auf sehr negative Weise, wie ein russisches Höhenmonster. Später revidierte er seine Meinung. Anatoli Boukreev wurde für seinen Einsatz bei der Rettung mehrerer Bergsteiger im Zusammenhang mit den Ereignissen um den 10. Mai 1996 am Mount Everest mehrfach geehrt. Auch diese Tatsache spricht gegen die ursprüngliche Beurteilung durch Jon Krakauer.

Wenn man sich mit Anatoli Boukreev beschäftigt, eröffnet sich eine ganz neue Perspektive auf das Bergsteigen. Als Anatoli Boukreev geboren wurde, stand die Sowjetunion im Zenit ihrer Macht. Er wuchs im Sowjetsystem auf und entwickelte sich unter diesen Bedingungen zu einem exzellenten Bergsteiger und Leistungssportler. Als Anatoli Boukreev den Höhepunkt seiner Leistungsfähigkeit erreicht hatte, löste sich sein Vaterland, dem er keineswegs grundsätzlich ablehnend gegenüberstand, auf. Alles, was für ihn bis dahin selbstverständlich war, galt nicht mehr. Vor diesem Hintergrund entwickelte er sich ab 1991 zu einem der absolut besten Höhenbergsteiger weltweit weiter. Dabei hatte er mit Schwierigkeiten zu kämpfen, die sich ein westlicher Bergsteiger kaum vorstellen kann.

Zur Quellenlage: Mir stehen zwei Bücher zur Verfügung, bei denen Anatoli Boukreev als Autor firmiert. 1997 erschien «Der Gipfel», das er zusammen mit dem Journalisten

Gary Weston DeWalt verfasst hatte. Dieses Buch lieferte eine andere Sichtweise auf die Ereignisse am Mount Everest. Die zweite Publikation ist «Über den Wolken. Aus den Tagebüchern eines Extrem-Bergsteigers». Diese Texte wurden 2001 posthum von Linda Wylie herausgegeben. In meiner biografischen Analyse beziehe ich mich auf die deutsche Ausgabe dieses Buchs (2003 bei Heyne). Eine von Anatoli Boukreev definitiv autorisierte Quelle stellen die Texte allerdings nicht dar.

Zur Biografie: Anatoli Boukreev wird am 16. Januar 1958 in Korkino als drittes von fünf Kindern geboren. Als zusätzliche Angaben findet man: Tscheljabinsker Gebiet, Russland. Die Stadt liegt schon jenseits des Urals. Um Anatoli Boukreevs Karriere besser einordnen zu können, sind diese Angaben zu seinem Heimatort erhellend (S. 42 f):

Die Straßen in den Wohnvierteln waren meist nicht staubig, sondern schlammig. Die Wohnhäuser hatten keine sanitären Einrichtungen, das Wasser pumpte man aus den kommunalen Brunnen. Die offene Kohlegrube, damals fünfhundert Meter tief und damit größer als jede Zeche in Europa, hatte die Seen ausgetrocknet und in der Umgebung erheblichen Schaden angerichtet. (...) Es gehörte zum Alltag, dass aus der hundert Kilometer entfernten Deponie für Nuklearabfälle in Mayak Radioaktivität ausströmte. (...) Im Jahr 1957 waren seine Mutter und die übrige Bevölkerung einer Strahlenbelastung ausgesetzt, die die nach dem Reaktorunglück von Tschernobyl freigesetzte Dosis weit übertraf (...).

Anatoli Boukreevs Gesundheit ist aufgrund dieser Umweltbelastungen in der Kindheit stark beeinträchtigt. Bis zum Alter von 21 Jahren leidet er an chronischer Nierenentzündung, Bluthochdruck und Asthma. Zu den Belastungen durch die

Umwelt kommen materielle Entbehrungen. Der Vater leidet seinerseits an den Folgen einer Polio-Erkrankung, ist stark gehbehindert und kann nur unzureichend für die Familie sorgen. Vonseiten seiner Mutter erhält Anatoli bedingungslose, unverbrüchliche Liebe.

Boukreev erweist sich als guter Schüler, in Physik und Mathematik geradezu als Wunderkind. Als Zwölfjähriger entdeckt er die Faszination des Kletterns und der Berge und findet in Tatiana Dmitrievna eine Trainerin und persönliche Mentorin, die seine Unabhängigkeitsbedürfnisse und seinen Drang nach den Bergen zusammenbringen kann. Er entgeht der drohenden Beschäftigung im Kohlebergwerk, erhält ein Stipendium an der Pädagogischen Universität von Tscheljabinsk und erwirbt dort 1979 einen Studienabschluss in Physik und Sport, um mit 21 Jahren Lehrer zu werden. Seine Leidenschaft gilt allerdings den Bergen, nicht der Physik, und er geht als Angehöriger der Roten Armee nach Kasachstan. Zwischen 1979 und 1981 ist er – zuletzt als Leutnant – in einer Bergsteigerdivision in Almaty stationiert. Bis 1991 arbeitet er an diesem Ort als Langlauftrainer, nach dem Zusammenbruch der Sowjetunion verliert er diese Stelle.

Vor dem Zusammenbruch arbeitet er zusätzlich als Ausbilder und Trainer für Höhenbergsteigen in einer militärischen sowjetischen Bergsteigerorganisation. Ab 1980 besteigt er die Siebentausender auf dem Gebiet der Sowjetunion. Er ist mehrfach Sieger bei Schnellbesteigungswettbewerben auf Berge wie Elbrus, Pik Lenin und Pik Kommunismus. Seit dieser Zeit ist Anatoli Boukreev wahrscheinlich einer der besten Höhenbergsteiger weltweit, wohl aufgrund seines besonderen Trainingsaufwands und seiner theoretischen Kenntnisse in Bezug auf die Höhenphysiologie. Erst 1989 besucht er mit einem großen sowjetischen Team zum ersten Mal den Himalaja, dabei gelingt ihm der Aufstieg auf den Kangchendzönga. 1990 reist er in die USA und lernt US-amerikanische Bergsteiger kennen. 1991 besteigt er im Rahmen einer russisch-amerikanischen Expedition zum ersten Mal den Mount Everest.

Mit dem Zusammenbruch der Sowjetunion kommt es zur Privatisierung des Sports und des Bergsteigens. Anatoli Boukreev muss neue Wege suchen, um seine Leidenschaft zu leben. Zunächst steht er vor enormen finanziellen Problemen. Bei manchen Unternehmungen fehlt ihm schlicht das Geld, um nach Abschluss der Expedition wieder nach Hause zu kommen. Mitunter muss er seine Ausrüstung verkaufen, um offene Rechnungen begleichen zu können. Viele seiner sowjetischen Kameraden geben unter diesen Umständen das Bergsteigen auf. Boukreev gelingt es schließlich, als Führer und Organisator bei kommerziellen Expeditionsveranstaltern zu arbeiten, obwohl er nicht über ein Bergführerdiplom, wie es in Westeuropa bekannt ist, verfügt. Trotz seiner Sprachprobleme und seiner zunächst markanten kulturellen Distanz zum Westen übt er diese Arbeit mit zunehmendem Erfolg aus. Als ihm der amerikanische Expeditionsveranstalter Scott Fischer anbietet, 1996 für ihn zu arbeiten, willigt Boukreev ein. Es kommt in der Folge zu den tragischen Ereignissen am Mount Everest. Am 25. Dezember 1997 wird er an der Annapurna von einer Lawine verschüttet.

Bis zu seinem Tod 1997 stand er als Bergführer insgesamt viermal auf dem Mount Everest, er erreichte elf Achttausendergipfel.

Leistungs- und Konkurrenzhandeln: Anatoli Boukreev wird von einem Weggefährten der Jugendzeit folgendermaßen charakterisiert: «Was immer Anatoli unternahm, geschah mit dem Ziel zu siegen.» (S. 53) Er war ein fanatischer Sportler, der von seinem strikten selbst ausgearbeiteten Trainingsplan nie abwich. Er selbst hat für sich dieses Programm formuliert: «Ich will mich selbst als Menschen respektieren können und die Achtung meiner Familie und meiner Freunde gewinnen.» (S. 81) Außerhalb seiner Heimat und nach seiner ersten Himalaja-Expedition demonstrierte er 1990 sein außergewöhnliches Leistungsniveau beim bis dahin schnellsten Aufstieg auf den Denali: «Ich hatte es geschafft. In weniger als einem Tag hatte ich eine Route bewältigt, für die man normalerweise fünf Lager benötigt.» (S. 95)

Da war es nicht weit zum nächsten Ziel: «Wir waren gekommen, um den von dem Franzosen Marc Batard aufgestellten Geschwindigkeitsrekord zu brechen, der in zweiundzwanzig Stunden und dreißig Minuten den Everest erklommen hatte.» (S. 109) Anatoli Boukreev erreichte bei dieser Expedition 1991 «wie durch Zufall» den Gipfel, musste sich anschließend aber den Vorwürfen seines Expeditionsleiters stellen, der ihm den Gipfelgang nicht erlaubt hatte. Im folgenden Jahr steht er dann auf dem K2, doch seine beiden deutschen Partner kommen nicht lebend vom Gipfel zurück. In seinen Aufzeichnungen beschreibt Anatoli Boukreev, wie klar ihm die Grenzüberschreitung beim Gipfelgang bewusst war. Ihm war auch bewusst, dass seine Partner den Höhenanforderungen nicht gewachsen waren. Dennoch riskierten alle Beteiligten den Tod, um ihr Ziel zu erreichen, aber nur Anatoli Boukreev überlebte.

Er blieb weiterhin von Ehrgeiz und Konkurrenzdenken getrieben. Sein Fazit nach der Besteigung des Makalu lautete: «Am nächsten Tag schafften wir es auf den Gipfel, und das wars – kein Rekord.» (S. 181) Wenn ihm Erfolge gelangen, genügte ihm die Anerkennung, die er dafür erhielt, nicht: «Im Westen kann ich ohne Weiteres Menschen finden, die Respekt vor meinen Leistungen haben, doch ich sehne mich danach, eine solche Anerkennung auch in heimatlichen Gefilden zu erfahren.» (S. 192)

Leistung zeigen, auf den nächsten Berg steigen – das war für Anatoli Boukreev die einzige Strategie, mit Spannungen, Konflikten und Trauer umzugehen. Nach dem Unglück vom 10. Mai 1996, bei dem auch sein Arbeitgeber Scott Fischer starb, startete er wenige Tage später, am 16. Mai, zu seinem nächsten Gipfel, dem Lhotse. Der Originalton dazu (S. 252 ff):

Der Impuls, der mich nach einer solchen Tragödie zwang, den nächsten Berg zu besteigen, mag für den einen oder anderen nicht nachvollziehbar sein und vermutlich den Eindruck eines eitlen, ehrgeizigen Vorhabens erwecken. Die Gründe sind schwer zu erklären. Die Berge sind mein Leben.

Er erreichte den Gipfel etwas mehr als 24 Stunden nachdem er das Basislager verlassen hatte – ein weiterer Beleg seiner geradezu überirdischen körperlichen Fitness. Diese Aktion war sein Versuch, die Traumatisierung, die er durch den Tod mehrerer Bergsteiger und enger Vertrauter erfahren hatte, zu bewältigen: «Eine ungeheure Leere breitet sich in mir aus und ich werde ganz ruhig, denn ich weiß, wenn ich hinabsteige, wird es für mich einfacher sein, die Welt zu ertragen.» (S. 255) Deutlicher kann man nicht ausdrücken, dass das Besteigen von Bergen die einzige lebenserhaltende und stabilisierende Strategie ist, über die man verfügt.

Anatoli Boukreev raste nach diesem Ereignis für weitere eineinhalb Jahre durch die Hochgebirgswelt und reihte eine Spitzenleistung an die nächste. Jeweils im Alleingang bestieg er Cho Oyu, Shisha Pangma, Broad Peak und Gasherbrum II. Am Mount Everest führte er die erste indonesische Expedition zum Erfolg. Dann verlor er beim Versuch einer Winterbesteigung der Annapurna sein Leben in einer Lawine. Die Expeditionen zu den auf seiner persönlichen Liste noch ausstehenden Achttausendern waren zu diesem Zeitpunkt schon geplant. Und viele weitere Projekte: Berge, Berge, Berge.

Flow-Erfahrungen: Dazu findet man in den mir vorliegenden Quellen keine Hinweise. Anatoli Boukreev stieg nicht auf

Berge, weil es ihm Spaß machte. Es gibt eher Hinweise auf das Gegenteil: «Wenn ich mich einer Aufgabe verschrieben habe, funktioniere ich wie eine programmierte Maschine.» (S. 239)

Psyche, Angst, Sucht, Sensation-Seeking: Linda Wylie beschreibt Anatoli Boukreev in der Einführung zu «Über den Wolken»: «Aus Stolz kapselte er sich ab, wurde zunehmend einsilbiger und knüpfte nur vorsichtig Kontakte. Selbst als Erwachsener verfiel er in eisernes, verbissenes Schweigen, sobald sich in ihm das Gefühl regte, ausgenutzt und ins Lächerliche gezogen zu werden. (…) In den Büchern fand er Zuflucht vor der düsteren Wirklichkeit.» (S. 52)

Das Bergsteigen hatte eindeutig suchtartigen Charakter. Sehr früh im Leben beschäftigte sich Anatoli Boukreev praktisch nur noch damit, möglichst schnell auf hohe Gipfel zu kommen. Unter hohen Belastungen, bei großer Kälte, in dünner Luft lebte er geradezu auf. Gefahr zog ihn magisch an. Angst schien er nahezu perfekt regulieren zu können.

Beziehungen und Regeln (Seilpartner, am Berg, privat): Private Beziehungen opferte Anatoli Boukreev seiner Bergleidenschaft: «Olga wartete (…) geduldig ab, aber nachdem Anatoli vom Kangchendzönga zurückgekehrt war und nur von zukünftigen Bergbesteigungen sprach anstatt von einem Auto, einem gemeinsamen Zuhause und einem besseren Gehalt, trennte sie sich von ihm.» (S. 67) Über das Scheitern mindestens einer weiteren Partnerschaft wird ebenfalls berichtet. Eine stabilere, wegen seines Todes aber nicht sehr langfristige Beziehung konnte er erst später in seinem Leben mit Linda Wylie eingehen, die nach seinem Tod das Buch «Über den Wolken» herausgegeben hat.

Am Berg folgte er einem radikalen Autonomiestreben. Da er nur seinen eigenen Regeln folgen wollte, bestieg er viele Berge allein. Dies natürlich auch deshalb, weil viele Partner seinem infernalischen Tempo nicht folgen konnten. Über eine konstante Seilpartnerschaft am Berg berichtet Anatoli Boukreev nichts, wohl aber über viele Freundschaften, die wahrscheinlich dadurch vor Konflikten bewahrt wurden, dass sie nie einer Konkurrenzsituation am Berg ausgesetzt waren. Mehrfach findet man kritische Aussagen über ihn, einige Kameraden, die mit ihm während der Sowjetzeit in einem Team waren, konnten ihn nicht wirklich leiden, er schien ein Außenseiter gewesen zu sein. Aus der materiellen Not heraus arbeitete Anatoli Boukreev als Führer und Organisator von Expeditionen. Aber er lehnte diese Tätigkeit ab: «Aus tiefstem Herzen wünsche ich mir, es gäbe eine andere Möglichkeit für mich, meinen Lebensunterhalt zu verdienen. (…) Ich will nicht die Verantwortung dafür übernehmen, zwischen dem Ehrgeiz und dem Leben eines Menschen entscheiden zu müssen.» (S. 317) Viel zu oft hatte er erlebt, wie Menschen – getrieben durch ihren schrankenlosen Ehrgeiz – in den hohen Bergen in ihren Tod gingen.

Anatoli Boukreev bezeichnete sich selbst als «ziemlich schwierige Persönlichkeit», die häufig wenig umgänglich und undiplomatisch agierte. Aber eine andere Seite seiner Persönlichkeit war sein bedingungsloser und hingebungsvoller Einsatz für Bergsteiger, die auf Expeditionen unter seiner Obhut standen, sogar wenn diese nicht seine Kunden waren. Das bewies er bei vielen Unternehmungen, zuletzt bei der indonesischen Expedition zum Mount Everest, die er zu einem erfolgreichen Ende führte. Die unerfahrenen indonesischen Berghelden überlebten ihren Gipfelsieg nur dank dem persönlichen Einsatz von Antatoli Boukreev und seinen russischen Mitstreitern Vladimir Bashkirov und Evgeny Vinogradski.

Politik: Anatoli Boukreev wird als unpolitischer, sturer Individualist geschildert. Allerdings glaubte er fest an das sowjetische Erziehungswesen und war überzeugt, sein persönlicher Einsatz diene dem kulturellen Fortschritt der Gesellschaft.

Verbittert musste er erleben, wie nach dem Zusammenbruch der Sowjetunion die staatliche Förderung des Bergsteigens komplett eingestellt wurde. Er hatte Werte wie solidarisches Verhalten und kollektive Anstrengung als absolut positive Merkmale des untergegangenen Systems gesehen, er bedauerte deren Niedergang.

Fazit: Anatoli Boukreevs Biografie weist einen stark belasteten sozialen Hintergrund auf. Elementare materielle Bedürfnisse waren kaum gesichert, die Gesundheit war in der zerstörten Umwelt ständig bedroht, soziale Kontakte fielen ihm schwer, er war ein Außenseiter mit autistischen Zügen. Die Eltern waren mit Fürsorge und Erziehung wahrscheinlich überfordert. In der Schule war Boukreev zwar erfolgreich. Besonders positiv erlebte er Sport in der Natur, die Berge und das Klettern. Er fand dadurch Anschluss, ohne sich zu sehr in Bindungen verstricken zu müssen, erlebte Förderung und positive Momente – und er erfuhr Anerkennung. Anatoli Boukreev entschied sich für die Berge, wohl weil er dabei einen sehr individuellen Lebensstil pflegen konnte. Er fand so zu einem gnadenlosen Leistungshandeln und zu einem rigoros individualistischen Lebensstil. Die Pausen zwischen seinen Erfolgen wurden immer kürzer.

Die Auflösung seines Vaterlandes machte ihn dann heimat- und orientierungslos. Es fiel ihm zunächst schwer, sich am freien Markt zu behaupten. Im direkten Kontakt wird er zwar als schüchtern, bescheiden und zurückhaltend beschrieben, Status war ihm dennoch wichtig. Empathie zeichnete ihn nicht generell aus. Intensive und dauerhafte Bergpartnerschaften ging er nicht ein. Sein Bergsteigen weist starken Suchtcharakter auf. Emotionale Spannungszustände scheinen bei ihm häufig aufgetreten zu sein, er regulierte sie, indem er auf Berge rannte. So erfolgreich er als Bergsteiger war, so wenig gelungen verlief sein Privatleben. Sein Tod an der Annapurna scheint geradezu vorgezeichnet gewesen zu sein.

Erhard Loretan

In Relation zu seinen bergsteigerischen Aktivitäten und Erfolgen erlangte der Schweizer Höhenbergsteiger Erhard Loretan eine relativ geringe Prominenz außerhalb der engeren Bergsteigerszene. Unter Abwandlung eines Zitats von Martin Heidegger könnte man sagen: Er wurde geboren, stieg auf die höchsten Berge und starb. Erhard Loretan galt als bescheiden und zurückhaltend, dies unterscheidet ihn von manchen anderen Extremen seiner Epoche. Er ist für eine biografische Analyse besonders interessant, gelten doch seine bergsteigerischen Leistungen als über alle Zweifel erhaben. Seine Durchsteigung der Mount-Everest-Nordwand im Jahre 1986 kommentierte Reinhold Messner mit diesen Worten: «Diese Pioniertat, die in den Medien kaum gewürdigt worden ist, zählt für mich mehr als ein Dutzend Achttausender zusammen.»

Zur Quellenlage: Erhard Loretan trat regelmäßig als Vortragsredner in Erscheinung, publizierte aber zunächst keine eigenen Texte. Im Jahr 1996 veröffentlichte er zusammen mit dem Journalisten Jean Ammann die Monografie «Den Bergen verfallen», die seine bergsteigerischen Aktivitäten bis zu diesem Zeitpunkt resümiert. Das Buch erschien in französischer Sprache, der Muttersprache von Erhard Loretan, die deutsche Übersetzung stammt von Christine Kopp. Weitere schriftliche Originaldokumente von ihm liegen mir nicht vor. Wahrscheinlich gibt es kaum weitere Texte von ihm, die über seine originalen Tagebuchaufzeichnungen hinausgehen. In der Schweizer Presse erschienen zahlreiche Beiträge über ihn, auch Porträts nach seinem Tod.

Zur Biografie: Erhard Loretan wird am 28. April 1959 in Bulle, Westschweiz, geboren. Er ist das erste Kind, drei Jahre später wird ein jüngerer Bruder geboren. Zu seiner Herkunftsfamilie äußert er sich in seinem Buch praktisch nicht. Erhellend ist lediglich das Porträt der Mutter Renata Loretan, wobei dieser Textabschnitt von Jean Ammann stammt, denn die Mutter hat jahrzehntelang Angst um ihren bergsteigenden Sohn. Sie ist aber immer auch an seinen Aktivitäten interessiert. Sie ist nach einer Scheidung (Erhard ist acht Jahre alt) alleinerziehend und muss für zwei kleine Kinder sorgen. Ihre Schilderungen lassen darauf schließen, dass bei Erhard Loretan möglicherweise ein ADHS-Syndrom vorliegt: «Er liebte die Bewegung. Als er noch nicht einmal zwei Jahre alt war, musste ich ständig mit ihm spazieren gehen. Er war immer ein Draufgänger, schon als ganz kleines Kind. Und eine Zeit lang verging kaum ein Tag ohne Unfall.» (S. 22) Zumindest werden hier Auffälligkeiten geschildert, die heute schnell eine medikamentöse Behandlung nach sich ziehen. In der Monografie «Den Bergen verfallen» vermisst man einen Abschnitt über die eigene Kindheit schmerzlich, und auch der Vater kommt nicht vor. Ein Nachbar, der jedes Wochenende in die Berge zieht, wird Loretans Held. Er nimmt den Elfjährigen zum ersten Mal mit auf eine Klettertour (S. 12):

Michel Guidotti will mich zur Dent de Broc mitnehmen, über den Westgrat zum Gipfel der 1829 Meter hohen Dent de Brocc! Michel nimmt mich mit (…) ich bin im Paradies. (…) Ich erinnere mich an den körperlichen Schock, den diese erste Kletterei auslöste: Ich zitterte. Es ist, als ob ich nach Jahren der Metamorphose mein Element gefunden hätte, vergleichbar mit dem Rausch der Raupe, die sich eines schönen Morgens mit Flügeln wiederfindet. Ich habe elf Jahre hinter mir und eine ziemlich schwierige Einführung ins Klettern, als ich meinen Treueschwur auf das Gebirge ablege.

Seine Vorbilder sind außer dem Nachbarn die Berghelden Walter Bonatti und Gaston Rebuffat, deren Bücher er verschlingt. Und schließlich ist Fritz Loretan, der ältere Cousin, in Kandersteg beheimatet, Bergführer und Hüttenwart der Fründenhütte, eine ganz entscheidende frühe Bezugsperson. Auf der Fründenhütte über Kandersteg verbringt Erhard Loretan die nächsten Sommer als Hüttengehilfe. Er verbessert seine Klettertechnik, wird ausdauernd und kräftig, da er regelmäßig zwanzig Kilo schwere Lasten auf die Hütte trägt, und absolviert unter Führung des älteren Cousins seine ersten großen Touren.

So geschult übernimmt er jetzt den Vorstieg, wenn er mit seinem frühen Lehrmeister Michel Guidotti unterwegs ist, und findet Anschluss an eine Gruppe von etwas älteren Kletterern. Das Klettern wird zu seinem Hauptlebensinhalt. Bereits 1976 gelingt ihm seine erste Neutour zusammen mit Pierre Morand. Schulisch glänzt Erhard Loretan hingegen nicht. Er absolviert eine Ausbildung zum Schreiner. Und sehr früh entwickelt er sich zum Alleingeher (S. 16):

Ich bin sechzehn Jahre alt, als ich beschließe, meine psychischen Grenzen auszuloten, weil ich zuvor bei meinen Klettereien an keine physischen Barrieren gestoßen bin. Da ich überall hochkomme, muss ich etwas anderes finden. Und so beginne ich mit Alleingängen.

Es liegt folgende Konstellation vor: In einer Familiensituation, die höchstwahrscheinlich durch emotionale Entbehrung und Instabilität gekennzeichnet ist, findet Erhard Loretan Vorbilder in einem bergsteigenden Nachbarn und im älteren Cousin und erlebt Erfolge und Erweckungserlebnisse beim Klettern. Auch Anschluss und Anerkennung bei Gleichaltrigen gelingen ihm über das Bergsteigen. Er bleibt dabei, lebenslang. Spätestens ab 1976 verfolgt er den Plan, ein bedeutender Bergsteiger zu werden. Schon 1980 erfolgt die erste Auslandsexpedition in die Cordillera Blanca, Peru. Es gelingen mehrere Neutouren an Sechstausendern.

In seinem Buch berichtet Erhard Loretan praktisch ausschließlich über seine bergsteigerischen Aktivitäten. Zwischentexte, die darüber hinausgehen, steuert der Koautor bei. So erfährt man von der Beziehung, die sich zwischen dem 17-jährigen Erhard Loretan und der um drei Jahre älteren Nicole Niquille entwickelt und mehrere Jahre besteht. Sie ist eine gleichwertige Partnerin in den Bergen, eröffnet mit ihm zusammen Klettereien extremer Schwierigkeit und geht mit ihm zusammen auf Expedition. Nicole Niquille wird 1986 zur ersten Bergführerin der Schweiz. 1993 wird sie beim Pilzsammeln von Steinschlag getroffen und erleidet ein Schädel-Hirn-Trauma. Seither sitzt sie im Rollstuhl.

Erhard Loretan erwirbt 1981 das Bergführerdiplom. Im Jahr darauf ist er auf seiner ersten Achttausender-Expedition am Nanga Parbat erfolgreich. Wieder ein Jahr später besteigt er innerhalb von fünfzehn Tagen drei Achttausender. Es folgen weitere Expeditionen, die häufig erfolgreich enden. Die Öffentlichkeit sucht er nicht aktiv, eine Selbstvermarktung findet praktisch nicht statt.

Die Popularität, die Erhard Loretan in der Schweiz erreicht, beruht auch auf seinen Enchaînements in den heimischen Bergen. Schließlich haben Berge wie Matterhorn und Jungfrau für viele Schweizer eine besondere Bedeutung. Zusammen mit André Georges ergibt sich diese Bilanz: Im Winter 1986 sind es 38 Schweizer Gipfel in 19 Tagen, darunter 30 Viertausender. Im Winter 1989 folgen 13 Nordwände in den Berner Alpen in 13 Tagen. In diesen Jahren hat Erhard Loretan Unfälle mit Wirbelfrakturen, die mehrere Krankenhausaufenthalte und Operationen nötig machen. Den Mount Everest besteigt Erhard Loretan in einem sensationellen Stil durch die Nordwand im Jahr 1986. Schließlich komplettiert er 1995 seine Achttausenderliste, dem harten Bergsteigen bleibt er auch danach treu.

Der Tod von Erhard Loretan wird im Zürcher Tagesanzeiger am 29. April 2011 gemeldet:

> *Zum Absturz kam es gegen 12 Uhr auf Gemeindegebiet von Fieschertal im Oberwallis. Wie die Kantonspolizei Wallis mitteilte, stürzte die von Loretan als Bergführer geleitete Zweierseilschaft kurz vor dem Gipfel des Grünhorns auf rund 3800 Metern über Meer aus ungeklärten Gründen ab. (…) Die zu Fuß und auf Skiern angerückten Retter konnten gegen 16 Uhr nur noch den Tod Loretans feststellen. Seine Begleiterin wurde schwer verletzt mit einem inzwischen doch noch eingetroffenen Helikopter ins Spital geflogen.*

Dieser Unfalltod wirkt absurd vor dem bergsteigerischen Hintergrund von Erhard Loretan. Das Grünhorn mit Ski ist eine mäßig schwierige Unternehmung. Die Untersuchungen ergeben schließlich, dass die Begleiterin stürzte und ihn mitriss.

Leistungs- und Konkurrenzhandeln: Als auf der Nanga-Parbat-Expedition ein Teilnehmer an einem kombinierten Hirn- und Lungenödem stirbt, wird diese Situation so dargestellt (S. 43):

> *Wir schließen seine Augen, schlagen seine Kapuze herunter und lassen ihn in eine Spalte gleiten. Wir sind am Boden zerstört. Wir weinen. Es gibt Augenblicke, in denen wir uns gegen die Regeln dieses Spiels auflehnen möchten – doch wir haben sie ja freiwillig akzeptiert. Wir steigen alle zu Lager III ab. Was tun? Aufgeben oder weitermachen? Aufgeben nützt niemandem etwas, es käme nur einer weiteren Niederlage gleich, und Peter kommt deswegen auch nicht zurück. Nein, wir werden im Namen von Peter weitermachen.*

Für Erhard Loretan steht der Erfolg am Berg an erster Stelle. Zwei Tage später erreicht er den Gipfel. Seine absolute Leistungsorientierung zeigt sich ein Jahr später, als er innerhalb von 15 Tagen drei Achttausender bestiegen. Mit dieser Aktion maßen sich er und seine Partner an den damals ganz Großen des Himalaja-Bergsteigens und übertrafen deren Leistungen sogar. Trotzdem war Erhard Loretan damit nicht zufrieden (S. 60):

Meine Freude wurde durch den riesigen Schatten des K2 verdüstert! Die Lust überkam mich, ihn gleich anschließend im Galopp zu besteigen, wenn ich so sagen darf. Ein Galopp über 4000 Höhenmeter! Werde ich denn nie zufrieden sein? Nein, ich werde nie zufrieden sein, weil der Mensch unersättlich ist.

Der 24-jährige Erhard Loretan konnte gerade einen fantastischen bergsteigerischen Erfolg feiern, verfiel aber umgehend wieder in einen Zustand der Unzufriedenheit. Erfolge wirkten bei ihm nur kurzfristig. Das nächste Ziel wurde schon anvisiert, es war höher und schwieriger. Er beschreibt, wie er nach seiner Achttausendertrilogie ins benachbarte Basislager am K2 ging und die dort befindlichen Expeditionen quasi anflehte, man möge ihn zu einer Besteigung des K2 einladen. Aber keine der Gruppen ging darauf ein. So erreichte er diesen Gipfel erst zwei Jahre später, um kurzfristig einen positiven psychischen Zustand herzustellen: «Diese Stunde, in der wir uns wie die Könige der Welt fühlen, rechtfertigt unsere ganze Verrücktheit.» (S. 88)

Im unmittelbar darauf folgenden Winter brach er wieder auf – zur Ostwand des Dhaulagiri. Er suchte nach noch stärkeren Reizen, nach einer noch klareren Bestätigung seiner Leistungsfähigkeit. Er urteilt ganz nüchtern über sein Handeln (S. 187):

Seien wir ehrlich, wenn ein Alpinist davon träumt, auf den Everest zu gehen, dann tut er dies aus zwei Gründen: erstens, um einen schönen Berg zu besteigen; zweitens, um in der Szene anerkannt zu werden. Dank dem Bergsteigen bin ich in der sozialen Hierarchie aufgestiegen. Daran bin ich nicht völlig uninteressiert.

Welche Form die Konkurrenz beim Bergsteigen annehmen kann, erlebte Erhard Loretan bei seinem letzten Achttausender hautnah, als es zu einem Wettlauf zwischen ihm und dem Franzosen Benoît Chamoux kam. Es ging dabei um den dritten Platz auf der Liste derer, die alle Achttausender bestiegen haben. Benoît Chamoux wollte diesen Platz auf dem Treppchen mit aller Macht, Erhard Loretan schreibt, ihm sei dieser Platz nicht wirklich wichtig gewesen. Benoît Chamoux bezahlte mit seinem Leben für das «wahnsinnige Spiel», das er betrieb. Dazu dieses Statement von Erhard Loretan:

Im Basislager befand sich eine Journalistin, die über die Ereignisse rund um die Expedition von Chamoux zum Teil live nach Frankreich berichtete. Ich denke, hätten nicht Millionen von Hörern seine Schwäche und später seine Niederlage live verfolgen können, dann hätte Benoît Chamoux vielleicht auf seinen Körper gehört und nicht auf seinen Stolz. Er wäre rechtzeitig umgekehrt.

Flow-Erfahrungen: Jean Ammann beantwortet die Frage nach den Gründen für das Tun Erhard Loretans so (S. 78):

Und muss man im Alpinisten nicht symbolisch den Menschen sehen, der in seine existenzielle Suche verstrickt ist, ewiges Opfer des Absurden? «Das Besteigen des Gipfels oder zumindest das Gehen bis an die Grenze der Leistungsfähigkeit genügt, die Seele zu beglücken und den Geist zu befreien», schrieb der berühmte Doug Scott. Dieser Satz erinnert an die Worte von Camus, allein der Kampf um die Gipfel fülle das Herz eines Menschen, und man müsse sich Sisyphus glücklich vorstellen.

Wenn dem so wäre, wäre Erhard Loretan allein deshalb auf die Berge geklettert, um den Aufstieg und die eigene Leistungsfähigkeit zu erleben. Es wäre ihm nicht um das Ziel und den späteren Ruhm gegangen, allein der Aufstieg wäre beglückend gewesen. Das scheint eine mögliche Erklärung, sie passt aber nicht zu dem kompromisslosen, zielorientierten Leistungshandeln, hinter dem auch bei Loretan alles andere zurückstehen musste, speziell auch andere Menschen. Ich finde die Erklärung von Jean Ammann kreativ, aber nicht passend für Erhard Loretan.

Psyche, Angst, Sucht, Sensation-Seeking: Erhard Loretan kannte und suchte die Angst, er war süchtig nach dem Kick. Solo-Begehungen waren seine Spezialität, die dabei auftretenden Ängste konnte er perfekt regulieren. Sein Hunger nach diesen Erfahrungen war praktisch unstillbar. Auch die Kälte schien für ihn ein Reiz von ganz besonderer Qualität zu sein. Auf die Frage, warum er im Winter zum Dhaulagiri gehe, antwortet Erhard Loretan (S. 88):

Erstens, weil die äußeren Bedingungen in dieser Jahreszeit am extremsten sind – es gibt nichts Härteres, als den Winter auf 8000 Metern zu verbringen, und der Alpinist (den man nicht mit dem Masochisten verwechseln darf) liebt es, sich an den eigenen Grenzen zu messen. (…) Bergsteigerisch waren die Verhältnisse ausgezeichnet, doch was die Temperaturen angeht, waren sie fürchterlich. Genau das hatte ich gesucht.

Klarer kann man es nicht ausdrücken: Er war süchtig nach starken Reizen und extremen Erfahrungen. Zu dieser Expedition gehörte ein Freibiwak auf 7900 Metern Höhe bei Sturm und einer Temperatur von minus fünfzig Grad.

Borderline-Patienten sind oft in psychischen Spannungszuständen, die für sie unerträglich sind. Sie versuchen diese

Zustände zu kontrollieren, indem sie sich starken Reizen aussetzen: Sie fügen sich Selbstverletzungen zu, nehmen Drogen, suchen sexuelle Erfahrungen. Es gab Züge bei Erhard Loretan, die an dieses Störungsbild erinnern.

Beziehungen und Regeln (Seilpartner, am Berg, privat): Erhard Loretan schreibt in einem Nebensatz, er sei entschieden heterosexuell. Über seine Partnerschaften erfahren wir indessen nichts von ihm. Auf die Beziehung zu Nicole Niquille geht lediglich der Koautor ein. Er berichtet von einer jahrelangen Liebesbeziehung und Seilpartnerschaft. Das Paar war auch gemeinsam auf Expedition. Über Gründe für die Trennung ist nichts Konkretes bekannt. Man erfährt lediglich, dass der Drang des Alpinisten nach Entfaltung am Berg immer stärker war als die Gefühle für die Partnerin. Interessant ist ein Absatz über das Verhältnis der Schweizer Sprachgruppen zueinander (S. 48):

Wir sind fünf Deutschschweizer und vier französischsprachige Romands. Diese Expedition widerspiegelt den Charakter der Schweizer, die nichts lieben, was der andere gern hat, weder die Küche noch die Musik, die aber dennoch miteinander auskommen, weil sie sich nicht verstehen und weil sie füreinander die belustigte Neugier des Ethnologen empfinden ...

Diese Einschätzung äußert Erhard Loretan anlässlich der Baltoro-Expedition 1983. Und er äußert mehrfach seine Wut über andere Expeditionsteilnehmer, die sich nicht an der Spurarbeit beteiligen. Die Urteile über seine Partner sind mitunter sehr abwertend. Andererseits ist klar, dass die Begleiter seinem Tempo einfach nicht folgen können. Deutlich wird auch, dass er nie das Bedürfnis hat, auf Partner am Berg empathisch einzugehen. Wer nicht funktioniert, fällt zurück. Er unterscheidet dabei zwischen den Kategorien der «Wackeren» und der «Schwätzer» (S. 56). Er sieht sich als einen «Wackeren», die «Schwätzer» gelten ihm nicht viel, wenn ich seinen Text richtig deute. Manche seiner Partner «verbraucht» er regelrecht. Über einen der frühen Partner von Erhard Loretan äußert sich Jean Ammann anlässlich der Expedition zum Dhaulagiri so (S. 91):

Es war der letzte Versuch Pierre Morands, einen Achttausender zu besteigen, nachdem er die Gipfel von Hidden Peak, Broad Peak und K2 erreicht hatte. Er kehrte dem Himalaja den Rücken, überzeugt, dass er, hätte er dem infernalischen Rhythmus von Erhard Loretan weiter zu folgen versucht, irgendwo erstarrt am Fuß eines Hanges läge.

Erhard Loretan ist ein kompromissloser Individualist, der am Berg nur seinen eigenen Regeln folgt. Mit Gruppen kommt er nicht zurecht: «Ich habe in meinem ganzen Leben nur an zwei großen Expeditionen teilgenommen; sie führten an den K2 und an den Everest. Und sie waren grässlich!» (S. 108)

Jean Troillet bildete zusammen mit Erhard Loretan die bedeutendste Himalaja-Seilschaft aller Zeiten, die, folgt man dem Koautor Jean Ammann, einzigartig war: «Keine andere Seilschaft kann ein vergleichbares Palmarès vorweisen, keine andere Seilschaft hat so lange Bestand gehabt, keine Seilschaft hat zehn Jahre Himalaja überstanden, mit seinen Risiken, seine realen Stürmen und menschlichen Gewittern.» (S. 120) Wie hat das funktioniert? Ammann konstatiert, dass die beiden zusammen wie Maschinen auf die Berge gestiegen seien. Gesprochen hätten sie wenig miteinander, sie hätten gemeinsam gehandelt, das habe gepasst. Gemocht hätten sie sich jedoch nicht wirklich.

Im Dezember 2001 fügt Erhard Loretan seinem sieben Monate alten Sohn in einem Wutausbruch ein tödliches Schütteltrauma zu. Er wird zu vier Monaten Haft auf Bewährung verurteilt. Nach der Verurteilung stimmt er der Veröffentlichung seines Namens zu, um auf die Gefahren des sogenannten Babyschüttelns hinzuweisen. Zu seinen persönlichen und familiären Verhältnissen sind keine weiteren verwertbaren Angaben publiziert. Im Jahr 2003 ist Erhard Loretan mit deutlich jüngeren Schweizer Bergsteigern an der Nordwand des Jannu unterwegs. In der Biografie über Stephan Siegrist (s. u.) ist dieses dokumentiert: «Die Kollegen erleben ihn auf der Expedition als verschlossenen Einzelgänger, der einmal sogar offen zugibt, momentan keinen Bock auf die Besteigung des Jannu zu haben. Zwischen ihm und den anderen Teilnehmern ergeben sich beträchtliche Kommunikationsprobleme.» (S. 196f) Das ist ein weiteres Beispiel dafür, wie schwer es Erhard Loretan fiel, sich in Gruppen an einem konstruktiven Austausch zu beteiligen.

Politik: Erhard Loretan hat gebrannt für die Berge, er hat sie für sich selbst bestiegen, einer Ideologie ist er nicht gefolgt. Die Abgrenzung von seinen deutschsprachigen Landsleuten als politisches Statement zu interpretieren, ist sicher falsch.

Fazit: Erhard Loretan hat einen ungünstigen biografischen Hintergrund – die zugänglichen und autorisierten Fakten lassen sich ohne Weiteres so interpretieren. Elementare Bedürfnisse waren nicht gesichert. Personen, die für die Entwicklung eines stabilen Selbst nötig sind, standen nicht zur Verfügung. Er entdeckte in dieser Lage die Berge, gewann dadurch Bezugspersonen, erlebte positive Momente und erfuhr Anerkennung. Erhard Loretan blieb bei den Bergen und entwickelte ein kompromissloses Leistungshandeln und einen rigoros individualistischen Lebensstil. Keiner seiner Erfolge war groß genug, um ihn längerfristig zufriedenzustellen. Im direkten Kontakt wird er als bescheiden und zurückhaltend beschrieben, Status war ihm dennoch wichtig. Empathie zeichnete ihn nicht aus. Seine Partner am Berg hatten den

Regeln zu folgen, die er vorgab, Abwertungen waren schnell ausgesprochen. Viele seiner Partner wurden regelrecht verschlissen. Sein Bergsteigen hatte Suchtcharakter. Emotionale Spannungszustände scheinen bei ihm häufig gewesen zu sein. So erfolgreich er als Bergsteiger war, so wenig geglückt scheint sein Privatleben verlaufen zu sein. Sein Tod durch einen Mitreißunfall bei einer ganz durchschnittlichen Tour wirkt absurd.

Steve House

Er wurde 2009 von Reinhold Messner als «der beste Höhenbergsteiger unserer Zeit» bezeichnet: Der amerikanische Bergsteiger Steve House gehört derselben Generation wie Gerlinde Kaltenbrunner, Andy Kirkpatrick, Ueli Steck und Stephan Siegrist an. Sein alpinistischer Stil unterscheidet sich jedoch fundamental von dem jener Bergsteigerinnen und Bergsteiger – ein Hinweis darauf, welch unterschiedliche Entwicklungslinien es beim Bergsteigen gibt. Die Markenzeichen von Steve House sind Kälte, Schwierigkeit, Geschwindigkeit und Verzicht.

Zur Quellenlage: Steve House veröffentlichte im Jahr 2009 das Buch «Beyond the Mountain», das 2010 auf Deutsch unter dem Titel «Jenseits des Berges. Expeditionen eines Suchenden» bei Malik erschien. Ich beziehe mich auf diese Ausgabe. Im Prolog dieses Buches liefert Steve House diese Zusammenfassung (S. 11 f):

> *Als ich auf dem höchsten Gipfel stand, den ich jemals bestiegen habe, verflüchtigte sich der Erfolg. Wie schon viele Menschen vor mir erkannte ich, dass uns das Ziel in jenem Augenblick abhandenkommt, in dem wir glauben, es erreicht zu haben. Der Erfolg ist hohl. Von all unserem*

Glück, von unseren Urteilen, den Lektionen, die wir gelernt und beherzigt haben, den Hochgefühlen, die wir erlebt haben und die wieder vergingen, von unserer Fitness und unserem Können bleibt am Ende nichts.

Das ist ein einigermaßen ernüchternder Start für ein solches Buch. Wenn das so ist, so fragt man sich, weshalb schreibt er dann noch gut 300 Seiten über seine Erfolge auf den Bergen der Welt?

Zur Biografie: Steve House wird am 4. August 1970 in Oregon geboren. Über sein Leben jenseits des Berges erfährt man in seinem Buch praktisch nichts. Man könnte sagen, der Leser wird mit dem Buchtitel getäuscht, das Thema wurde verfehlt. Zum Bergsteigen findet Steve House als Austauschschüler in Slowenien. Dort verbringt er 1988 ein Schuljahr. Ein junger Amerikaner als Austauschschüler im damals noch existenten sozialistischen Jugoslawien – das könnte eine spannende Geschichte sein. In seinem Buch schreibt Steve House kein Wort dazu. Die wichtigste Erfahrung, die er bei diesem Austausch macht, ist das Bergsteigen. Ein Jahr nach seinem Aufenthalt wird er von seinen slowenischen Freunden zu einer Nanga-Parbat-Expedition eingeladen. House beschreibt, wie er als 19-Jähriger keine Chance auf den Gipfel hat und insgesamt überfordert ist. Er hat aber in Slowenien und am Nanga Parbat sein Lebensthema gefunden: «Das war die Gelegenheit, nach der ich mich gesehnt hatte: meine Chance, eine Spur zu hinterlassen, auf den großen Bergen zu klettern. (…) Und das will ich sein, der beste Bergsteiger, der ich werden kann.» (S. 52 f, S. 65)

Man erfährt von Steve House, dass er ein Ökologie-Grundstudium abschließt, dass er eine Ausbildung als Bergführer absolviert und dass eine neunjährige Ehe scheitert. Sein Leben besteht sonst – glaubt man seinen Ausführungen – ausschließlich aus Bergsteigen (S. 85):

Ich lebe, um zu klettern. Ein Glückspilz, gerettet nicht durch meine eigene Brillanz, sondern indem ich in Slowenien die Chance erhielt, eingeführt zu werden in das Wunderland des Bergsteigens. Ich bin sicher, dass die Bergsteigerei mir alles vermitteln kann, was ich als Mensch wissen muss.

Ist das nun sehr einseitig oder sehr ambitioniert? Seltsam klingt es allemal, wenn hier festgestellt wird, dass alles, was man als Mensch wissen müsse, durch das Bergsteigen vermittelt werde. Entsprechend sieht das Leben von Steve House so aus (S. 124 f):

Durch ein System von Rinnen auf der rechten Seite dieser gut 1800 Meter hohen Wand haben wir jetzt zwei Drittel des Weges zurückgelegt. Ich lächle, als ich den Arm ausstrecke und den breiten Riss über mir von Schnee saubere. Ich lege unseren größten Friend und verklemme die Hauen meiner Pickel im schmalsten Teil des Risses. Ich ziehe mich an den Geräten hoch, trete auf kleine Eispolster und überwinde die Schlüsselstelle schließlich mit dem dumpfen Geräusch eines gut platzierten Eisgeräts.

Von welchem Berg diese Schilderung stammt, ist belanglos, praktisch alle Touren werden mit solchen Sätzen beschrieben. Dies ist das Leben von Steve House, zumindest was die Zeit zwischen 1988 und 2008 – dies ist der Zeitraum, von dem sein Buch handelt – angeht. Am Ende hat er seinen Sehnsuchtsberg, den Nanga Parbat, zusammen mit Vince Anderson über eine neue Route auf der Rupalseite bestiegen. Bergsteigerisch gilt das als absolut überragende Leistung und wird mit dem Piolet d'Or ausgezeichnet. Steve House wird zum weltbesten Bergsteiger gekrönt. Eine Art Fazit des Erfolgs und des extremen Bergsteigens findet man in dieser Textpassage, über die Zeit unmittelbar nach dem Nanga Parbat (S. 302):

Ich denke an den absoluten Tiefpunkt der vergangenen Monate zurück, als ich in einem Hotelzimmer in Portland voll bekleidet und mit dem Gesicht auf der Matratze in einer Pfütze getrocknetem Erbrochenem erwachte. Das Mädchen, das ich im 7-Eleven-Supermarkt kennengelernt hatte, war verschwunden. Neben dem Bett lag eine leere Whiskyflasche, der Fußboden war mit leeren Bierdosen übersät, mittendrin meine Brieftasche. Ich ließ mich auf den Boden fallen und hob sie auf. Mein gesamtes Bargeld, der Rest von den 500 Dollar, die ich am Vorabend mit der Diashow verdient hatte, war weg.

Steve House hat das selbst so publiziert, das ist also keine üble Nachrede. Nachdem er endlich der beste Bergsteiger der Welt geworden ist, befindet er sich in diesem inneren Zustand: Er ist leer und unzufrieden, kauft sich eine Begleiterin, betrinkt sich bis zur Besinnungslosigkeit und wird schließlich bestohlen. Der beste Bergsteiger der Welt ist sich selbst als Mensch nicht viel wert.

Im letzten Kapitel seines Buches, nachdem er am Nanga Parbat Weltmeister der Bergsteiger geworden ist, lässt Steve House seine Eltern auftreten. Er trifft sie in Chamonix. Die Textpassage hat Züge einer Realsatire (S. 296f):

«Steve!», ruft eine vertraute Stimme.

«Mom.» Meine Mutter kommt mit schnellen Schritten auf mich zu und schließt mich in die Arme. «Wir sind ja so froh, dass du wieder da bist.»

Mein Vater schlendert in unsere Richtung und steckt seine Pfeife in die Tasche. «Gratuliere», sagt er und legt die Arme um mich.

«Danke. Das war wirklich sehr wichtig für mich», sage ich und erwidere die Umarmung.

Der Dialog wird danach noch erheblich belangloser. Weitere Informationen zum familiären Hintergrund gönnt uns Steve House nicht.

Leistungs- und Konkurrenzhandeln: Mit einem Wort: ausgeprägt. Steve House beschreibt dies, nach seinem vorläufigen Leistungszenit am Nanga Parbat, so: «Ich habe Tausende von Stunden trainiert: bin gewandert, gejoggt, gesprintet, gesprungen, habe 18 Liter Wasser bergauf geschleppt, bin geradelt, Ski gefahren und habe Gewichte gestemmt. Bin geklettert, geklettert und geklettert. Vier, fünf, manchmal sieben Tage die Woche. Ich bin bis an meine Grenzen gegangen und darüber hinaus.» (S. 306)

Seine Bergsteigerkarriere ist geprägt von einem grenzenlosen Leistungswillen und von der Konkurrenz zu anderen Bergsteigern. Bei allem, was er tut, hat Steve House andere Bergsteiger im Blick. Ganz erstaunlich ist, dass er bei vielen Unternehmungen die genauen Zeiten angeben kann, die er für einen Durchstieg benötigte. Natürlich gibt er auch an, um wie viel er schneller war als seine Konkurrenten. Er hat seine Idole, die er, wenn er sie persönlich kennenlernt, zu übertreffen sucht. Wenn er Seilpartnerschaften eingeht, sind diese immer von Konkurrenzdenken geprägt. Bei der Planung seiner Unternehmungen geht es primär um die Frage, was ihm der Erfolg an Anerkennung einbringt (S. 23):

Ich weiß, ich kann den Nanga Parbat besteigen, doch andere beurteilen uns nach dem, was wir getan haben, nicht nach dem, was wir können. Nach dem K7 genieße ich Respekt. Doch der Nanga Parbat wird mir mehr einbringen. Nur auf wenige Berge, nicht einmal auf den Everest, sind die Bergsteiger so versessen wie auf den Nackten Berg, den Killer-Berg.

Es geht Steve House um Respekt und Anerkennung, daran richtet er sein Selbst auf, danach bestimmt er seine Ziele. Die materielle Seite steht nicht im Vordergrund.

Flow-Erfahrungen: Deshalb steigt Steve House nicht auf Berge. Vergnügen bereiten ihm seine Unternehmungen nicht. Viel zu häufig ist er in Situationen, die zumindest als prekär zu bezeichnen sind, oft genug geht es um Leben und Tod. Es geht um Leistung und darum, den anderen zu zeigen, dass man besser ist.

Psyche, Angst, Sucht, Sensation-Seeking: Das Buch von Steve House liest sich abschnittsweise wie eine Namensliste von Verlusten. Ständig sterben Menschen, die er kennt, die mit ihm am Berg unterwegs gewesen sind oder mit denen er sich in Konkurrenz sieht. Meist treffen diese Merkmale gleichzeitig zu. Selbstverständlich verlieren sie ihr Leben beim Bergsteigen. Wie geht er damit um? Anlässlich der Trauerfeier für Alex Lowe kommt er zu dieser Aussage: «Wenn ich jetzt diesen Schmerz zulasse und ihn selbst empfinde, wie soll ich dann noch jene Berge besteigen, die ich besteigen muss?» (S. 159)

Vermeidung ist Houses Grundstrategie. Gegen Gefühle setzt er Leistungs- und Konkurrenzhandeln ein. Solange er eine Unternehmung plant und solange er am Berg ist, bleibt er vor Gefühlen geschützt. Trauer um Freunde nimmt er nicht wahr, Gefühle, die das eigene Selbst betreffen, werden durch kurzfristige Kicks und Erfolge ebenfalls aus dem Bewusstsein herausgehalten. Diesen Umstand drückt er in diesen Worten aus (S. 308): «Aktiv sein heißt die Devise. Der Erfolg stellt sich beim Handeln ein.»

Der Erfolg besteht darin, beunruhigende Gedanken und Gefühle kontrollieren zu können. Denn Erfolge beim Bergsteigen sind «am Ende nichts», das teilt uns der Autor mehrfach mit. Das Bergsteigen wird für ihn zu einer Sucht. Zufrieden ist er nur, solange er die Droge zur Verfügung hat, danach fällt er in ein Loch, eben wie ein Süchtiger. Sein Sozialleben opfert er der Abhängigkeit vom Bergsteigen. Was ins Auge sticht, sind die starken Reize, die er sucht, gerade Kälte scheint er zu mögen. Bei seinen Unternehmungen in Alaska fühlt er sich wirklich lebendig.

Es gibt Aussagen von Steve House, die ich nicht verstehe (S. 240, 279):

Ich klettere niemals nur deshalb allein, weil ich keinen Partner habe. Ein Alleingang muss eine Tour in ein einsames, egofreies Universum sein.

Die Summe aller Dinge, die ich getan habe, bestimmt nicht, wer ich bin, bestimmt aber mit Sicherheit, wer ich einmal sein könnte.

Was will uns der Autor mit solchen Sätzen sagen? Geht es beim Bergsteigen um die Befreiung vom Ego? Das kann nicht sein, alle von ihm beschriebenen Unternehmungen transportieren die entgegengesetzte Botschaft: dass es immer um das Ego geht, und auch gerade dann, wenn er solo unterwegs ist. Wird sich irgendwann das Ego aus allen vollbrachten Taten neu konstituieren? Wird Steve House dann erleuchtet werden und erkennen, wer er ist? Muss er bis dahin seinem Programm wilden Bergsteigens folgen?

Wenn ein Patient in der Psychotherapie solche Sätze sagt, vermute ich, dass da ein innerpsychischer Prozess im Gange ist. Man darf dann den Patienten nicht drängen, man kann nur dafür sorgen, dass das Pflänzchen der Klärung weiter wächst.

Beziehungen und Regeln (Seilpartner, am Berg, privat): Bergpartnerschaften sind für Steve House kompliziert. Im ersten Kapitel seines Buches verzweifelt er fast an seinem Partner Bruce Miller, der ihn zur Umkehr nötigt, als der Gipfel, nach der Sichtweise von Steve House, schon zum Greifen nah ist (S. 29):

> *Ja, ich bin die Partnerschaft freiwillig eingegangen. Dennoch ringe ich damit, dass ich notwendigerweise Macht und Verantwortung an einen Partner abtreten muss. Mich mit Bruce zusammenzutun, war eine falsche Entscheidung gewesen, denn ich war nicht bereit zu teilen, wie es von einem Partner verlangt wird. Ja, ich wäre für den Nanga Parbat gestorben.*

Steve House hätte also den Tod als Preis für den Gipfelgang akzeptiert. Der Partner hat das nicht zugelassen, aber dafür ist ihm Steve House nicht dankbar, obwohl Miller ihm möglicherweise das Leben gerettet hat. Vielmehr klagt House darüber, dass er auf die komplette Kontrolle verzichten musste. Dass er die Regeln nicht allein bestimmen konnte und Autonomie abgeben musste, ist für ihn kaum hinnehmbar, selbst wenn es ihm das Leben gerettet hat.

Steve House berichtet aber auch über eine Unternehmung, bei der er eine vollkommene Seilpartnerschaft erlebte: im Jahr 2000 die Durchsteigung der «Slowakischen Direkten» am Mount McKinley zusammen mit Mark Twight und Scott Backes. Die Seilschaft erlebte er, «als wären wir ein einziger Organismus mit sechs Augen, sechs Armen und drei Gehirnen» (S. 185). Bei dieser Unternehmung waren die drei Bergsteiger sechzig Stunden bei extremsten Schwierigkeiten ohne Unterbrechung geklettert. Für Steve House war entscheidend, dass er sich nie unterordnen musste und sein technisches Können von den anderen anerkannt wurde. Bei schweren Passagen habe er ganz behutsam darauf geachtet, das Selbstwertgefühl der anderen, speziell das von Mark Twight, nicht zu verletzen – das sind die Probleme, wenn mehrere größte Bergsteiger zusammen eine Seilschaft bilden! Das Ergebnis dieser Unternehmung war für alle Beteiligten akzeptabel, weil sie eine Marke gesetzt hatten, die ihnen Respekt verschaffte. Dazu liefert Steve House wie immer auch die exakten Zeitangaben (S. 171):

Unsere Begehung – für die wir sechzig Stunden brauchten – war die dritte. Die erste wurde von einem dreiköpfigen Team durchgeführt, das Fixseile anbrachte und beim Abstieg von einer weiteren Gruppe aus drei Leuten unterstützt wurde. Diese Begehung erfolgte 1984 und dauerte elf Tage. Die zweite Besteigung, die erste im Alpinstil, glückte einen Monat vor unserer Tour Kevin Mahoney und Ben Gilmore in sieben Tagen.

Ein weiteres Beispiel dafür, dass Bergsteigen betrieben wird, um seine eigene Größe gegenüber Konkurrenten zu beweisen. Eine Bergpartnerschaft ist dann erträglich, wenn alle Beteiligten hinterher gleichermaßen als Helden gelten, wenn sich alle zu Übermenschen erhoben haben, Berggötter geworden sind. Die Tourdaten lassen dieses Fazit in diesem Fall zu, so Steve House. Allerdings muss House zwischen den Zeilen auch mitteilen, dass er den anderen klettertechnisch überlegen war und dass sich Scott Backes überfordert zeigte. Das macht es ihm so schwierig, eine Seilschaft zu bilden: Er muss immer speziell sein, ein anderer darf ihm nicht im Weg stehen. Nach dieser Unternehmung hätte er nie wieder eine ihn befriedigende Seilpartnerschaft erlebt, teilt er in seinem Buch mit.

Mit dem Bergsteigen zerstört Steve House seine Ehe (S. 202):

Ich mache Tagebuchnotizen und denke über den hoffnungslosen Zustand meiner achtjährigen Ehe nach. Um meine klettertechnische Entwicklung voranzutreiben und immer größere Wände zu durchsteigen, habe ich immer mehr Zeit in das Training investiert und zur Finanzierung der länger und teurer werdenden Expeditionen immer mehr gearbeitet. Meine Beziehung hat sehr darunter gelitten. Weil ich ein zielorientierter Leistungstyp bin, ist für meine Ehe nur wenig Energie übrig geblieben.

Ein Jahr später zieht er dann den Schlussstrich: «Vor einem Monat habe ich mein Zuhause, meine Frau, mit der ich neun Jahre verheiratet war, und unseren geliebten Lawinensuchhund verlassen.» (S. 220) Na, wenigstens den Hund hat er geliebt. Es ist eben so, dass Zielstrebigkeit ihren Preis hat. Das hat er erkannt. Die Frage ist natürlich, um welches Ziel ging es? Um die Gipfel doch eher nicht: «Immer wieder kehren wir zur Erde, zum Anfang zurück. Die Summe ist immer gleich null.» (S. 307) Sein Kernproblem scheint er zu erahnen, er kann es sogar formulieren: «Im schmalen Rahmen des Alpinismus streben wir nach Transzendenz und suchen unermüdlich nach dem, was uns auf ebener Erde verborgen bleibt: unser wahres Ich.» (S. 315)

Das ist schön gesagt, verstanden hat er aber nicht, was er schreibt. Denn das «wahre Ich» kann man nur im echten Leben finden, nicht in den Bergen. Sowenig wie man es durch den Einsatz von Drogen finden kann. Solange er sich in den Bergen schindet, verhindert er lediglich, dass ihm sein wahres Ich zu Bewusstsein kommt. Jenes ist nämlich klein und zerbrechlich. Es soll durch die Taten in den Bergen «schön und großartig» werden, was ausbleibt. Auch wenn die Taten durchaus als «schön und großartig» gelten können.

Steve House wertet andere Bergsteiger systematisch ab, um seine eigenen Leistungen in einem besseren Licht erscheinen zu lassen. Er gehört zu den Besten, alle anderen, die sich in den Bergen bewegen, sind Blindflansche, Weicheier und Vollpfosten. Gerade mit seinen Kumpels und Konkurrenten Mark Twight und Scott Backes liegt er, zumindest in diesem Punkt, auf einer Linie. Seine damalige

Frau Anne kommentiert deren Anmaßungen mit einem klaren Statement: «Ihr seid doch nur ein Haufen narzisstischer Arschlöcher.» (S. 187) Diese Aussage lässt ihn verblüfft zurück. Steve House ist nämlich davon überzeugt, dass er und seine Kumpels wirklich einzigartig sind, sich zu den besten Bergsteigern entwickelt haben und die Herren dieser Welt sind. Nur zu seinen Brüdern im Geiste des Bergsteigens könne er eine tiefe Beziehung aufbauen, besonders darüber ist seine damalige Frau erzürnt. Steve House hat diese Kritik seiner Frau nicht verstanden, sonst hätte er auf andere Weise darüber geschrieben.

Politik: In seinem Buch offenbart Steve House, dass er keine Wahrnehmung für die Welt außerhalb seines bergsteigerischen Kosmos hat, zumindest äußert er sich nicht dazu. Beispielsweise gibt es von ihm keinen Beitrag zum Zerfall des Staates Jugoslawien, zu dem er doch eigentlich persönliche Erfahrungen aus erster Hand hätte haben können.

Fazit: Steve House präsentiert sich und eine ganze Reihe seiner Partner und Konkurrenten als prototypische Narzissten. Zu seinem familiären Hintergrund liegen mir keine Informationen vor. Seine Handlungen und die Präsentation seiner Person sprechen jedoch eine eindeutige Sprache. Sein Selbst versucht er durch unbedingtes Leistungs- und Konkurrenzhandeln zu stabilisieren und zu erhöhen. Seine Erfolge lösen sich aber im Nichts auf, sobald er zurück im Tal ist. Er bleibt derselbe. Auf der Strecke bleiben seine Familie und seine sozialen Beziehungen jenseits des Bergsteigens. Über wirklich stabile Partnerschaften beim Bergsteigen gibt es keine Angaben.

Steve House präsentiert sich als egozentrischer Regelsetzer. Er spricht von sich als extrem zielorientiert, und sein Ziel ist es, ein respektierter Mensch zu sein. Dabei verwechselt er die Mittel, die er einsetzt, nämlich Berge zu besteigen, mit dem Ziel. Schließlich wundert er sich, dass er mit dem Einsatz dieser Mittel sein Ziel, ein stabiles Selbst, nicht erreicht. So hoch der Gipfel aufragt, so schwierig die Route auch ist, er ist kein zufriedener Mensch, wenn er den Gipfel erreicht hat.

Gerlinde Kaltenbrunner

Gerlinde Kaltenbrunner, gebürtige Österreicherin, ist die einzige Frau in meiner Zusammenstellung von Bergsteigerbiografien. Sie gilt als eine der besten Höhenbergsteigerinnen weltweit, und sie ist in Österreich und Deutschland sehr populär und in allen Medien präsent. 2011 hatte sie als dritte Frau alle vierzehn Achttausender bestiegen.

Zur Quellenlage: Von Gerlinde Kaltenbrunner gibt es in Buchform zwei Publikationen. 2009 veröffentlichte sie zusammen mit Karin Steinbach «Ganz bei mir – Leidenschaft Achttausender» beim Malik Verlag. Eine erweiterte Ausgabe dieses Buches erschien 2011. Auf diese Ausgabe beziehen sich meine Seitenangaben. 2012 erschien der Bild- und Textband «2 x 14 Achttausender», für den sie zusammen mit ihrem Ehemann Ralf Dujmovits als Autorin zeichnet. Es gibt zudem eine große Zahl von Medienbeiträgen über sie, häufig wird über sie zusammen mit ihrem Partner berichtet. Beide waren in den üblichen Talkshows in Österreich und Deutschland zu Gast. Gerlinde Kaltenbrunner hält zahlreiche Vorträge, auch diese zum Teil zusammen mit ihrem Partner.

Zur Biografie: Gerlinde Kaltenbrunner wird am 13. Dezember 1970 in Oberösterreich geboren. Sie wächst zusammen mit fünf Geschwistern auf. Über ihre Kindheit berichtet sie nur selektiv. Es ist die Rede von der «Kaltenbrunner-Bande», offensichtlich waren die Kinder früh sich selbst überlassen. Wesentliche Erziehungsaufgaben werden von der ältesten

Schwester übernommen. Beide Eltern sind berufstätig, als sie fünfzehn Jahre alt ist, lassen sie sich scheiden. Über die Mutter schreibt Gerlinde Kaltenbrunner gar nichts, zum Vater hat sie das engere Verhältnis, darüber hinaus gibt es auch zu ihm keine Angaben, außer dass er zeitweise als Baggerführer arbeitet. Nach der Scheidung muss sie bei der Mutter leben, ihren Vater soll sie nicht mehr sehen. Um dem zu entgehen, zieht sie zu ihrer zehn Jahre älteren Schwester, zu der schon immer ein besonders enges Verhältnis besteht. Die Schwester ist in der Zeit bis zum Abschluss von Kaltenbrunners Ausbildung zur Krankenschwester die entscheidende Bezugsperson. Eine liebevolle, beschützende und unterstützende Familie würde anders beschrieben.

Gerlinde Kaltenbrunner findet in der Kirche und in der Person des Pfarrers einen Ersatz. Der «Herr Pfarrer» nimmt sie und andere Kinder sonntags mit in die Berge, begleitet ihre ersten Kletteraktivitäten. Das Klettern und die Berge sind zu diesem Zeitpunkt die wichtigsten positiven Erfahrungen und Ressourcen in ihrem Leben, dabei bleibt sie: «Die Berge gaben mir Zufriedenheit. Wenn ich irgendwo oben stand und weit hinaus in die Welt sehen konnte, war ich glücklich, da fühlte ich mich frei, vergaß alles andere, ein positives Gefühl durchströmte meinen Körper und meinen Geist.» (S. 19)

Als weiteres positives Element beschreibt sie Bewegung. Gerlinde Kaltenbrunner betreibt in der Jugend wettkampfmäßig Skilauf und besucht ein Skiinternat. Sie kommt jedoch mit Konkurrenz und Wettkampfsituationen nicht gut zurecht und gibt nach dem Abschluss der Schule die Skirennen auf. Zeitweise beteiligt sie sich auch an Mountainbikerennen.

Die ältere Schwester fungiert als Mentorin und unterstützt Gerlinde Kaltenbrunner darin, eine Ausbildung als Krankenschwester in Wien zu absolvieren. In der Großstadt fühlt sie sich jedoch nicht wohl. In ihrem erlernten Beruf arbeitet sie für einige Jahre. Später werden ihre medizinischen Kenntnisse vielen Bergsteigerkollegen beim Überleben helfen. Neben dem Beruf gibt es aber sommers wie winters nur die Berge und den Wunsch, zu den Achttausendern zu kommen. Daran richtet sie ihr Leben und ihre Partnerschaften aus. Mit 23 Jahren bricht sie zu ihrer ersten Achttausenderexpedition zum Broad Peak auf. Sie erreicht ihren ersten Gipfel über 8000 Meter und hat damit ihre Berufung gefunden: «Am Abend saß ich auf einem Stein und schrieb Tagebuch. Es war eine fantastische Abendstimmung, um mich herum leuchtete alles. Ich war glücklich.» (S. 28)

Fortan organisiert sie ihr komplettes Leben so, dass sie regelmäßig auf Expeditionen gehen kann. Sie wechselt zeitweise in eine Tätigkeit als Vertreterin für Sportartikel. Nach 1994 folgt in immer kürzeren Abständen eine Expedition auf die andere. Über besondere Aktivitäten in den heimischen Bergen gibt es keine Berichte. Gerlinde Kaltenbrunner vollbringt keine Heldentaten in irgendwelchen Nordwänden in den Alpen. Ihr Glück findet sie ausschließlich beim Höhenbergsteigen. Bei ihrer ersten Expedition in eigener Regie – zum Manaslu im Jahr 2002 – lernt sie Ralf Dujmovits kennen. Schließlich heiratet sie ihn, nachdem er ihr anlässlich eines Freibiwaks in der Lhotseflanke einen Antrag gemacht hatte. Nach ihrer Nanga-Parbat-Besteigung im Jahr 2003 gewinnt sie mehrere Sponsoren und wird professionelle Bergsteigerin. In dieser Zeit dürfte auch endgültig der Plan gereift sein, alle Achttausender zu besteigen. Bis zum Jahr 2011 gelingt ihr das schließlich. Zu anderen Themen äußert sie sich in den Büchern kaum.

Leistungs- und Konkurrenzhandeln: Für den reinen Wettkampf konnte sich Gerlinde Kaltenbrunner nie begeistern. Anlässlich von Erfolgen bei Mountainbikerennen zieht sie dieses Fazit: «Doch mit der Zeit merkte ich, dass mir der Kampf gegen die Uhr und gegen die Konkurrentinnen zu viel wurde. Ähnlich wie bei den Skirennen als Jugendliche lehnte ich den Druck von außen ab und hörte deswegen mit den Wettkämpfen auf.» (S. 39)

Für ihr Ziel, die hohen Berge der Welt, setzt sie sich jedoch mit allen Mitteln ein. Zur Vorbereitung auf ihre erste Expedition absolviert sie dieses Programm (S. 24):

Den ganzen Sommer 1993 fuhr ich, wenn das Wetter es irgendwie zuließ, mit dem Rad zur Arbeit, täglich zweimal die vierzig Kilometer zwischen Windischgarsten und Rottenmann, über den Pyhrnpass. Damit ich pünktlich zum Arbeitsbeginn um 6.15 Uhr im Krankenhaus war, musste ich spätestens um halb vier morgens los.

Ein solch konsequentes Trainingsprogramm hält Gerlinde Kaltenbrunner auch in den folgenden Jahren immer ein. Zu Beginn ihrer Achttausenderkarriere leidet sie darunter, dass sie als Frau von männlichen Bergsteigern nicht akzeptiert wird. Sie reagiert darauf mit kompromisslosem Leistungshandeln: Sie spurt im tiefen Schnee, weist die männlichen Helden in ihre Schranken und macht am Nanga Parbat einem kasachischen Expeditionsleiter Vorgaben zum Umgang mit seinen Teilnehmern. Heute ist sie als Ausnahmebergsteigerin weltweit anerkannt. So ähnlich und ebenbürtig sie Männern in ihrer Leistungsfähigkeit am Berg ist, unterscheidet sie sich doch beim Konkurrenzdenken von typisch männlichen Mustern. An einem Wettkampf mit Konkurrentinnen sei sie nicht interessiert, immer wieder unterstreicht sie, keinen Wert darauf zu legen, die Erste zu sein: «Es trifft zu, dass ich alle vierzehn Achttausender besteigen möchte, aber ich muss das nicht als Erste tun. Die wievielte Frau ich sein werde, falls es mir gelingen sollte, ist mir egal.» (S. 239) Am K2, ihrem letzten Achttausender, war sie mit zwei Kasachen unterwegs. Kompromisslosere Partner kann man sich im Höhenbergsteigen wahrscheinlich kaum suchen.

Flow-Erfahrungen: Exemplarisch für das Erleben von Gerlinde Kaltenbrunner ist dieser Text (S. 76):

Es war ein unglaubliches Gefühl, allein auf dem felsigen Gipfel des Makalu zu stehen, um mich herum ein Meer schneebedeckter Berge, unerreichbar tief unten die Täler. Ich war voller Ehrfurcht, Bewunderung, Dankbarkeit. Ich hatte den Eindruck, völlig allein auf der Welt zu sein, aber ohne dass dieser Eindruck Angst oder das Gefühl der Verlassenheit ausgelöst hätte: Ich fühlte mich in dieser wilden, unnahbaren Landschaft aufgehoben.

Solche Zustandsbeschreibungen finden sich in ihrem Buch an vielen Stellen. Man muss es ihr schon abnehmen, dass sie diesen Zustand immer wieder sucht und dass dies für sie eine entscheidende Triebfeder ist, immer wieder loszuziehen (S. 207):

Den ganzen Tag fühlte ich mich wie getragen, ich war tief zufrieden – trotz der vielen Kilometer in schweren Expeditionsschuhen. Ich spürte, dass ich Blasen bekam, ich war hundemüde, aber das spielte keine Rolle. Ich schwebte. «Ich kann mir nicht vorstellen, dass es irgendeine Droge gibt, die so ein Gefühl auslöst», sagte ich zu Ralf.

Das rauschhafte Erleben auf dem Gipfel eines Achttausenders scheint Antrieb genug zu sein. Erfolge, Leistung und der Triumph über die Konkurrenz sind für sie zweitrangig, wenn man ihren Darstellungen folgt.

Psyche, Angst, Sucht, Sensation-Seeking: Gerlinde Kaltenbrunner ist den hohen Bergen regelrecht verfallen. Dem kurzen Glücksgefühl, ganz oben zu stehen, opfert sie vieles. Sie ist auch bereit, negative Erfahrungen auszublenden. Bei allen ihren Expeditionen begegnet sie lebensbedrohlichen Fällen von

Höhenkrankheit, anderen Erkrankungen, Abstürzen und Todesfällen. Oft ist sie hautnah mit dem Sterben konfrontiert. Dies hindert sie nie daran, ihre Pläne weiterzuverfolgen. Sie ist bereit, hohe Risiken einzugehen. Risiken, bei denen ihr der Partner zunächst nur noch mit Vorbehalten (an der Annapurna), zuletzt gar nicht mehr (am K2) folgt. Angst kann sie sehr gut regulieren. Immer wieder führt Gerlinde Kaltenbrunner aus, wie sie auf ihre Körpersignale hört und auf Bedürfnisse reagiert (S. 220):

Egal in welcher Situation, ich versuche immer, in meinen Körper hineinzuhorchen, und glaube auch, dass ich die Vorzeichen wahrnehmen und richtig reagieren – also absteigen – würde. Vielleicht hören Frauen einfach mehr auf ihren Körper als Männer?

Zu oft hatte sie ja erlebt, wie Männer ohne jedes Gefühl für ihre Grenzen bis in den Tod hinein weitergestiegen waren. Andererseits ist Gerlinde Kaltenbrunner süchtig nach Achttausendern. Ihr Problem ist, dass der Rauschzustand nur kurz währt und darauf wieder eine lange Phase unerbittlichen Einsatzes bis zum nächsten Kick folgt. Aus diesem Zirkel steigt sie jahrelang nicht aus, wahrscheinlich bis heute nicht. Bei ihrem ersten Versuch am Dhaulagiri sterben bei einem Lawinenunglück zwei Spanier im Nachbarzelt, sie selbst wird verschüttet, kann sich aber selbst aus dem Schnee befreien. Gerlinde Kaltenbrunner war dadurch traumatisiert. Ein Jahr später kehrt sie zum Unglücksort zurück. Die Schilderung dieser Rückkehr liest sich wie die Beschreibung einer Therapiesitzung (S. 298):

Wir schwiegen lange. Und dann erzählte ich, weiß der Himmel warum, David noch einmal in allen Details die ganze Geschichte, obwohl er sie längst kannte. Es war mir ein tiefes Bedürfnis, und die Worte sprudelten nur so aus mir heraus. Ich beschrieb ihm die genauen Abläufe, als die Lawine abging.

Psychotherapeutisch gesehen haben wir es hier mit einer Exposition in vivo zu tun. Die Erinnerung an das Trauma wird durch dieses spontan gewählte Vorgehen zu einem normalen Teil des autobiografischen Gedächtnisses. Ist diese Verarbeitung erfolgt, kann die Erinnerung keine albtraumhaften Flashbacks und Erregungszustände mehr auslösen. Genau dieser Prozess scheint abgelaufen zu sein.

Beziehungen und Regeln (Seilpartner, am Berg, privat): Bei Gerlinde Kaltenbrunner gibt es, folgt man ihrer Biografie, keine Trennung zwischen Partnerschaften am Berg und im privaten Leben. Es scheint, als habe sie jeweils Partner gewählt, die zu ihren bergsteigerischen Plänen passten. Ab dem Sommer 1990 hat sich so zunächst die Partnerschaft mit Siegfried entwickelt (S. 17):

Wir fuhren in den steirischen Klettergarten Pürgg, kletterten dort einige Seillängen im vierten Grad und machten schließlich noch den Durchstieg, eine Mehrseillängenroute durch die 200 Meter hohe Wand. Am Abend war ich überglücklich: Das Klettern gefiel mir wie selten etwas zuvor. Außerdem hatten wir uns gut verstanden und waren uns sympathisch, so sympathisch, dass wir gleich wieder etwas ausmachten.

Gerlinde Kaltenbrunner findet mit diesem Lebensabschnittspartner Zugang zum ambitionierten Bergsteigen und zu den Bergen der Welt. Diese Partnerschaft ist nicht von Dauer, was auch auf die folgenden zutrifft. Es gibt für sie klare Prioritäten: «Während ich voller Begeisterung schon den nächsten Berg im Kopf hatte, wünschte er sich Kinder. (…) Unsere Zielsetzungen waren zu unterschiedlich, und für mich hatte das Expeditionsbergsteigen eine sehr große Wichtigkeit bekommen. Ich sehnte mich so nach der Freiheit dort oben, dagegen kam kein noch so idyllisches Familienleben an.» (S. 57f)

Frauen unterscheiden sich von Männern, das wird hier klar: Expeditionsbergsteiger haben keine Probleme damit, Kinder in die Welt zu setzen und ihre Partnerinnen mit den Kindern zu Hause zurückzulassen, möglicherweise für immer. Gerlinde Kaltenbrunner blieb hier konsequent und verzichtete auf Kinder.

Die persönliche Autonomie war Gerlinde Kaltenbrunner extrem wichtig. Früh wurde ihr klar, dass sie selbst entscheiden und sich nicht der Autorität eines Expeditionsleiters beugen wollte. Ab 2002 nimmt sie ihre Projekte selbst in die Hand, sie stellt fortan selbst die Regeln auf, nach denen sie unterwegs ist. Während ihrer ersten selbst organisierten Expedition zum Manaslu lernt sie Ralf Dujmovits kennen, in dem sie den Partner findet, mit dem sich eine private Partnerschaft und das Expeditionsbergsteigen unter einen Hut bringen lassen.

Was Gerlinde Kaltenbrunner von ihren männlichen Kollegen unterscheidet, ist ein höheres Maß an Empathie. Sie kümmert sich immer wieder mit hohem Einsatz um höhenkranke Bergsteiger, mehreren rettet sie das Leben. 2005 verzichtet sie auf den Gipfelgang zum Mount Everest, um zusammen mit Ralf Dujmovits ihren höhenkranken Partner Hirotaka Takeuchi zu retten. Im Höhenbergsteigen ist dies eine eher ungewöhnliche Haltung. Nach ihrer ersten Expedition verfolgt sie kurze Zeit den Plan, nach Pakistan zu gehen und dort als Krankenschwester zu arbeiten. Andererseits leidet sie unter den Auseinandersetzungen zwischen Expeditionsteilnehmern so sehr, dass sie sich schließlich unabhängig von größeren Gruppen macht. Aber ihre Bereitschaft, auf andere einzugehen, ist auch nicht grenzenlos: «Interessenkonflikte zwischen den Teilnehmern, Konkurrenz, Neid oder auch Streit anlässlich gemeinschaftlicher Aufgaben – wer trägt zu wenig, wer beteiligt sich zu wenig am Lageraufbau, wer drückt sich vor dem Spuren?» (S. 86) Um ihre eigenen Interessen konfliktfrei verfolgen zu können, ist Gerlinde Kaltenbrunner bereit, auch alleine loszuziehen.

Politik: Gerlinde Kaltenbrunner sagt immer wieder, es gehe ihr um persönliche Leistung und pure, echte Erfahrung. Wie ihre männlichen Kollegen ist sie eine Individualistin, die die Berge nur für sich selbst besteigt.

Fazit: Gerlinde Kaltenbrunner schreibt wenig über ihre frühen Jahre. Das, was sie berichtet, legt nahe, dass es ihr in ihrer Herkunftsfamilie an manchem gemangelt hat. Sicherheit, Bestätigung und Glückserfahrungen hat sie sich außerhalb der Familie gesucht. Sonntägliche Erlebnisse in den Bergen mit dem Gemeindepfarrer wiesen ihr einen Weg aus dem alltäglichen Jammertal. Früh schon entwickelte sie ein großes Autonomiestreben, das sie später zu einer höchst selbstständig agierenden Höhenbergsteigerin werden ließ. Sie konzentriert sich praktisch ausschließlich auf das Höhenbergsteigen. Andere Aktivitäten sind bei ihr nur Training für die hohen Berge. Ihre Bereitschaft, hier Leistung zu zeigen, ist grenzenlos, für diesen Weg hat sie sich entschieden. Reines Konkurrenzdenken scheint ihr allerdings fremd zu sein. Sie zeigt sich durchaus empathisch. Abwertende Kommentare über andere Bergsteiger findet man bei ihr nicht. Ihre Prominenz vermag sie durchaus zu genießen und wirtschaftlich zu nutzen, sie sucht allerdings die öffentliche Wirkung nicht um jeden Preis. Lang dauernde Seilpartnerschaften kann sie zunächst nicht entwickeln. Private Bindungen geht sie ein, wenn diese zu ihren Plänen an den Bergen der Welt passen. Wenn ihre Partner in Bezug auf ihre Expeditionspläne nicht mehr mithalten können oder wollen, bedeutet das auch die Trennung auf privater Ebene. Insgesamt hat ihr Bergsteigen den Charakter einer Sucht. Selbst nach ihren größten Erfolgen setzt sofort die Planung für die nächste Expedition ein. Gerlinde Kaltenbrunner weicht dennoch in ihrem gesamten Habitus von einem männlichen Stil beim Bergsteigen ab. Sie zeigt ein ganz eigenes Profil.

Andy Kirkpatrick

Zum Zeitpunkt, da ich dieses Buch schreibe, ist Andy Kirkpatrick, britischer Bergsteiger, Jahrgang 1971, nach den mir zur Verfügung stehenden Informationen am Leben. Das kann sich bei seinen Tourenaktivitäten ändern. Er hat seit 1996 Kletterrouten in den Alpen, im Yosemite, in Patagonien und in anderen Regionen der Welt begangen, die in der aktuellen Szene zu den längsten und härtesten gerechnet werden. Oft als Alleingänger, gerne im Winter, speziell Bigwalls. Er klettert häufig technisch. Über seine Touren berichtet er ausführlich in Texten, Vorträgen, Fotos und Filmen. International bekannt wurde er durch zwei Bücher, die seine Entwicklung als Kletterer nachzeichnen. In seinen Texten werden haarsträubende Erfahrungen in den Bergen transportiert und genauso kompromisslos Einblicke in die persönliche Entwicklung und psychische Befindlichkeit des Autors gewährt. Lange Abschnitte der Texte lesen sich wie Fallberichte aus einer Psychotherapie. Andy Kirkpatrick hat ein herausragendes Talent, über sich selbst und die Motive anderer Kletterer zu reflektieren. Seine Analysen bringen es auf den Punkt. In seinem Buch «Kalte Kriege» aus dem Jahr 2011 beschreibt er beispielsweise eine Begegnung mit dem «Bergsteigerstar» Kenton Cool (S. 166):

Er konnte ziemlich aufdringlich und ein wenig arrogant wirken, aber ich vermutete, dass das eine Show war und dass er hinter dem Schein unsicher war, wie viele andere gute Bergsteiger, eine Eigenschaft, die seinen Ehrgeiz anspornte, so wie bei mir. Er musste irgendetwas beweisen, sich selbst und allen anderen, und ohne Zweifel war es genau das, was ihm half, den Status als Super-Bergführer zu erreichen, den er sich in den letzten Jahren aufgebaut hatte, indem er bereits ein halbes Dutzend Mal Gäste auf den Everest hochgeführt hatte. Was auch immer Kenton antrieb, es funktionierte.

Es gibt bei Andy Kirkpatrick viele solche Passagen. Er geht schonungslos mit sich selbst, mit seinen Partnern, mit der gesamten Bergsteigerszene um. Seine psychologischen Analysen sind sehr treffend. Die Qualität seiner bergsteigerischen Aktivitäten kann ich nicht beurteilen, dazu sind sie viel zu weit weg von dem, was ich persönlich nachvollziehen kann; wie Experten sie einschätzen, weiß ich nicht.

Zur Quellenlage: Andy Kirkpatrick ist in den Medien sehr präsent, in erster Linie in Großbritannien und in den USA. Er publiziert in Zeitschriften, hält Vorträge, produziert Filme und hat zwei Bücher verfasst, die in deutscher Übersetzung vorliegen. Ich beziehe mich auf diese beiden Bücher («Psychovertikal», «Kalte Kriege»), die auf Deutsch 2010 und 2012 beim AS Verlag erschienen sind. Die vorliegenden Übersetzungen sind besonders sachgerecht, da der Übersetzer Robert Steiner selbst ein Extrembergsteiger ist und bereits mehrere eigene Buchprojekte vorweisen kann.

Zur Biografie: Andy Kirkpatrick wird 1971 in Stafford geboren. Er hat einen jüngeren Bruder und eine jüngere Schwester. Im Alter von sechs Jahren trennen sich seine Eltern, die Mutter zieht mit den drei Kindern nach Hull, wo er bis zu seinem 19. Lebensjahr wohnt. Die Trennung ist für ihn ein zentrales Lebensereignis, der Verlust des Vaters ist einschneidend, sein Lebensweg wird durch diesen Verlust bestimmt:

«Ich wünschte meinen Vater zurück. Mein bisheriges Leben wurde zu nichts mehr als einem Film in meinem Kopf, den ich für den Rest meines Lebens ansehen würde.» («Psychovertikal», S. 52)

Der Vater ist Ausbilder für Bergsport in der Royal Air Force. Andy Kirkpatrick erwähnt, sein Vater habe viele seiner militärischen Ausbildungstechniken auch in seiner Erziehung eingesetzt. Sein Vater habe sich an keine Regeln gehalten und sei engstirnig und unglaublich stur gewesen. Durch ihn kommt er zum Klettern, aber sehr früh ist der Vater kaum noch verfügbar. Der Vater hinterlässt bei ihm eine lebenslange Verletzung: «Es waren die Kinder gewesen, die er verlassen hatte. Ich war es gewesen. Er war vor uns weggerannt. Er hatte mich ruiniert, das war völlig klar. Aber wie konnte ich es ihm vorwerfen?» («Kalte Kriege», S. 304)

Andy Kirkpatrick berichtet über eine Kindheit und Jugend in Hull am unteren Rand der Gesellschaft. Er ist ein Schulversager, eine Berufsausbildung absolviert er nicht, seine einzige Begabung ist das Zeichnen. Nach Beendigung der Schule bezieht er Arbeitslosenunterstützung und lebt in einem besetzten Haus. Seine einzigen positiven Erfahrungen macht er bei Aufenthalten in der Natur und bei sehr seltenen Unternehmungen mit dem Vater. Er zieht nach Sheffield, intensiviert das Klettern in den britischen Klettergebieten und findet eine passende Beschäftigung in einem Outdoorladen. Spätestens ab dieser Zeit wird er von der Idee beherrscht, ein echter Bergsteiger zu werden: «Die Freiheit, zu tun und lassen, was und wie ich es wollte, war grenzenlos. Meine Zeit gehörte allein meinem Arbeitgeber und dem Klettern.» («Psychovertikal», S. 114)

Ohne alpine Kenntnisse macht er sich zu Wintertouren in den Bergen um Chamonix auf, die zunächst kläglich scheitern. 1996 gelingt ihm mit dem Frendo-Pfeiler seine erste alpine Tour, im Winter. Sein damaliger Partner hat nach dieser Tour das Bergsteigen aufgegeben, berichtet Andy Kirkpatrick. Als zweite Tour folgt im nächsten Jahr der Nordostpfeiler der Droites. Nachdem er diese «Anfängerrouten» überlebt hat, setzt eine Jagd nach immer längeren, schwierigeren und kälteren Routen ein, die sich bis heute fortsetzt. Andy Kirkpatrick ist in den Alpen, in Patagonien und im Yosemite unterwegs. Mit neunzehn Jahren lernt er seine spätere Frau Mandy kennen, sie studiert Lehramt. Zusammen haben sie eine Tochter und einen Sohn. Inzwischen lebt er von seiner Frau getrennt. Mit seiner dreizehnjährigen Tochter Ella besteigt er 2012 den El Capitan.

Parallel zu seinen bergsteigerischen Aktivitäten entwickelt sich der Schriftsteller Andy Kirkpatrick. Er, der nach seiner eigenen Einschätzung Legastheniker ist, beginnt über das Bergsteigen zu schreiben. Seiner Frau, der Lehrerin, will er beweisen, dass er, ohne Abschluss, ohne Fähigkeiten und Qualifikationen, Talent hat. An seiner ersten Geschichte arbeitet er zwei Jahre. Er ringt mit jedem Satz, kämpft mit jedem Wort, aber schließlich wird sie im amerikanischen «Climbing Magazine» veröffentlicht.

Leistungs- und Konkurrenzhandeln: Seine Einstellung zu Leistung und Konkurrenz reflektiert Andy Kirkpatrick in seinen Büchern in vielen Variationen. Exemplarisch ist diese Passage («Psychovertikal», S. 195):

Ich hatte meine Sachen für den Eiger gepackt und wollte eine Winterbegehung versuchen. Das war ein unmögliches Unterfangen, ich hatte ja erst eine einzige Route in den Alpen geklettert. (...) Die Rückschläge, Erfolge und Fehler gingen so lange in meinem Kopf herum, bis ich tatsächlich glaubte, dass ich Anfänger in einem einzigen Schritt ein Held der Eigernordwand werden könnte.

Andy Kirkpatrick brennt lichterloh, er will leisten, beweisen, die härtesten Routen begehen, Konkurrenten übertreffen.

Sein Ehrgeiz ist grenzenlos. Zu realistischen Selbsteinschätzungen ist er nur bedingt fähig. Bergpartner sind ein heikles Thema für ihn. Beispielhaft seine Begegnung mit einem potenziellen Partner für neue Touren («Psychovertikal», S. 227):

> *Wir hätten es machen sollen, wir wollten schließlich dasselbe: harte Routen klettern, herausragend sein, etwas Erstaunliches fertigbringen. Über uns selbst ins Staunen kommen. Aber es geschah nicht. Ich mochte ihn nicht. Er war Konkurrenz.*

Im Hintergrund lauert immer eine ernüchternde Selbsteinschätzung: «Für mich waren Inkompetenz und Versagen ein Teil meiner Persönlichkeit.» («Psychovertikal», S. 242)

Dieses Thema – Selbstvertrauen gewinnen, einen Beweis für den eigenen Wert abliefern – wiederholt er in seinen Texten in immer neuen Variationen. Aus dieser Konstellation ergibt sich für Andy Kirkpatrick ein Teufelskreis aus Leistungshandeln und Konkurrenzdenken. Schließlich meint er, eine Lösung gefunden zu haben – mit einer ultimativen Leistung will er Zweifel an seinem Selbst endgültig beseitigen («Psychovertikal», S. 302):

> *Egal wie hart die Routen waren, die ich machte, ich schien nie damit zufrieden zu sein, was mir gelungen war. Ich untergrub meine eigenen Erfolge. (…) Es gab nur einen einzigen Weg, um alle Zweifel zu beseitigen. Man musste eine Route ganz alleine klettern: eine Bigwall im Alleingang machen.*

Dazu bricht er schließlich auf, er lässt seine schwangere Frau und die kleine Tochter in England zurück, um die «Reticent Wall» am El Capitan zu begehen. Nach seinen Ausführungen die härteste Route an diesem Monolithen. Nach elf Tagen und vierzehn Seillängen erkennt er, dass er sich, was sein Selbst angeht, wohl verstiegen hat: «Ich spürte, wie etwas mich stach – die Enttäuschung. Gab es noch eine schwierigere Route? Was konnte als Nächstes kommen?» («Psychovertikal», S. 396) Natürlich konnte sich Andy Kirkpatrick mit diesem Erfolg nicht stabilisieren. Bereits im folgenden Winter kam die nächste Extremtour, seither sind über zehn Jahre vergangen, und seine Jagd, als ein herausragender Bergsteiger anerkannt zu werden, ist noch nicht zu Ende. Der beste Alpinist der Welt zu werden, ist sein Plan, den er wahrscheinlich bis heute verfolgt.

Im Jahr 2008 klettert Andy Kirkpatrick zusammen mit der querschnittsgelähmten Sportlerin Karen Darke eine Route am El Capitan, ein Jahr später ist er dort mit dem körperbehinderten Phil Packer unterwegs.

Flow-Erfahrungen: Man steckt in einem Dilemma, wenn man sich zum Thema Flow-Erleben auf Andy Kirkpatrick bezieht. Ich habe über längere Zeit in einem Vortrag zum Thema «Achtsamkeit und Naturerleben» ein Zitat von ihm genutzt, um zu illustrieren, wie sich Achtsamkeit beim Bergsteigen verwirklicht («Psychovertikal», S. 258f):

Die Wertschätzung des Augenblicks ist etwas vom Schönsten am Bergsteigen, etwas, das ich im normalen Leben mit seinen unzähligen kleinen Sorgen vermisse. An einer Wand gibt es keine Gedanken über Geldanlagen, Beförderungen oder die Rentenansprüche. Deine Zukunft reicht nur bis zu den beiden glänzenden Bohrhaken am Stand über dir.

Zu diesem Zitat präsentierte ich eine Abbildung des Titels von jenem Buch auf einer Folie. Ich fand dies sehr passend zum Thema Achtsamkeit und wie sich diese beim Bergsteigen realisieren lässt. Meine Koreferentin hat mich schließlich gebeten, darauf zu verzichten. Dabei wusste sie gar nicht, dass es in der Tat unpassend ist, sich bei unserem Thema auf diesen Autor zu beziehen. Denn Flow-Erleben und Achtsamkeit sind für Andy Kirkpatrick tatsächlich keine relevanten Größen: «Es gibt keine Schönheit und keinen Spaß oder Genuss, nur den Kampf und die Angst und die Beklemmung. Ich war süchtig nach diesem kalten Krieg.» («Kalte Kriege», S. 168) Das Flow-Erleben mag ihm bekannt sein, in seinem Bestreben, für alle Welt sichtbar zu sein, spielt es aber keine Rolle.

Psyche, Angst, Sucht, Sensation-Seeking: Andy Kirkpatrick schreibt an vielen Stellen über seine Ängste, die er nie überwindet, die er jedoch in einem hohen Maße kontrollieren kann. Anders wären seine Solobegehungen nicht zu meistern. Dass er wie ein Süchtiger den Kick sucht, den ihm das Begehen der härtesten Routen verschafft, beschreibt er immer wieder. Die Kälte scheint ein spezieller Reiz zu sein, der ihn stark anzieht. Er ist durch und durch ein Mensch, der starke Reize sucht und nach einer ständigen Steigerung der Dosis verlangt. Er vernachlässigt seine Frau und die Kinder, um seiner Sucht nachzugehen und sich den Kick am Berg zu verschaffen: «Sie wuchsen auf, aber ich war so mit mir selbst beschäftigt, dass ich mich nicht um sie kümmern konnte, mein Kopf war immer voll mit Bergen.» («Kalte Kriege», S. 372) Bei einem anerkannt Suchtkranken würde man hier einfach das Wort Berge durch das Wort Alkohol oder Heroin oder Spielen ersetzen.

Beziehungen und Regeln (Seilpartner, am Berg, privat): Andere Kletterer nimmt Andy Kirkpatrick in erster Linie als Konkurrenten wahr. Als Personen, die möglicherweise mehr im Rampenlicht stehen als er selbst. Wenn sie zu Seilpartnern werden, sind sie Mittel zu dem Zweck, schwere und harte Routen zu begehen. Selbstverständlich kennt er eine riesige Zahl anderer Bergsteiger. Er schreibt aber immer kritisch und distanziert über sie. Ältere Bergsteiger verehrt er mitunter als Vorbilder, relativiert sein Urteil über sie, wenn er sie persönlich kennenlernt, mit ihnen klettert und vermeintliche Schwächen entdeckt. Vor seinem Spott ist niemand sicher.

Das Grundgefühl, das Andy Kirkpatrick in sein Leben begleitet hat, ist das der Verlassenheit und der Entbehrung. Auf dieser Basis ist es schwierig, stabile Beziehungen aufzubauen. Das spiegelt sich in der Entwicklung seiner Beziehungen zu Bergpartnern und in privaten Beziehungen wider. Viele seiner Touren unternimmt er solo, gerade wenn es um besondere Leistungen geht, wenn er sich zum Übermenschen erheben möchte. Die Einschätzung seines Familienlebens sieht so aus («Kalte Kriege», S. 316 u. 384):

Ich war nie beständig genug, um im Leben anderer zu existieren: in Mandys Leben, dem der Kinder, dem meiner Freunde.

Ich wusste, dass ich vor meiner Familie wegrannte, in ein anderes Leben flüchtete.

Er wiederholt, was ihm selbst vonseiten seines Vaters widerfahren ist. Und die nächste Generation ist offensichtlich auch schon in dieses Schema eingestiegen. Die dreizehnjährige Tochter hat früh gelernt, dass der Zugang zum Vater nur über die Berge gelingt, sie hat sich von ihm auf den El Capitan führen lassen, dort konnte sie ihm nahekommen.

Andy Kirkpatrick folgt bei seinen Klettereien einem eigenen Stil. Seit den 1970er-Jahren wurde von breiten Kreisen der Klettererszene ein Verzicht auf künstliche Hilfsmittel beim Klettern propagiert, technisches Klettern galt als antiquiert. Das technische Klettern erlebte in den vergangenen Jahren zwar eine Renaissance, ist aber weiterhin keineswegs unumstritten. Aktuelle Kataloge von Bergsportausrüstern listen inzwischen all die Hilfsmittel auf, die bei diesem Stil eingesetzt werden und noch vor einigen Jahren verpönt waren. In diesem Sinn ist Andy Kirkpatrick ein Regelsetzer, der bisherige Konventionen außer Kraft setzt. Seine Touren sind regelrechte Materialschlachten.

Politik: Andy Kirkpatrick ist ein absoluter Individualist. Ideologien sind kein Antrieb für sein Bergsteigen. Zu Fragen, die Politik betreffen, gibt es bei ihm keine Ausführungen.

Fazit: Andy Kirkpatrick wuchs in einem sozialen Brennpunkt in England auf, die familiären und wirtschaftlichen Verhältnisse waren durch Verluste und Entbehrungen gekennzeichnet. Speziell der Verlust des Vaters war eine einschneidende Erfahrung. Er scheiterte in der Schule und in einem konventionellen Beruf. Bergsteigen und das Schreiben darüber vermittelten ihm Erfolgserlebnisse, die er sonst in seinem Leben nicht kannte. Ein stabiles Familienleben konnte er neben seiner Sucht nach Erfolgen am Berg nicht etablieren. Auch Beziehungen zu Seilpartnern blieben immer instabil.

Er folgt einem Plan, beim Bergsteigen ein Übermensch zu werden. Dabei unterliegt er einem kompromisslosen Leistungs- und Konkurrenzhandeln. Was den Stil seiner Kletterreien angeht, folgt er eigenen Regeln. Wichtig ist ihm, eine große Öffentlichkeit zu erreichen.

Stephan Siegrist und Ueli Steck

Stephan Siegrist und Ueli Steck sind Vertreter einer Generation von Bergsteigern, der ich auch Namen wie Ines Papert, Alexander und Thomas Huber, Robert Jasper, Stefan Glowacz, Michi Wärthl oder David Göttler zuordne. Diese Liste wäre leicht erweiterbar, natürlich auch mit Namen aus dem nicht deutschen Sprachraum. Die besonderen Merkmale dieser Gruppe sind die kreative Weiterentwicklung des klassischen Bergsteigens durch konsequentes Training in Fels und Eis, weltweite Projekte, das Bemühen um einen sportlichen Stil und die professionelle Vermarktung der eigenen Aktivitäten, indem gezielt Sponsoren und die Öffentlichkeit gesucht werden. Alle genannten Bergsteigerinnen und Bergsteiger weisen ihre ganz spezifischen persönlichen Merkmale auf. Dass ich hier Stephan Siegrist und Ueli Steck herausgreife, ergibt sich nicht zwingend aus deren alpinistischem Profil. Beide sind mehrfach gemeinsam unterwegs gewesen und sind andererseits strenge Konkurrenten, seit 2006 gab es keine gemeinsamen Projekte mehr.

Ueli Steck ist um vier Jahre jünger, etwas später in den alpinen Betrieb eingestiegen und hat inzwischen eine längere Liste bergsteigerischer Erfolge vorzuweisen. Oder anders gesagt, er hat mehr Unternehmungen gut vermarkten können. Die Abhängigkeit der Bergsteiger von den Medien und potenziellen Sponsoren einerseits und die Suche nach publikumswirksamen Gesichtern und Geschichten bei Herstellern von Bergsportartikeln und den Medien andererseits werden bei diesen beiden Bergsteigern besonders augenfällig. Diese Entwicklung hat in den vergangenen zwanzig Jahren eine besondere Dynamik bekommen. Beide sind auch in Deutschland überaus populär.

Zur Quellenlage: Röbi Koller hat die Biografie «Stephan Siegrist. Balance zwischen Berg und Alltag» verfasst, die 2007 beim AS Verlag erschien. In Form von Interviews fließen in dieses Buch Statements von Angehörigen, Berg- und Lebenspartnerinnen ein. Der Text ist in dieser Form von Stephan Siegrist autorisiert. Inwieweit der Text selektiv ist und wie stark Konflikte in der Darstellung geglättet wurden, ist, wie bei allen derartigen Dokumenten, nicht direkt zu sehen. Das Buch macht besonders deutlich, dass in der biografischen Bergsteigerliteratur ein Bild der dargestellten Person transportiert wird, das aus einer sehr persönlichen Perspektive gezeichnet wird.

Über Ueli Steck liegen mir zwei Publikationen in Buchform vor. Gabriella Baumann-von Arx hat das Buch «Solo, der Alleingänger Ueli Steck. Eine Nahaufnahme» verfasst, Ueli Steck selbst hat mit der Hilfe von Karin Steinbach das Buch «8000+, Aufbruch in die Todeszone» geschrieben. Der erste Titel hat die Form eines langen Interviews mit Querverweisen auf drei Seniorbergsteiger, die sich zu Ueli Steck äußern. Die zweite Publikation ist in der Art einer klassischen Bergsteigermonografie gehalten, die die alpinistische Entwicklung des Autors Revue passieren lässt. Auf diese beiden Texte beziehe ich mich.

Zur Biografie: Geboren wird Stephan Siegrist am 17. Dezember 1972 im Berner Mittelland. Er ist ein Sandwichkind mit einer älteren und einer jüngeren Schwester. Von der Mutter werden Merkmale beschrieben, die heutzutage möglicherweise zu einer ADHS-Diagnose führen würden: «Er war ein kleiner Träumer und konnte Gefahren nicht richtig einschätzen. (…) Er konnte neben mir in der Stadt unter den Lauben gehen und träumen, bis er irgendwo dagegenrannte.» (S. 43) Diese Beobachtungen, seine häufigen Unfälle und der berichtete Bewegungsdrang legen diese Diagnose nahe.

Die Eltern sind keine Bergsteiger, von ihnen hat er seinen Zug zu den Bergen nicht. Der Vater steht für eine Grundhaltung schwarzer Pädagogik in der Erziehung. Gekennzeichnet ist die Familiensituation durch häufige Abwesenheit des Vaters und, wenn er anwesend ist, durch Dominanz, Strenge, Gewalt und Angst. Der Vater will die Entwicklung seines Sohnes bestimmen und kontrollieren, Spielraum lässt er ihm dabei nicht. Der Text von Röbi Koller drückt sich recht zurückhaltend aus, die Aussage ist aber klar. Stephan Siegrist muss sich in seinen ersten zwei Lebensjahrzehnten mit Sätzen wie diesen auseinandersetzen: «Was du tust, reicht nicht», «Du bist nicht gut genug», «Du musst meine Nachfolge antreten», «Du musst besser werden», «So gut, wie ich bin, wirst du nie werden». Es ist die Stimme seines als allmächtig erlebten Vaters. Ein stabiles und sicheres Selbst kann sich unter solchen Bedingungen nicht entwickeln. Stephan Siegrist leidet unter der Kontrolle. Er spürt, dass er den Vorgaben seines Vaters für den Beruf (der Vater ist Inhaber eines Zimmereibetriebs) und beim Militär (der Vater ist Offizier) nie wird genügen können. Er absolviert eine Ausbildung zum Zimmermann, dem folgt die Ausbildung zum Bergführer.

Er entwickelt bis 1993 zwei Fluchtwege aus dem Elternhaus. Der eine führt in die Berge, der andere zur älteren Schwester, zu der er schließlich nach Interlaken zieht, weg von der väterlichen Kontrolle. Ein eigentliches alpines Erweckungserlebnis wird nicht beschrieben. Allerdings ist klar, dass Stephan Siegrist in den Bergen bekommt, was ihm beim Vater versagt ist: Anerkennung und Autonomie. Er findet in Hanspeter Sigrist, einem Pionier der Schweizer Kletterszene, ein Vorbild. Nach der Ausbildung zum Bergführer fällt die Entscheidung, professioneller Bergsteiger zu werden. Er macht mit spektakulären Aktionen auf sich aufmerksam, zunächst innerhalb der Szene, nach dem TV-Spektakel «Eiger live» im Jahr 1999 ist er schlagartig jedoch auch einer breiten Öffentlichkeit bekannt und wird zum prominentesten Werbeträger seines Sponsors Mammut. (Man kann es auch andersherum sehen: Mammut wird erst nach 1999 und mit Stephan Siegrist einer breiten Öffentlichkeit bekannt.) Zum Problem werden mehrere Unfälle mit schwerwiegenden Verletzungen, die aufwendige Behandlungen und Rehamaßnahmen erforderlich machen.

Zu Ueli Steck liegen zwar Buchpublikationen vor, jenseits des Bergsteigens ist er jedoch ein Mann ohne Eigenschaften. Geboren wird er am 4. Oktober 1976. In den Büchern erfährt man über seinen familiären Hintergrund so gut wie nichts.

Über private Partnerschaften lediglich, dass er seit 2008 verheiratet ist. Sein Vater vermittelt: «Du kommst nur nach oben, wenn du da auch wirklich hinwillst.» Als Sichernder hat ihn sein Vater wohl auch bei seinen ersten Kletterversuchen mit diesen Worten begleitet: «Tu nicht so! Weiter! Das geht schon!» Zum Klettern kommt er durch einen Freund des Vaters, über ein alpines Schlüsselerlebnis wird nichts berichtet. Wann er den Entschluss gefasst hat, sein Leben dem Bergsteigen zu widmen, wird nicht klar. Ueli Steck hat einen Bruder, der professioneller Eishockeyspieler geworden ist, sonst findet man keine Angaben über den familiären Hintergrund. Er hat eine Ausbildung zum Zimmermann absolviert. In diesem Beruf hat er auch gearbeitet, diese Tätigkeit jedoch nach und nach aufgegeben, als er das Bergsteigen professionalisieren konnte, sprich Sponsoren gewann und Honorare für Vorträge erzielte.

Eine Ausbildung als Bergführer hat er nicht absolviert. Er gibt an, dieser Tätigkeit nichts abgewinnen zu können. Der Umgang mit Kunden erfordere eben Geduld, die habe er in Bezug auf andere Menschen nicht. Im Interview hört sich das so an: «Mit mir selber bin ich [geduldig], mit anderen gar nicht. Vor allem wenn ich auf einer Bergtour bin und es nicht so vorwärtsgeht, wie ich will! Wenn dann noch jemand rückwärts abklettert, anstatt einfach geradeaus zu laufen, treibt mich das allein schon schier in den Wahnsinn.» («Solo», S. 58)

Für seine Biografie hat er folgende Minimalziele formuliert: «So wie man einmal im Leben die Eigernordwand durchstiegen haben muss, muss man auch eine Route am El Cap frei geklettert sein, und genauso wollte ich noch auf dem Cerro Torre und auf dem Everest stehen.» («8000+», S. 179)

Das ist die Lebensplanung von Ueli Steck, daran hält er sich und spult das entsprechende Programm ab. Die Eigernordwand ist das erste große Ziel für ihn. Als Achtzehnjähriger durchsteigt er die Wand auf der Heckmair-Route zum ersten Mal. Er kehrt immer wieder dorthin zurück, eröffnet Neurouten, macht Winterbesteigungen, geht als Alleingänger und stellt Geschwindigkeitsrekorde auf. Auch die anderen klassischen Nordwände der Alpen begeht er in Rekordzeiten. Höchste Kletterschwierigkeiten, Schnelligkeit, Minimierung der Ausrüstung und Alleingänge sind zentrale Merkmale seines Bergsteigens, zunächst in den Alpen, dann überträgt er diese Konzepte auf die Berge im Himalaja. Er begeht schwierigste Anstiege an Sechstausendern, später auch an Achttausendern, wobei ihm auch die Solobegehung der Südwand der Shisha Pangma glückt. 2008 gelingt ihm die Erstbegehung der Tengkampoche-Nordwand, 6500 Meter, zusammen mit Simon Anthamatten im Alpinstil in vier Tagen. Dafür werden die beiden mit dem Piolet d'Or ausgezeichnet – dem amtlichen Beleg dafür, dass er zur absoluten Spitze der internationalen Bergsteigergemeinde zählt. 2012 steht er schließlich auf dem Mount Everest, als einer der wenigen Bergsteiger, die keinen zusätzlichen Sauerstoff verwenden.

In der Mount-Everest-Saison 2013 ist Ueli Steck in gewalttätige Auseinandersetzungen mit Sherpas verwickelt, die weltweite Medienresonanz finden.

Leistungs- und Konkurrenzhandeln: Welche Ansprüche Stephan Siegrist an sein Bergsteigen stellt, drückte er mit seiner Winterbegehung der Eigernordwand im Januar 1993 aus. Ohne wirkliche alpine Erfahrung, mit minderwertigem und zusammengeliehenem Material durchstieg er neunzehnjährig zusammen mit Martin Mauer die klassische Route. Zu dieser Wand wird er immer wieder zurückkehren und dort auch neue Routen eröffnen. In den Sommern 1993 und 1994 begeht er zusammen mit Oliver Wettstein viele große kombinierte Touren in einem geradezu infernalischen Rhythmus. Dazu Oliver Wettstein (S. 64):

Wir gingen einfach hoch und runter, hoch und runter, hoch und runter. Die Kräfte schienen uns kaum zu verlassen. Als wir nach zehn Tagen ununterbrochenem Chnütteln vom Peuterey-Integral zurückkamen, einer der längsten Grattouren am Mont Blanc, für die wir immerhin zwei Biwaks gebraucht hatten, wollte ich runter, um im Supermarkt einkaufen zu gehen. Stephan wollte aber lieber oben bleiben und noch ein bisschen Sportklettern.

In diese Zeit fiel der Auszug aus dem Elternhaus und die endgültige Entscheidung, nicht den vom Vater vorgezeichneten Lebensweg zu gehen. Diese Entscheidung war für Stephan Siegrist mit dem Zwang zum Erfolg verbunden. Vor allem seinem Vater musste und muss er beweisen, dass seine Entscheidung die richtige war. Er konnte es nicht dabei belassen, einen anderen Beruf zu wählen (den des Bergführers), er steht unter dem Druck, kontinuierlich besondere Leistungen erbringen zu müssen, und will eine möglichst große Autonomie: «Das ganze Jahr führen, um eine Familie zu ernähren? Kann ich mir nicht vorstellen. ... Ich würde immer denken: Jetzt könnte ich noch dieses oder jenes machen.» (S. 276 f) Wie viele Kollegen in der Szene sieht er sich in der Zwangslage, Höchstleistungen zu erbringen, und erlebt sich in einer permanenten Konkurrenzsituation.

Im Buch von Röbi Koller dreht sich das erste Kapitel und das erste Interview darum, dass Stephan Siegrist im Jahr 2006 bei einer Expedition zum Gasherbrum II wegen Lawinengefahr auf den Gipfelgang verzichtet hatte. Sein Partner und Konkurrent Ueli Steck hatte den Gipfel erreicht, er war dabei ein hohes Risiko eingegangen. Das Thema Umkehr am Gasherbrum II taucht im Buch immer wieder auf. Man spürt, dass Stephan Siegrist schlecht damit klarkommt, weniger auf seiner Liste der Erfolge stehen zu haben als direkte Konkurrenten, auch wenn es absolut plausible Gründe für den Verzicht gab. Wieder und wieder wird über das Thema gegrübelt. Es ist klar zu erkennen, wie Stephan Siegrist tickt: «Ich leiste, also bin ich. Je mehr meiner Konkurrenten ich übertreffe, umso mehr zähle ich.» Röbi Koller analysiert die Situation von Stephan Siegrist und der Leistungselite beim Bergsteigen so (S. 134f):

Ein weiterer Faktor, der in der Bergsteigerszene für Unruhe sorgt, ist der Neid. Er und der Föhn seien die beiden ältesten Schweizer (…). Zweifellos ist die Konkurrenz unter den Topalpinisten in den letzten zehn Jahren härter geworden. (…) Der Zwang zum Erfolg ist größer denn je. Wenn mehrere Projekte misslingen, dann wird das in den Medien und bei den Sponsoren wahrgenommen. Der Kletterer hat dann tausend Erklärungen bereit – das Wetter, die Verhältnisse – und weiß doch: Er hat es nicht geschafft.

In dieser Leistungsspirale lebt Stephan Siegrist. Darüber sichert er sich seine Anerkennung und sein Einkommen. Natürlich könnte er sein Einkommen auch über die Tätigkeit als Bergführer erzielen, und sein Beruf als Zimmermann böte eine zusätzliche Absicherung. Es gibt bei Bergführern genügend Erwerbsbiografien, die einem solchen Muster folgen, ohne dass diese Menschen unglücklich wären. Allerdings gibt es bei diesem Tätigkeitsprofil keine Pressemeldungen, keine Fernsehbeiträge, keine Filme, keine Buchprojekte und kein Image als Elitebergsteiger. Und keine Bewunderung vom Vater.

Ueli Steck ist ein Leistungstier. Seine «Minimalziele» für einen Bergsteiger habe ich ja bereits erwähnt. Sein Leistungs- und Konkurrenzdenken drückt sich in seinen Speed-Begehungen überdeutlich aus. Durch dieses Projekt verschafft er sich große mediale Aufmerksamkeit, er gilt fortan als die «Swiss Machine». Nachdem er die Nordwände von Eiger, Grand Jorasses und Matterhorn als Alleingänger in Fabelzeiten durchstiegen hat, gelangt er 2009 an einem gewissen Endpunkt an. Ihm wird klar, dass er in einer Sackgasse steckt, da diese Rekorde keinen Bestand haben werden. Er selbst würde mit einer weiteren Beschleunigung kaum mehr Aufmerksamkeit in der Öffentlichkeit erzielen, und bereits 2011 ist der junge Urner Bergführer Dani Arnold auf der Heckmair-Route um fast zwanzig Minuten schneller als Ueli Steck. Dieser Wettbewerb, den Ueli Steck an den klassischen Nordwänden der Alpen eröffnet hat, wird offensichtlich gerne angenommen. Hier wird deutlich, wie schwer und wie riskant es für Nachwuchsbergsteiger ist, ähnliche Anerkennung zu erhalten wie die Extremen vergangener Jahrzehnte.

Es fällt Ueli Steck schwer, sich zu seinem Leistungs- und Konkurrenzprinzip klar zu äußern. Offensichtlich gilt Folgendes: «Ich selbst habe immer wieder das Gefühl, beweisen zu müssen, wie gut ich bergsteigen, wie schnell ich laufen oder wie anspruchsvoll ich klettern kann, schließlich lebe ich von diesen Leistungen.» («8000+», S. 192) Auch ist sicher, dass er durch Konkurrenzsituationen getrieben ist, beispielsweise bei seinem Projekt des Durchstiegs durch die Nordostwand der Ama Dablam. Tomaz Humar und Vanja Furlan hatten für ihre Erstbegehung dieser Wand fünf Tage gebraucht: «Die Herausforderung für mich war, schneller als die beiden zu sein.» («8000+», S. 89)

Auf der anderen Seite versucht er immer wieder darauf hinzuweisen, dass er bei seinen Projekten nicht allein von Konkurrenzdenken getrieben ist: «Schließlich mache ich das alles nur für mich selbst, und für mich gibt es nur einen Weg, ohne Sauerstoff und ohne Doping.» («8000+», S. 36) Es geht ihm, so seine Sichtweise, auch nicht einfach darum, Erster zu sein, sondern darum, etwas Innovatives zu tun: «Nicht im Sinn von Wettbewerb oder Erfolg, sondern im Sinn von einen Weg begehen, den noch niemand zuvor beging.» («Solo», S.134)

In diesen Aussagen findet man eine gewisse Widersprüchlichkeit. Ueli Steck windet sich in zahlreichen Textpassagen immer wieder darum herum, klar zu sagen, «Ich will der Beste sein, alle Welt soll das wissen und mich dafür anerkennen». Es mag sein, dass er das nicht so sagen will, er handelt jedoch nach dieser Prämisse. Was er über alle seine Unternehmungen berichtet, sind die Zeiten, die erreichten Höhen, die Höhendifferenzen und die Schwierigkeiten. Natürlich auch, wie lange seine Vorgänger gebraucht haben, wenn es denn welche gab.

Dass er seinen persönlichen Regeln folgt, dass sich seine phänomenalen Leistungen aus seinen «Träumen» ergeben, dass er für sich selbst die Risiken eingeht, dass er lediglich seine persönliche Entwicklung voranbringt, darauf weist Ueli Steck immer wieder hin. Aber er erbringt die Leistungen in erster Linie, um anerkannt und wahrgenommen zu werden. Früh weiß er auch, dass es Fotos, Texte und Filme braucht, wenn er in die Öffentlichkeit möchte. So geht er Bündnisse mit Fotografen, Fernsehleuten, Journalisten und Vertretern der Sportartikelindustrie ein. Bei seinen aktuellen Projekten sind immer Fotografen oder Kameraleute dabei oder gleich komplette Fernsehteams («8000+», S. 53):

Mein Durchbruch in den Medien beispielsweise war sportlich gesehen gar nichts Spektakuläres. Ich kletterte an den Wendenstöcken eine Route im siebten Schwierigkeitsgrad free solo ohne Seilsicherung. Danach ging ich nochmals mit dem Fotografen Röbi Bösch dorthin, und er nahm einige eindrückliche Bilder auf. Sie waren letztendlich das Entscheidende, durch sie wurde ich bekannt.

Die unterschiedlichen Bedürfnisse ergänzen sich wunderbar. Die Öffentlichkeit benötigt Helden, die stellvertretend für sie handeln, die Medien bedienen die öffentlichen Bedürfnisse und schaffen die Plattform für die Akteure. Die Medienschaffenden selbst dürfen dabei wie der Fotograf und Bergsteiger Röbi Bösch auch noch ihren Marktwert steigern. Eigentlich eine Win-win-Situation, wie man heute so sagt. Das Problem für den Bergsteiger ist, dass er praktisch allein das Risiko trägt. Dessen ist sich Ueli Steck bewusst. Dennoch befeuert er dieses Spiel mit seinem gnadenlosen Leistungs- und Konkurrenzdenken.

Spannend ist es zu schauen, wie Ueli Steck die Ereignisse am Gasherbrum II erlebt hat, die ich bereits im Abschnitt zu Stephan Siegrist erwähnt hatte. Dazu der Originaltext von Ueli Steck («8000+», S. 136):

Für Stef und mich war es schwierig, damit umzugehen, dass ich den Gipfel erreicht hatte und er nicht. Ich hatte Verständnis für seinen Entschluss (…). Andererseits waren Cedric, Hans und ich die Einzigen, die wirklich beurteilen konnten, wie die Verhältnisse dort oben waren, weil wir den Willen aufbrachten, noch einmal aufzusteigen und uns davon zu überzeugen. Dieser Wille war entscheidend, und er wurde belohnt. Seit dem Gasherbrum-Ostgipfel waren Stef und ich nicht mehr zusammen auf Expedition.

Was zählt, ist der Gipfel, entscheidend ist, wer oben war, der Erfolg bestimmt darüber, wer recht hat. Es ist schon drastisch, wie sich Ueli Steck hier ausdrückt. Es geht darum, den Willen aufzubringen, sich zu überwinden, Warnsignale zu relativieren. Man könnte auch sagen, die Botschaft von Ueli Steck ist: Wer bremst, verliert.

Flow-Erfahrungen: Bei Stephan Siegrist gibt es einen Widerspruch zwischen Flow-Erleben und Vermarktung, der so beschrieben wird (S. 173):

Stephan Siegrists größter persönlicher Erfolg in Patagonien stößt medial auf Interesse. Vor allem die große Story in der «National Geographic» – in der deutschen Ausgabe ist sie die Titelgeschichte – bietet ihm und David Fasel, vor allem aber Thomas Ulrich als Fotografen und Greg Crouch als Autor eine hervorragende Plattform. (...) Hingegen will er zwischendurch auch mal für sich klettern, wellenreiten oder Fallschirm springen, ohne Medien, ohne Druck, ohne Ziel – um sich nicht mit vierzig vorwerfen zu müssen, nur einzig für die Vermarktung gelebt zu haben.

Das Aufgehen im Tun, die Lust, unterwegs zu sein. Er kennt es sehr gut, er liebt es, er hat aber keine Zeit, es zu leben. Das Flow-Erleben hat er weitgehend der Wirkung in der Öffentlichkeit und dem geschäftlichen Erfolg geopfert: «Wenn es dein Beruf ist, bringt es ja nichts, wenn du etwas machst, aber niemand hört davon.» (S. 267) Dies der O-Ton von Stephan Siegrist – klarer kann man sich zu diesem Thema nicht ausdrücken.

Auch Ueli Steck geht es in erster Linie um Erfolge und um die Vermarktbarkeit seiner Projekte. Dass er klettert, weil er sich dabei wohlfühlt, kann er nicht vermitteln. Er formuliert diese Erfahrung sogar explizit mit diesen Worten («8000+», S. 53): «So wichtig mir das Bergsteigen war, sosehr ich es liebte, draussen zu sein – eigentlich war das, was ich machte, unwichtig. (...) Ich musste mir immer wieder vor Augen führen, dass ich mein Handeln oft viel zu wichtig nahm.» Genuss, Entspannung, Aufgehen im Tun, kontemplatives Erleben sind für Ueli Steck eher elende Zustände. Er ist bestrebt, zu handeln, um Zustände der Langeweile und damit verbundene Gefühle zu vermeiden. Andererseits erkennt er an («8000+», S.193): «Mir wurde klar, dass ich nicht zu verbissen irgendwelchen Zielen hinterherrennen, nicht vor lauter Getriebensein die Gegenwart vergessen durfte.»

Noch hat er diese Erkenntnis nicht in eine konkrete Verhaltensänderung umgesetzt.

Psyche, Angst, Sucht, Sensation-Seeking: Stephan Siegrist sieht gut aus und ist eitel. Darin stimmen die Experten überein. Thomas Ulrich, Fotograf und selbst Spitzenkletterer, dazu: «Ich würde nicht nur von einer gewissen Eitelkeit reden, sondern von einer ziemlich großen. ... Dass einer gut aussieht, ist ein wichtiges Element und steigert den Verkaufswert meiner Arbeiten.» (S. 118) Am Berg wird Stephan Siegrist von allen seinen Partnern eine ganz besondere mentale Stärke attestiert. Evelyne Binsack beschreibt das mit diesen Worten (S. 190): «Ich weiß nicht, was in seinem Kopf vorgeht, wenn er sich an einer schwierigen Stelle befindet. Für mich ist es manchmal fast unerklärlich, dass man so schwierige Stellen klettern kann.»

Der Umgang mit Verletzungen, Krankheiten und mit deren Behandlung ist bei Stephan Siegrist problematisch. Erkrankungen und Schwächen passen nicht in sein Selbstbild. Er reagiert auf Körpersignale, die nach einer Auszeit verlangen, mit Ignorieren. Er ist ein extremer Durchhalter, der körperliche Bedürfnisse nicht akzeptiert. Maßnahmen zur Selbstfürsorge kennt er nicht. Von seinem Körper verlangt er perfektes Funktionieren. Man kann bei diesem Umgangsstil die Prognose wagen, dass Stephan Siegrist, vorausgesetzt er behält diesen Stil bei und überlebt seine bergsteigerischen Projekte, in zehn bis zwanzig Jahren eine chronische Schmerzerkrankung entwickeln wird. Zu sehr gleicht sein jetziges Verhalten dem, das bei dieser Gruppe von Patienten – speziell bei Männern – in der Vorgeschichte der Erkrankung zu finden ist. Zumal auch Züge wie Perfektionismus bei ihm dokumentiert sind, auch dies ein Risikofaktor für die Entwicklung von Schmerzerkrankungen. Auch ein Burnout-Syndrom ist häufig der Endzustand bei solchen Verhaltensmustern. Zusätzlich fällt auf, dass das Bergsteigen bei Stephan Siegrist wie eine Sucht betrieben wird, mit allen Begleiterscheinungen.

Die typischen psychischen Merkmale eines extremen Bergsteigers sind bei Ueli Steck in Reinform zu beobachten.

Er ist geradezu süchtig nach heftigsten Reizen wie Angst, Kälte, Einsamkeit, Ausgesetztheit, Schmerz. Er sucht den Kick immer und immer wieder. Er muss über eine ganz ungewöhnliche Fähigkeit zur Emotionsregulation verfügen. Dazu kommt ein wahnsinniges Autonomiebedürfnis. Über dauerhafte Seilpartnerschaften berichtet er uns wenig. Sein Bestreben ist es, seine Leistungen allein zu erbringen. Psychologisch bemerkenswert ist die Beobachtung, die er im Zusammenhang mit der Besteigung des Cholatse machte: «Die ganze Begehung kam mir irgendwie irreal vor. Aber ich war tatsächlich da oben gewesen, ich schaute mir immer wieder die Fotos und die Videos an, als müsste ich mich selbst vergewissern, den Gipfel erreicht zu haben.» («8000+», S. 87)

Was Ueli Steck hier beschreibt, ist im Prinzip eine Dissoziation: Menschen steigen aus ihrem Modus normaler Wahrnehmung und Informationsverarbeitung aus, wenn sie in traumatische Situationen geraten, wenn sie unter extremen Stress geraten. Subjektiv ist das mit dem Gefühl des Verlustes der eigenen Identität verbunden. Es ist, als wäre man ein anderer. Zweifellos war dieser Durchstieg eine sehr heftige Stresssituation, die diese Reaktion auslöste. Dissoziationen halten das «System Mensch» am Laufen, wenn die Belastungen ein normales Funktionieren eigentlich nicht mehr zulassen. Typisch für eine Dissoziation ist, dass man sich nicht mehr daran erinnert, selbst in der Situation gewesen zu sein.

Er stürzt, auch das ein Merkmal extremer Bergsteiger nach erfolgreichen Unternehmungen, in eine Leere, wenn die unmittelbare Wirkung des Erfolgs nachlässt. So berichtet er über die Zeit nach seiner Unternehmung «Khumbu-Express» im Jahr 2005 Folgendes: «Später, als ich wieder zu Hause in der Zivilisation war, holte mich diese Leere noch mal ein. Diesmal in Form einer unglaublich tiefen Einsamkeit, tiefer noch als in den Biwaks, die ich hinter mir hatte.» («Solo», S. 171) Wieder einmal die Worte eines Süchtigen, der in den Entzug kommt. Nach der Höchstleistung kommt auch bei

Ueli Steck die bittere Erfahrung, dass sich an seinem Grundzustand nichts geändert hat. Dieser Grundzustand besteht darin, unerlöst, unzufrieden und unerfüllt zu sein.

Beziehungen und Regeln (Seilpartner, am Berg, privat): Stephan Siegrist hatte bisher eine große Zahl von Seilpartnern. Eine konstante Seilschaft entwickelte sich nicht. Partner aus seiner Anfangszeit, wie beispielsweise Oliver Wettstein, konnten seiner Entwicklung nicht folgen. Mit Evelyne Binsack, einer der ersten Schweizerinnen mit einem Bergführerdiplom, war er in den Jahren 1995 und 1996 am Berg und in einer Liebesbeziehung verbunden. Sie schildert ihre Beziehung zu ihm in einem Interview (S. 187 ff):

> *Wir haben unsere Beziehung auf Respekt und Abenteuer aufgebaut. Es war ein wildes Leben: Expeditionen, Klettertouren, Höchstleistungen. (…) Stephan ist ein sehr unruhiger Mensch. Er ruht nicht in sich. Das ist nicht das, was ich in einer Partnerschaft suche. (…) Der Hauptgrund, warum wir auseinandergingen, war der, dass ich eine ruhende Schulter suchte, um anzulehnen und Kraft zu tanken. Jemand, der mich auffängt und bei dem ich meine Unsicherheiten zeigen kann. Das konnte er mir nicht geben.*

Evelyne Binsack beschreibt auch, wie Wettbewerb und Konkurrenz bei bergsteigerischen Projekten in ihrer Partnerschaft immer eine Rolle spielten. Stephan Siegrist wird einhellig als ein bescheidener, empathischer und sensibler Mensch beschrieben, der andere Personen nicht abwertet. Dazu wieder Evelyne Binsack (S. 191):

> *Stef kennt, im Gegensatz zu vielen Leuten in der Szene, keinen Neid. Er setzt sich zwar unter Druck, um erfolgreich zu sein. Er weiß, dass er sich anstrengen muss, um*

top zu bleiben. Aber er verurteilt nicht andere, die erfolgreicher sind als er.

Mit Ines Papert, einer Berchtesgadener Spitzenkletterin und mehrmaligen Weltmeisterin im Eisklettern, geht er im Jahr 2006 eine Beziehung ein. Mit ihr hatte er einen schweren Kletterunfall. Zum Zeitpunkt, als Röbi Koller sein Buch schrieb, war diese Verbindung noch intakt, inzwischen ist sie gelöst. Aus der Darstellung wird deutlich, dass Stephan Siegrist für eine stabile Beziehung nicht die Voraussetzungen mitbringt. Dazu diese Passage (S. 256):

Eine intensive Beziehung mit Kindern würde Stephan wohl in der Ausübung seines Berufes beschneiden. Daher ist der Gedanke, gemeinsame Kinder zu haben, noch weit weg. Auch Ines denkt noch nicht daran. Im Gespräch gibt sie zu Protokoll, Stephan sei ja selbst noch ein Kind.

Dies ist eine bemerkenswerte Textpassage. Die erste Aussage: Bei Stephan Siegrist dreht sich alles ums Bergsteigen, Beziehungen zu Menschen außerhalb dieses Metiers sind nicht vorgesehen. Aussage zwei: Stephan Siegrist lässt sich in seinen Aktivitäten nicht beschneiden, nicht von Partnerinnen und schon gar nicht von Kindern. Aussage drei: Stephan Siegrist ist nicht reif für eine Beziehung und eigene Kinder. Aussage vier: Bei Kindern geht es nur darum, wer der Vater ist. Anders kann diese Passage nicht interpretiert werden, denn Ines Papert ist alleinerziehende Mutter eines Sohnes und lebt seit dessen Geburt in einem Spagat zwischen der Mutterrolle und extremem Leistungsbergsteigen. Autor Röbi Koller scheint das noch nicht einmal zur Kenntnis zu nehmen.

Stephan Siegrist ist ein Regelsetzer, an vorgegebenen Strukturen will er sich nicht orientieren. Die sind aus seiner Sicht für andere gemacht. Bei Partnerschaften orientiert er sich daran, ob sie für das Bergsteigen zweckdienlich sind, auf rein zwischenmenschlicher Ebene scheinen sie für ihn relativ bedeutungslos zu sein. So sieht es zumindest Evelyne Binsack: «Es gab für uns nur Felsen und Seillängen, Routen und Expeditionen. Die Beziehung hatte keine andere Substanz.» (S. 142) Stephan Siegrist kreist ausschließlich um sich selbst und um das Bergsteigen. Für Menschen, die sich nicht auf diese Umlaufbahn begeben, hat er keine Verwendung.

Über konstante Seilpartnerschaften berichtet Ueli Steck wenig. Sein Bestreben ist es, möglichst viele seiner Projekte allein durchzuziehen. Mit Stephan Siegrist gab es mehrere gemeinsame Unternehmungen: eine Neutour in der Eigernordwand, die Durchsteigung der Nordwände von Eiger, Mönch und Jungfrau in 25 Stunden, Expeditionen zu Jannu und Gasherbrum II. Nach der letztgenannten Unternehmung brach die dokumentierte bergsteigerische Verbindung zwischen beiden ab.

Als er 2011 zu seiner Achttausender-Trilogie (bestehend aus Shisha Pangma, Cho Oyu und Mount Everest) aufbricht, findet er erst in letzter Minute einen Partner für die Besteigungen, den Amerikaner Don Bowie. Die Shisha-Pangma-Südwand begeht er im Alleingang, erst am Cho Oyu und am Mount Everest gehen beide zusammen. Sie erreichen gemeinsam den Gipfel des Cho Oyu, am Mount Everest brechen sie die Besteigung ab. Erstaunlich ist, dass Ueli Steck das Projekt Shisha Pangma solo angeht. So richtig klar wird in seinem Text nicht, wie der Entscheidungsprozess bei den beiden Bergsteigern vor der Durchsteigung der Wand läuft. Das Ergebnis ist, dass Don Bowie Ueli Steck allein ziehen lässt. Diesem erscheint offensichtlich nur ein Soloaufstieg wirklich förderlich für die persönliche Reputation. Den Erfolg mit einem Partner zu teilen, hätte ihn für Ueli Steck vermutlich wertlos gemacht. Er hätte sich dann möglicherweise auf einem Niveau wie Gerlinde Kaltenbrunner gesehen, die wenige Jahre zuvor diesen Achttausender, zusammen mit zwei Partnern, als Erste überschritten hatte. Bei den beiden anderen Bergen der Trilogie gab es aus alpinistischer Perspektive keinen zwingenden Grund für einen Seilpartner, da die gewählten Anstiege entweder über strenges Gehgelände führen oder mit Fixseilen versichert sind.

Grundsätzlich scheint Ueli Steck immer ein distanziert kritisches Verhältnis zu Seilpartnern zu haben. Dies sicher aus dem Grund, dass es nur sehr wenige potenzielle Partner auf seinem Niveau gibt. Jedoch auch, weil er sich immer in Konkurrenz zu anderen Bergsteigern sieht und weil er keine Empathie für Partner aufbringen kann. Entsprechend sieht seine «Mannschaft» aus, als er 2007 einen Versuch an der Annapurna-Südwand unternimmt: «Bruno Roth und Jaqueline Schwerzmann für das Schweizer Fernsehen, der Mediziner Oswald Oelz, der sich (…) als Expeditionsarzt nützlich machte, und schließlich der Fotograf Röbi Bösch.» Eigentlich also ein Medienprojekt. Ueli Steck ist der bergsteigerische Leiter und alleinige Akteur der Unternehmung. Beim Aufstieg wird er vom Steinschlag getroffen, stürzt mehrere Hundert Meter ab und überlebt diesen Zwischenfall ohne Folgen. Die Expedition bricht er ab.

Ein Jahr später kommt er mit einem Seilpartner zurück. Mit Simon Anthamatten begeht er zunächst als «Eingehtour» die Tengkampoche-Nordwand. Der Kommentar dazu («8000+», S.110f):

Simon war ein sehr starker Kletterer, wenn es nicht vorwärtsging, war das kein Grund zur Sorge, aber ein sicheres Zeichen dafür, dass die Passage wirklich schwierig war. Es gab nicht viele Kletterpartner, bei denen ich eine solche Situation akzeptieren konnte, aber bei Simon war das zu hundert Prozent der Fall.

Also: Normalerweise ist es für Ueli Steck inakzeptabel, wenn es nicht vorwärtsgeht. Partner, die nicht perfekt funktionieren, kommen nicht infrage. Partner werden auch schon einmal abgehängt, wenn sie dem eigenen Gipfelerfolg im Wege stehen. Als die beiden im Anschluss daran die Annapurna-Südwand angehen wollen, kommt es erneut zu einem Zwischenfall. Als sich Ueli Steck und Simon Anthamatten zu ihrem Gipfelaufstieg fertig machen, erreicht sie ein Notruf von Inaki Ochoa de Olza, Horia Colibasanu und Alexey Bolotov, die auf 7400 Meter in Bergnot geraten sind. Inaki Ochoa de Olza ist kollabiert. Die beiden Schweizer entschließen sich zu einer Rettungsaktion. Alexey Bolotov schafft den Abstieg, nachdem er den Gipfel erreicht hatte, mit letzten Kräften. Horia Colibasanu kann gerettet werden. Ueli Steck erreicht schließlich den Spanier Inaki Ochoa de Olza in dessen Zelt, kann trotz aller Bemühungen seinen Tod aber nicht verhindern. Ueli Steck zeigt hier ein an Achttausendern unübliches Verhalten. Seine eigenen Gipfelambitionen gibt er zugunsten der Rettungsaktion auf. Er wird auch dadurch zu einem Medienereignis («8000+», S. 126): «Das Fernsehen, die Redaktionen von Zeitungen und Zeitschriften, sämtliche Medien wollten ausnahmslos von der Rettungsaktion berichten und uns als Helden darstellen.»

Schließlich ist er bei seinem dritten Versuch an der Annapurna-Südwand im Oktober 2013 erfolgreich. Don Bowie sollte wie am Shisha Pangma sein Partner sein. Doch Don Bowie steigt wieder aus dem Projekt aus. In einem Interview berichtet Ueli Steck, sein Partner habe sich erst am Bergschrund dazu entschieden, nicht in die Tour einzusteigen. Er sei dadurch zu seiner Solobegehung gezwungen gewesen.

Über private Partnerschaften teilt Ueli Steck mit, dass er 2008 heiratet. Die Verbindung gelingt, folgt man dem Text, indem Nicole ihrem Ueli in die Berge folgt: Felsklettern in Amerika, Bergsteigen im Karakorum. Als Geburtstagsgeschenk erhält Nicole 2009 den Westpfeiler des Scheideggwetterhorns geschenkt. Beim Abstieg auf dem Hüttenweg stürzt sie und verletzt sich schwer. Es ist grotesk, aber auch daraus wird bei den Stecks ein Medienereignis: «Nicole schaffte es am nächsten Tag auf die Titelseite ...» («8000+», S.188)

Was tut Ueli Steck, um mit der Situation klarzukommen? Er stellt grundsätzliche Überlegungen an («8000+», S. 193): «Mir wurde auch klar, dass ich nicht zu verbissen irgendwelchen Zielen hinterherrennen, nicht vor lauter Getriebensein die Gegenwart vergessen durfte.» Anschließend geht er wieder zum Bergsteigen über: «Ein Jahr nach ihrem Unfall hatte sich Nicole bereits gut erholt. Ein paar leichtere Bewegungseinschränkungen würden bleiben (...). Wir beschlossen, Nicoles lang gehegten Traum wahr zu machen und zusammen die Ama Dablam zu besteigen.» (8000+, S. 193) Klar ist, dass diese Partnerschaft nur über das gemeinsame Bergsteigen funktioniert.

Auch ein Thema bei Ueli Steck ist das Regelsetzer-Verhalten, das er ausgeprägt zeigt. Er spricht oft über Fragen des Stils beim Bergsteigen. Seinen persönlichen Stil definiert er, je nachdem wo und wie er unterwegs ist, relativ beliebig. Eine Neutour durch die Eigernordwand richtet er in langer Vorarbeit mit Bohrhaken ein, bei seinen Soloprojekten versucht er auf möglichst viele Hilfsmittel zu verzichten, bei seinem ersten Versuch am Mount Everest nutzt er die Logistik einer kommerziellen Expedition. Es wechselt sehr, was bei ihm «guter Stil» ist. Den Stil anderer Bergsteiger kritisiert er gerne.

Politik: Dazu ergibt sich aus der vorliegenden Publikation nichts. Sicher ist, dass Stephan Siegrist Bergsteigen nur aus persönlichen Interessen betreibt. Evelyne Binsack bemerkt hierzu: «Wenn wir politische Diskussionen führten, hat er einfach eine Meinung übernommen, die er mal von einem Kollegen gehört hat. Er war weder fundiert, noch sah er Zusammenhänge.» (S. 189) Demnach trat der überaus sympathische Charmebolzen mitunter auch als ziemliche Dumpfbacke in Erscheinung.

Von Ueli Steck gibt es keine publizierten Beiträge zu politischen Themen.

Fazit: Stephan Siegrist stammt aus einer soliden Schweizer Familie, der es wirtschaftlich gut geht. Er hat einen allmächtig auftretenden, dominierenden Vater, der sein Leben zu kontrollieren trachtet. Seine frühen Erfahrungen sind gekennzeichnet durch Sätze wie diesen: «Was du tust, genügt nie.» Aus dieser Konstellation resultiert ein schwaches Selbst. Stephan Siegrist richtet dieses durch extrem leistungsorientiertes Bergsteigen auf, dauerhaft stabilisieren kann er es nicht. Geradezu süchtig ist er nach öffentlicher Anerkennung für seine Taten. Stabile Partnerschaften kann er weder am Berg noch im Privatleben etablieren. Er strebt einen Status an, der ihn weit über seine Mitmenschen und seine Konkurrenten am Berg erhöht. Dafür riskiert er seine Gesundheit. Selbstfürsorge kennt er nicht. Das von Röbi Koller publizierte Buch porträtiert geradezu den Prototyp eines narzisstischen Bergsteigerstars.

Ueli Steck teilt uns nichts über seinen familiären Hintergrund mit. Ein Satz, der wie ein früh erworbenes Schema klingt, dürfte die Aussage sein «Hinauf kommt nur, wer wirklich will», die sich als Bildunterschrift im Buch «Solo» findet. Steck präsentiert sich als absolut leistungsorientierter Extrembergsteiger. Er betreibt das Bergsteigen wie ein Süchtiger, der nach jedem Erfolg in ein Loch fällt und anschließend eine noch stärkere Dosis Berg benötigt. Er hat ein sehr ausgeprägtes Autonomiebedürfnis und betätigt sich als Regelsetzer. Bergpartnerschaften sind für ihn immer problematisch, da er kaum Partner auf seinem Niveau finden kann und die Partner immer auch als Konkurrenten erlebt werden. Seine Ehefrau scheint den Zugang zu ihm auch über die Berge zu gewinnen. Er zeigt ein ausgeprägt männliches Muster in seinen Interaktionen, er handelt, reden ist nicht seine Stärke. Über andere Bergsteiger äußert er sich durchaus abwertend, indem er beispielsweise deren alpinistischen Stil als nicht zeitgemäß charakterisiert oder ihre Leistungen relativiert. Ueli Steck sucht die Öffentlichkeit, er ist ein Medienstar geworden. Er gibt sich sehr bescheiden, freut sich aber, wenn seine besondere Bedeutung herausgestellt wird.

Beide biografischen Skizzen offenbaren, in welchem Spannungsfeld sich extremes Bergsteigen heute abspielt und welche Rolle die Berichterstattung in den Medien und öffentliches Interesse haben. An Ueli Steck und Stephan Siegrist zeigt sich, wie sich das Wechselspiel zwischen Bergsteigen und Medieninteresse inzwischen entwickelt hat. Beide Seiten benötigen einander. Extreme Bergsteiger entwickeln ihre Projekte inzwischen regelmäßig so, dass sie sich öffentlichkeitswirksam vermarkten lassen. Das heißt, es werden auf professionellem Niveau Fotos und Filme produziert, Texte in Printmedien lanciert, Bücher publiziert, Fernsehbeiträge auf den Weg gebracht und Vortragsreihen gestartet. Dies ist nichts wirklich Neues, bereits Edward Whymper hat die ihm zur Verfügung stehenden Medien bedient. Die Versuche in der Eigernordwand waren in den 1930er-Jahren in der Öffentlichkeit sehr präsent. Das Himalaja-Bergsteigen taucht regelmäßig im Mai auf allen Kanälen auf, wenn über die Katastrophen oder, seit einigen Jahren, die Menschenschlangen am Mount Everest berichtet wird.

Das Leben der anderen

«Steige auf Berge und rede darüber, damit alle es erfahren.» Nach diesem Muster agieren viele Bergsteigerstars. Es ist aber nicht so, dass von allen fähigen und erfolgreichen Bergsteigern Selbstzeugnisse vorliegen. Zu jedem der vorhergehend dargestellten Porträts lässt sich problemlos mindestens ein Bergsteiger finden, der zu seiner Zeit ebenso aktiv und erfolgreich war, der aber keine wesentlichen Dokumente publiziert hat, der nie eine besondere Medienpräsenz erzielte und der außerhalb der reinen Alpinistenszene nie wahrgenommen wurde. Im Folgenden möchte ich ein paar dieser Bergsteiger nennen.

Hermann Kühn galt als der Mentor von Reinhard Karl. Von ihm hat er das Bergsteigen gelernt, er war zunächst der überlegene Partner, er hat ihm seinen Weg hin zu einem bedeutenden Bergsteiger geebnet. Hermann Kühn war Teilnehmer jener Nanga-Parbat-Expedition im Jahre 1970, die medial und juristisch bis heute immer wieder neu bearbeitet wird. Er gehörte damals zur Spitze der deutschen Bergsteigerszene. Dokumente von ihm oder über ihn, die über seine namentliche Erwähnung hinausgehen, sind mir nicht bekannt. Hans Engl war ab den 1970er-Jahren für lange Zeit einer der besten Allround- und Höhenbergsteiger in Deutschland. Einer breiteren Öffentlichkeit wurde er nie bekannt, als Werbeträger hat er nie fungiert. Bücher hat er nicht publiziert, Vorträge nur in seinem direkten privaten Umfeld gehalten. Ein Zeitgenosse und zeitweiliger Seilpartner von Hermann Buhl war Sepp Jöchler. Den beiden gelang 1952 die achte Begehung der Eigernordwand, Sepp Jöchler gehörte 1954 zu den Erstbesteigern des Cho Oyu, er hat eine ganze Reihe von Erstbegehungen am damaligen Leistungslimit aufzuweisen. Er war in den 1950er-Jahren ein Topbergsteiger. In der außeralpinen Öffentlichkeit blieb er immer ein Unbekannter. Ein Zeitgenosse von Riccardo Cassin ist der Deutsche Otto Eidenschink. Zumindest in den 1930er-Jahren erreichte Eidenschink wahrscheinlich ein ähnliches bergsteigerisches Niveau wie Riccardo Cassin. Erst 1999 publizierte er eine Biografie («Steil und steinig»), die ein einzigartiges Dokument darstellt. Einer breiteren Öffentlichkeit blieb er aber dennoch völlig unbekannt. Louis Lachenal, der Partner von Lionel Terray, blieb immer im Schatten seiner Gefährten. Er publizierte selbst nichts

Schriftliches. Als Vortragsredner nach dem Erfolg an der Annapurna war letztendlich Maurice Herzog gefragt. Louis Lachenal fand sich in der Rolle des Wasserträgers wieder. Der gebildete und eloquente Herzog avancierte in der breiten Öffentlichkeit zum Helden der Annapurna. Die körperlichen Einschränkungen nach den Amputationen beendeten zudem die ambitionierteren bergsteigerischen Aktivitäten von Louis Lachenal. In der Öffentlichkeit unbekannte Schweizer Bergführer, die entscheidend an den Erstbesteigungen der Westalpengipfel, ja weltweit, beteiligt waren, gibt es zuhauf. Als Beispiel sei Matthias Zurbriggen genannt, ein Zeitgenosse von Christian Klucker. Immerhin ist er der Erstbesteiger des Aconcagua. Mit elendem familiärem Hintergrund fand er sein Glück und seine Berufung als Bergführer. Erfolgreich in den Bergen, launenhaft, heftig und überheblich sei er gewesen, unfähig zu persönlichen Bindungen. Er beendete sein Leben mit 61 Jahren durch Suizid, nachdem er seine letzten Lebensjahre als versoffener Landstreicher zugebracht hatte.

Wen stellt man Andy Kirkpatrick gegenüber? In seinen Büchern erwähnt er selbst zahlreiche englische Kletterer, die nie in der Öffentlichkeit bekannt wurden. Beispielsweise dürfte sein Partner aus der Lafaille-Route, Ian Parnell, nur den Lesern des Buches «Kalte Kriege» bekannt sein. Eine eigene Öffentlichkeitswirksamkeit hat Ian Parnell trotz exzellenten alpinistischen Könnens bisher nicht entwickelt. Zeitgenossen von Erhart Loretan waren beispielsweise Jean Troillet, Pierre Moran oder André Georges – alles ausgewiesene Extreme, häufige Partner von Erhard Loretan, die ihm in ihrer bergsteigerischen Kompetenz wahrscheinlich nicht unterlegen waren. Von Jean Troillet findet man in der Jetztzeit eine eigene Homepage, öffentliche Personen sind sie aber alle nicht geworden. Ralf Dujmovits ist eher als «der Mann von» Gerlinde Kaltenbrunner bekannt. Dass er der erste Deutsche ist, der auf allen Achttausendern stand, und einer der erfolgreichsten Expeditionsreiseveranstalter weltweit ist, wäre über die engere Szene hinaus ohne die Erfolge seiner Frau wohl nie bekannt geworden. Er selbst hat als Alleinautor nichts publiziert, seine Auftritte erfolgen im Gefolge von Gerlinde Kaltenbrunner.

Hajo Netzer, seit Anfang der 1990er-Jahre über Jahrzehnte hinweg ein erfolgreicher Bergführer, Expeditionsleiter und Besteiger mehrerer Achttausender, ist zweifellos ein exzellenter Bergsteiger. Mehrere seiner Kunden haben Berichte über ihre Heldentaten publiziert, die sie unter seiner Führung vollbrachten. Von ihm selbst liegt nichts Schriftliches vor. Einen seiner Vorträge habe ich persönlich besucht. Noch selten habe ich einen – rein fachlich hochkompetenten – Vortragenden gehört, der seine äußerst erfolgreiche Unternehmung (es ging um eine von ihm geleitete Nanga-Parbat-Expedition, bei der alle Teilnehmer den Gipfel erreichten) so schlecht präsentierte. Die Dias waren mies, der Vortrag zum Einschlafen, die Botschaft nicht zu erkennen. Vermittelt hat Hajo Netzer, dass er das nicht braucht: Prominenz und Anerkennung als Vortragsredner.

Stephan Siegrist erwähnt Martin Mauer und Oliver Wettstein. Beide waren zu Beginn seiner Karriere seine zeitweiligen Partner. Beide haben keine vergleichbare Laufbahn als extreme Profibergsteiger eingeschlagen, beide sind in der Öffentlichkeit Unbekannte geblieben, über sie gibt es keine Porträts im Fernsehen, Interviews haben sie nie gegeben. Edward Whymper setzte den Schlusspunkt unter eine Periode, die heute als Goldenes Zeitalter des Alpinismus bezeichnet wird. In dieser Zeit gab es mindestens ein Dutzend andere britische Bergsteiger, die ihm in Bezug auf alpinistisches Können mindestens ebenbürtig waren; auch in Bezug auf ihre Erfolge. Von ihnen, beispielsweise von Leslie Stephen, Horace Walker oder John Tyndall, sind heute die Namen im Zusammenhang mit der Geschichte des Alpinismus durchaus noch geläufig; die Personen hinter den Namen genießen aber keine

Popularität mehr. Steve House nennt mehrere kurzfristige Bergpartner wie Bruce Miller, Vince Anderson oder Scott Backes, die alpinistisch mit ihm mithalten konnten, bisher jedoch keine Publikumslieblinge wurden.

Was macht einen Bergsteiger zu einem Star? Wodurch kommt die Medienpräsenz zustande? Welche Eigenschaften befördern eine Karriere, welche führen ins mediale Abseits? Wie unterscheiden sich die Personen, die im Hintergrund bleiben, von denen, die hell leuchten und von der Welt wahrgenommen werden?

Am bergsteigerischen Können liegt es nicht. Ich denke, dass hier die Persönlichkeit der Bergsteiger entscheidet. Die prominenten Bergsteiger suchen gezielt die Publizität, weil sie sich dadurch als wirksame und bedeutende Personen erleben. Ganz pragmatisch begründen das viele von ihnen damit, dass es zu ihrem Beruf gehöre, sich öffentlich zu vermarkten. Stephan Siegrist führt dies explizit an, auch die Brüder Alexander und Thomas Huber oder Ueli Steck planen ihre Unternehmungen immer in Hinblick auf die mediale Verwertbarkeit. Bergsteiger, die dies nicht tun, bleiben im Hintergrund, bleiben Bergsteiger ohne öffentliche Wirkung.

Möglicherweise entscheiden sich manche Spitzenbergsteiger ganz bewusst, nicht die Öffentlichkeit zu suchen. Möglicherweise suchen sich Medien und Werbewirtschaft die zu ihnen passenden Geschichten und Gesichter. Somit schaffen es manche Akteure trotz aller Anstrengungen nicht ins Rampenlicht. Ganz sicher gibt es auch bei den extremen Bergsteigern Menschen, die in erster Linie das Erlebnis, das Spielerische suchen und sich ihr Ego nicht in den Bergen aufbauen müssen. Bedeutsam dürfte sein, dass die Spitzenbergsteiger «im Hintergrund» neben ihrem Bergsteigen über andere persönliche Kraftquellen verfügen, die ihnen zu einer wertigen und stabilen Selbstwahrnehmung verhelfen. Diese Quellen liegen im Beruf, in der Familie, in sozialen Netzen. Wessen biografischer Hintergrund stabil ist, wessen Familienleben befriedigend verläuft, wer berufliche Anerkennung erhält und eine positive berufliche Perspektive außerhalb des Bergsteigens hat, wer in soziale Netze eingebunden ist, in denen es nicht nur um das Bergsteigen geht, wird nicht seine komplette Lebensenergie in bergsteigerische Projekte stecken. Und fast zwangsläufig hat man dann auch nicht die Zeit zur Verfügung, bergsteigerische Heldentaten zu vollbringen.

Andere Fälle

Ich habe dreizehn Bergsteiger (dabei nur eine Frau) ausführlich dargestellt. Man könnte nun argumentieren, ich hätte gezielt solche Biografien ausgewählt, um meine Aussagen über das Psychogramm extremer Bergsteiger belegen zu können. Biografien anderer Bergsteiger würden meine Schlussfolgerungen nicht stützen. Dem möchte ich eine zwanglose Reihe weiterer extremer Bergsteiger hinzufügen, bei denen ich, ohne weiter ins Detail gehen zu können, auf Fakten hinweise, die mit meinen Annahmen übereinstimmen.

Der Südtiroler Heini Holzer, unter anderem Seilpartner von Reinhold Messner, wurde in den 1970er-Jahren durch seine Steilabfahrten berühmt. Seine biografischen Daten mit einer extrem schwierigen Kindheit und Jugend, mit seiner Kleinwüchsigkeit, mit seinem familiären Scheitern und seinem kompromisslosen Leistungsstreben passen perfekt zu meiner Hypothese. Alison Hargreaves, die 1995 am K2 verstorbene schottische Extrembergsteigerin, scheiterte in der Schule und bezog ihren Selbstwert ausschließlich aus dem Klettern. Selbstzweifel peinigten sie lebenslang. Immer schwierigere Touren sollten sie stabilisieren. Ihre Familie zerbrach, nach ihrem Tod hinterließ sie zwei kleine Kinder. Mark Twight, ein Punk unter den amerikanischen Bergsteigern, verbreitete zu seinen Glanzzeiten Texte, in denen es um seine ganz spezielle Art egozentrischen Bergsteigens ging.

Seine Botschaft: Ich, Ich, Ich. Alexander und Thomas Huber, die bayerischen «Huberbuam», haben ein Konkurrenzproblem unter Brüdern. Gemeinsam ist ihnen, dass sie sich als halb nackte «Männer in Bewegung» vermarkten, was wohl besonders außerhalb der Bergsteigerszene gut ankommt. Ihre Medienpräsenz haben sie zum alternativlosen Geschäftsmodell erhoben. Cesare Maestri ist ein großer italienischer Bergsteiger, der grandios scheiterte – nicht am Berg, sondern an sich und seiner Obsession. Seine von ihm reklamierte Erstbesteigung des Cerro Torre wurde in der alpinen Fachwelt nicht anerkannt, seine spätere Besteigung des Berges mithilfe eines Kompressors und einer großen Hilfsmannschaft machte ihn zum Gespött. Er ist ein zutiefst verletzter Mensch, der daran verzweifelt, dass seine Leistung nicht von allen anerkannt wird. Denn das – und nicht der Gipfel – war das Ziel seines Lebens. Beim Österreicher Mathias Rebitsch, dem überragenden Kletterer der 1930er- und 1940er-Jahre, finden sich zahlreiche Merkmale wie beispielsweise sein Jähzorn, seine Empfindlichkeit gegenüber Kritik oder seine Probleme mit sozialen Beziehungen, die ihn zu einem Musterbeispiel für mein Psychogramm machen. Auch aus Österreich stammt Toni Hiebeler. Als Kind ist er hyperaktiv, versagt in der Schule und gilt als schwer erziehbar. Der Vater ist aktiver Nazi, autoritär und gewalttätig. Vor diesem Hintergrund entwickelt sich Toni Hiebeler ab den 1940er-Jahren zu einem exzellenten Bergsteiger. Andreas Heckmaier, Deutschland, der bei der Erstbegehung der Eigernordwand die Seilschaft aus der Wand führte, war als Kind im Waisenhaus, später ein arbeitsloser Bergvagabund ohne stabile Bindungen, sein Ego holte er sich in den Bergen. Er zeichnete sich durch ein besonders ausgeprägtes Autonomiestreben aus. Die Polin Wanda Rutkiewicz gilt als eine der wichtigsten Frauen des Alpinsports im 20. Jahrhundert. Sie bestieg acht Achttausender. Von ihr ist diese Aussage verbürgt: «Alle Versuche, meine Unabhängigkeit einzugrenzen, betrachte ich als Aggression, auf die ich mit Sturheit reagiere, anstatt mich zu beugen.» Die spanische Bergsteigerin Edurne Pasabán, die zweite Frau auf allen Achttausendern, ist ebenfalls von einem fanatischen Autonomiestreben getrieben. Von ihrem Vater möchte sie sich mit aller Macht abgrenzen. Sie leidet unter extremen Selbstzweifeln, die sich in einer Depression und mindestens einem Suizidversuch äußern. Stabilisiert hat sie sich mit ihren Erfolgen auf den Achttausendern.

Diese Reihe ließe sich fortsetzen. Auch bei Legenden wie Walter Bonatti, Kurt Diemberger und Hans Kammerlander gibt es zahlreiche Merkmale, die sie zu Beispielen meines Psychogramms machen. Meine Auswahl ist nicht speziell selektiv, das postulierte Psychogramm passt allzu oft auf extreme Bergsteiger.

Außer der Reihe: Reinhold Messner

Reinhold Messner kann ich nur als Sonderfall behandeln. Der Name ist im deutschsprachigen Raum zu einem Synonym für den Begriff Bergsteiger geworden. Er ist seit Jahrzehnten in allen Medien in einem Maße präsent, wie es nie zuvor ein Bergsteiger war. Seit den 1980er-Jahren hat er sein Wirken auf viele andere gesellschaftliche und kulturelle Bereiche wie die Politik, die Literatur, den Film, den Naturschutz und den Aufbau von Museen ausgedehnt. Reinhold Messner wird von den Medien häufig und gerne als Quelle oder Kommentator herangezogen, wenn es um alpinistische Themen geht. Ihm wird mitunter die alleinige Deutungshoheit bei solchen Fragen zugesprochen.

Von Reinhold Messner wurden bisher über siebzig Bücher publiziert. Über ihn wurde der dokumentarische Kinofilm «Messner» produziert, der 2012 in die Kinos kam. Zur Person Messner ist die Quellenlage, was Arbeiten von ihm selbst und Sekundärliteratur angeht, nahezu unüberschaubar geworden. Ich sehe mich daher nicht dazu in der Lage, mit vertretbarem Aufwand ein erschöpfendes Quellenstudium zu betreiben. Ich kann lediglich eine zusammenfassende Einschätzung zu meinen Fragen bieten, sichere und eindeutige Belege für diese Einschätzungen sind nur schwer widerspruchslos zu erhalten. Reinhold Messner hat zu vielen Fragen eine Meinung in die Welt gesetzt, möglicherweise aber zu einem anderen Zeitpunkt die gegenteilige Meinung vertreten. In der Sekundärliteratur wird er von manchen Autoren stark abgelehnt, andere erheben ihn zum größten Bergsteiger aller Zeiten. Inzwischen äußert er sich zu vielen Fragen, die die Zukunft der Menschheit betreffen.

Dokumentiert sind ein sehr belastetes Verhältnis zum Vater, Gewalterfahrungen sowie beengte und sehr rigide Verhältnisse in der Herkunftsfamilie. Sehr früh entwickelte er ein extremes Leistungshandeln im Bergsteigen, um sein fragiles Selbst zu stabilisieren. Er war als Bergsteiger erfolgreich, benötigte aber immer extremere Leistungen, um kurzfristig zufrieden zu sein. Von Anbeginn seiner Karriere an suchte er die Öffentlichkeit. Er konnte sich dabei selbst sehr gut in Szene setzen und vermarkten. In den 1960er-Jahren konnte er als Felskletterer in den Dolomiten Maßstäbe setzen. Das Höhenbergsteigen hat er in den 1970er- und 1980er-Jahren maßgeblich beeinflusst. Bei seiner ersten Himalaja-Expedition starb sein jüngerer Bruder Günther. Reinhold Messner wurde durch diesen Todesfall nachhaltig traumatisiert. Bis heute setzt er sich mit diesem Trauma auseinander, er beschäftigt sich nach wie vor mit dem Thema Schuld am Tod des Bruders.

Reinhold Messner neigt dazu, andere Menschen abzuwerten. Es gibt zahlreiche Beispiele für schwierige Bergpartnerschaften, Auseinandersetzungen und Feindschaften. Noch über vierzig Jahre nach seiner ersten Teilnahme an einer Himalaja-Expedition kam es zum erneuten Streit zwischen ihm und einigen anderen Teilnehmern an dieser Expedition. Es scheint kein Spaß gewesen zu sein, wenn man mit ihm am Berg unterwegs war. Auch heftige Konflikte in privaten Partnerschaften sind dokumentiert. Er orientiert sich an sehr ausgeprägten Größenideen, seine Person betreffend. Reinhold Messner ist ein extremer Individualist und Regelsetzer, er bevorzugt es, wenn andere Personen seinen Vorgaben folgen. Problematisch ist, dass er begonnen hat, sich selbst auf der Basis seiner bergsteigerischen Leistungen in vielen Bereichen der menschlichen Kultur zum Maß aller Dinge zu erheben und die Meinungsführerschaft zu beanspruchen. Das führt dann zu Äußerungen wie jener im Klappentext eines 2012 erschienenen Buches: «Ueli Steck gehört zu jener Handvoll Leuten, die wissen, wie zeitgemäße Herausforderungen gelöst werden können.» Ich unterstelle, möglicherweise zu Unrecht, dass Reinhold Messner damit nicht nur bergsteigerische Herausforderungen meint. Tatsächlich sollten wir uns aber davor hüten, Rezepte eines Ueli Steck auf andere Bereiche als das Durchsteigen schwierigster kombinierter Wände in großer Höhe anzuwenden. Messners bergsteigerische Leistungen sind über alle Zweifel erhaben – die Relevanz bergsteigerischer Leistungen für die Entwicklung der Menschheit scheint er hingegen zu überschätzen.

Reinhold Messner wurde weltbekannt, weil er der erste Mensch war, der alle vierzehn Achttausender besteigen konnte, den letzten im Jahr 1986. Ralf Dujmovits, der erste Deutsche auf allen Achttausendern, und Gerlinde Kaltenbrunner, die erste Frau, die ohne Flaschensauerstoff auf diesen Gipfeln stand, erwähnen in ihrem Buch «2 mal 14 Achttausender» (2012 bei Bruckmann erschienen) den Namen Reinhold Messner kein einziges Mal. Man scheint im Höhenbergsteigen inzwischen auch ohne ihn wieder gut zurechtzukommen.

Es ist natürlich klar: Der Bergsteiger Reinhold Messner entspricht meinem Psychogramm extremen Bergsteigens geradezu prototypisch.

Die auf der Strecke bleiben: Partner und Angehörige

Von Kriemhild Buhl, der ältesten Tochter von Hermann und Eugenie Buhl, stammt das Buch «Mein Vater Hermann Buhl» (2007 bei Herbig erschienen), in dem das Schicksal der Familie Buhl nach dem Tod des Ehemanns und Vaters nachgezeichnet wird. Hermann Buhl lässt nach seinem Tod an der Chogolisa eine junge Frau und drei kleine Mädchen im Alter zwischen fünf und einem Jahr zurück. Der Held ist tot, die Witwe muss als alleinerziehende Mutter das Leben bewältigen. Die buhlschen Ersparnisse wurden für die letzte Expedition aufgebraucht, die Witwenrente reicht allenfalls für die Heizkostenrechnung. Kriemhild Buhl zieht in ihrem Buch dieses recht bittere Fazit über das Leben ihrer Mutter (S. 250):

Alltag – sie brachte es in dieser Disziplin zur Meisterschaft, aber flüchtete Hermann nicht wie ein Besessener aus dem Nest, wann immer es nach Alltag auch nur roch? Die meisten Bergsteiger sind neurotische Gesellen, auf den Erfolg programmiert und von Sinnkrisen gebeutelt, sobald das Nachlassen der Kräfte sie zu einer Neuorientierung zwingt. Sie sind auch Egomanen, sie müssen es zwangsläufig sein, um sich auf ihrem Weg zum Ziel nicht beirren zu lassen. Ihre Ehen, wenn sie denn die Halbwertszeit überhaupt überdauern, sind meist das Produkt einer besseren Hälfte, die jedes Management und sich selbst in den Schatten stellt. Unsere Mutter musste nicht – wie so viele Frauen von Extrembergsteigern – den schleichenden Konkurs einer Bergsteigerehe erfahren, ihre Liebe nicht der Erosion durch die Dauer aussetzen. Ihr blieb der Horror des Scheiterns erspart. Somit konnte sie sich in dem Glauben wiegen, dass die Verbindung mit dem Auserwählten, verewigt auf einer sich über dem Horizont abspulenden Schriftenrolle, schicksalhaft und vom Chaos der Beliebig-

keit ausgeschlossen sei. Es gab genügend Leidenschaft, um für die Gläubige eine Religion darauf zu gründen.

Die «Heldenjahre» zwischen 1953 und 1957 prägten Eugenie Buhl für den Rest ihres Lebens und schlossen aus, dass sie noch einmal eine Partnerschaft eingehen konnte. In diesen Jahren war sie in leidenschaftlichem Einklang mit ihrem Mann, sie konnte seinen Heldenstatus nach seinem Alleingang auf den Nanga Parbat als die Frau an seiner Seite mit ihm genießen und sie liebte es sehr, wenn wir der Darstellung ihrer Tochter folgen. Eugenie Buhl, selbst routinierte Bergsteigerin, konnte die überragenden bergsteigerischen Fähigkeiten ihres Mannes sehr gut einschätzen und kannte die Risiken, die er bei seinen Unternehmungen einging. Gerade das Wissen darum machte ihn für sie so wertvoll und einzigartig. Denn dieser Mann hatte sie ausgewählt. Kein anderer Partner hätte je wieder seine Qualitäten erfüllen können. Kriemhild Buhl nimmt wahr, wie ihre Mutter in geradezu religiöser Verehrung an ihren verstorbenen Partner gebunden blieb. Wobei die Mutter nie in vollem Umfang erleben musste, wie dieser Partner im Alltag, als Familienvater, wirklich funktioniert hätte. Diese Erfahrung blieb ihr erspart.

Dass er sie unversorgt zurückgelassen hatte, nahm sie als persönliche Herausforderung an. So gesehen vollbrachte die Witwe im Alltag bedeutendere Leistungen als der abgestürzte Hermann Buhl an den Bergen der Welt. Das waren natürlich keine heroischen Taten, erforderten aber jahrzehntelang eiserne Disziplin, Risikobereitschaft, Verzicht auf persönliche Wünsche und die Bewältigung von Enttäuschungen und familiären Katastrophen. In der Familiengeschichte ist nach dem Tod des Ehemanns und Vaters der Tod der jüngsten Tochter Ingrid, die ein Opfer ihrer Drogensucht wird, das Ereignis, das die Mutter und die zurückgebliebenen Schwestern am heftigsten erschüttert. Nun wäre es – aus therapeutischer Sicht – vermessen, die Suchterkrankung der Tochter allein auf das Fehlen des Vaters zurückzuführen. Kriemhild Buhl formuliert jedoch einen starken Zusammenhang zwischen dem Drogentod ihrer kleinen Schwester und dem fehlenden Vater. Sie sieht auch eine große Nähe in den persönlichen Biografien von Vater und jüngster Tochter (S. 243):

Dann ist mein Herz voller Mitleid mit meinem Vater, ich sehe das leidende, heimatlose Kind in ihm, der wie ein Getriebener nach immer neuen Zielen hastete. Ein Suchender, dem das Leben als solches zum Leben nicht reichte. Voller Mitleid mit meiner kleinen Schwester, in der sich seine Sehnsucht am hemmungslosesten wiederholte und sie auf Mittel stoßen ließ, die ihr für kurze Zeit die Illusion gaben, vollkommen zu sein. Diese beiden Jungverstorbenen buddelten sich – jeder auf seine Weise – ihre Fluchttunnel aus der Vergangenheit, aus der Einsamkeit.

Kriemhild Buhl formuliert eine radikale Parallele zwischen dem Bergsteigen des Vaters und der Drogensucht der Schwester. Sie sieht ihren Vater als suchtkranken Menschen und durchaus als Opfer. Sieht aber auch, dass er durch sein kompromissloses Handeln neue Opfer zurücklässt. Opfer in der Realität des Alltags, aus der er selbst immer geflohen ist.

Maria Coffey war mit dem britischen Extrembergsteiger Joe Tasker liiert, der 1982 am Mount Everest ums Leben kam. Sie schrieb das Buch «Extrem – Glück und Gefahr des Bergsteigens» (auf Deutsch 2005 bei Malik), in dem es um das Erleben der Angehörigen von Bergsteigern geht, die zurückbleiben, wenn Partner, Väter oder Söhne nicht zurückkehren. Das Buch ist eine Auseinandersetzung mit dem eigenen Schicksal, nachdem ihr Partner nicht von seiner letzten Expedition zurückkehrte. Die Autorin hat zudem eine große Zahl an Interviews mit Frauen, Eltern und Kindern geführt, die ihr Los teilen. Die immer wiederkehrenden Themen der Gespräche sind: die Ängste und Sorgen, häufig als unerträglich erlebt, wenn die Männer in den Bergen der Welt unterwegs sind; das egoistische Handeln, wenn die bergsteigenden Partner, die in der Regel Männer sind, ohne je Rücksicht zu nehmen, sich ihre Sehnsüchte erfüllen und wie Süchtige immer wieder aufbrechen; die Tatsache, dass die zurückbleibenden Partnerinnen die ganze Last des Familienlebens zu stemmen haben und dabei letztendlich mehr leisten als die Männer auf ihren Bergen, so hoch der Gipfel auch gewesen sein mag; erleben zu müssen, dass die geliebten Männer in den Zeiten ihrer Abwesenheit mit ihren Bergpartnern intensivere Bindungen eingehen, als sie sie in der Partnerschaft pflegen; die Enttäuschung darüber, dass die bergsteigenden Helden für den Alltag in der Ebene, für ein Familienleben, für eine konventionelle Berufstätigkeit ziemlich ungeeignet sind – und dass ihre Helden, vor die Wahl gestellt, sich für die Berge entscheiden. Denn dort – bei ihrem Kampf gegen die Drachen – können sie es vermeiden, mit Aufgaben und Pflichten des normalen Lebens konfrontiert zu werden, denen sie sich nicht gewachsen fühlen. Daraus ergibt sich als Fazit: «Man wartet auf einen Kerl, der kommt und geht und kommt und geht. Was ist das bloß für ein Leben?» (S. 210 f)

Im Kontrast dazu steht, dass Bergsteiger durchaus begehrte Partner sind. Exemplarisch dafür stehen die Aussagen von Marylin Harlin nach dem Tod ihres Mannes John in der Eigernordwand. Sie wusste, dass er ein «echter Draufgänger» war. Das war es, was sie sich von einem Mann wünschte. Einer, der die «Regeln ignorierte» und «außergewöhnliche Dinge» tat. Ein Mann mit «erstaunlichem Körperbau», «der wirklich interessant war». Von dem sie wusste, «er würde sich entweder von mir trennen oder ums Leben kommen». Ihr war klar, auf was sie sich mit ihm eingelassen hatte. «Es war also nicht immer einfach, aber man konnte bei ihm nicht den gleichen Maßstab anlegen wie bei gewöhnlichen Männern.» Die Witwe stellt schonungslos fest: «Ich war zweifellos süchtig nach dem Leben, das ich mit John geführt hatte.» Maria

Coffey erlebte das Zusammensein mit diesem Menschentyp beispielsweise so (S. 46f):

Menschen, die immer auf dem Sprung waren, Pläne schmiedeten, zu abgelegenen Bergen aufbrachen, um verwegene Kletterpartien zu meistern, und mit wilden Geschichten zurückkehrten. Alles war im Fluss, nichts war sicher. Und die Partys – besonders die vor dem Aufbruch zu einer Expedition – waren ungeheuerlich und so extrem wie das Klettern selbst. Ein nackter Mann, der in dem winzigen Wohnzimmer eines Waliser Häuschens wie ein Verrückter zu ohrenbetäubender Punk-Musik tanzt. Eine Lebensmittelschlacht in der Küche, bei der Käsekuchen und Zitronenbaiser-Törtchen durch die Luft sausen. Ein Paar, das in der Badewanne miteinander schläft, ungeachtet der Leute, die direkt neben ihnen die Toilette benutzen. Alkohol, Marihuana, Hasch, Magic Mushrooms, alles durchsetzt von Gelächter und dem berauschenden Gefühl, dass das Leben nie enden würde und uns die Welt offenstand.

Das ist die andere Seite des Lebens mit Bergsteigern: Ekstase, Rausch, Leidenschaft, Spannung, Kompromisslosigkeit, Prominenz. Bergsteiger brennen und leuchten, das macht sie so anziehend. Das fasziniert auch die Partnerinnen, die sich auf einen Bergsteiger einlassen. Für Maria Coffey sind Bergsteiger Helden, die «neue Regionen des Geistes, des Körpers und der Seele» entdecken. Durch die Verbindung mit ihnen kann man daran teilhaben.

Unerträglich ist für alle Betroffenen der Verlust ihrer bergsteigenden Partner, Väter und Söhne – «er stieg einfach in die Wolken hinauf und kam nie mehr zurück». Unerträglich, weil sie loszogen in einen Krieg, den niemand erklärt hatte, in eine Schlacht, für die sie niemand rekrutiert hatte. Es war immer die persönliche Entscheidung ihrer Partner, in diesen Krieg zu ziehen, um ihre Heldenrolle zu spielen, keiner hatte sie gerufen. Unerträglich auch, weil die Bindung offensichtlich nicht stark genug war, den verlorenen Menschen vor diesem Schritt ins Verderben zurückzuhalten.

Maria Coffey beschreibt in ihrem Buch viele Beispiele sehr komplizierter Trauer. Erschwerend ist häufig, dass niemand die Leiche des verlorenen Partners wirklich gesehen hat und niemand Zeuge der letzten Momente war. Oft verharren die Zurückgelassenen im Warten und Hoffen darauf, dass ihre Partner irgendwann wieder vor der Tür stehen. Oft finden sie während dieses Wartens nicht ins Leben zurück. Hilfreich zur Beendigung der Trauer kann Wut sein. Wut auf einen selbstsüchtigen Mann, der ohne Not in einen privaten Krieg gezogen war, sein Leben verloren und die Partnerin alleingelassen hatte. Maria Coffey beschreibt, wie auch sie lernen musste, eine gesunde Wut auf Joe Tasker zu entwickeln, bevor sie ins Leben zurückfand.

Auch die von Bergsteigern zurückgelassenen Kinder und bergsteigende Väter kommen bei Maria Coffey zu Wort. Doch zunächst zitiert sie den Vater Sir Chris Bonington, die lebende Legende des britischen Expeditionsbergsteigens, mit diesen Sätzen: «Alles in allem ist das Bergsteigen wahrscheinlich verantwortungslos. Aber wir sind bessere Eltern, weil wir etwas tun, was uns ausfüllt.» (S. 211) Nach allem, was man weiß, ist Bonington Vater zweier Söhne, um die er sich nie wirklich gekümmert hat, weil er «oft weg war». Beide Söhne waren verhaltensauffällige Schulversager und hatten enorme Probleme, einen Platz im Leben zu finden. Folgt man Boningtons Logik, kann ein jeder, der keine Kapazitäten für seine Kinder frei hat, etwa jeder Junkie oder Workaholic, für sich reklamieren, ein besserer Vater zu sein, weil er tut, was ihn ausfüllt. Kinder von Bergsteigern, die von Maria Coffey befragt wurden, sehen das ganz anders, beispielsweise äußert sich die verwaiste Tochter von John Harlin so (S. 237):

Ich bitte Sie, im Leben gibt es auch andere Menschen, und man lebt nicht auf einer Insel, besonders wenn man eine Familie hat. (...) Wenn er heute zurückkäme, würde ich ihn anschreien: «Wo bist du mein ganzes Leben über gewesen?»

Extreme Bergsteiger taugen für leidenschaftliche, aber schwierige Beziehungen. Für ihre Kinder sind sie kaum zu erreichen. Sie fliehen vor familiärer Verantwortung und den Schwierigkeiten des normalen Alltags. Kehren sie nicht aus den Bergen zurück, hinterlassen sie Opfer ihrer Bergleidenschaft, die für den Rest ihres Lebens vom Verlust gezeichnet sind.

Ein Psychogramm extremen Bergsteigens

Gelegentlich hört man die Meinung, extrem sei Bergsteigen nur für die Personen, die es nicht beherrschen. Heiner Geissler soll sich sinngemäß so geäußert haben. Vieles, was heute als «Extremsport» in den Medien stattfindet, zeichnet sich dadurch aus, dass einige neue, seltene und randständige Aktivitäten als «extrem» bezeichnet werden. Wirklich extrem sind die meisten der sogenannten Sportarten nach meiner Einschätzung nicht. Bestimmt nicht extrem sind beispielsweise Sachen wie Bungee-Jumping, Alpendurchquerungen zu Fuß oder mit dem Mountainbike, die Normalwege auf Aconcagua, Chimborazo oder Kilimanjaro oder auch Marathonläufe. Alle diese Aktivitäten sind respektable sportliche Leistungen, sie können jedoch auch von mäßig trainierten Freizeitsportlern angegangen werden.

Klettern ist heute ein gewöhnlicher Freizeitsport, sicher keine extreme Sportart, auch wenn es von einigen wenigen Aktiven extrem betrieben wird. Auch geschätzte 99 Prozent aller heute unternommenen Anstiege auf die Viertausender der Alpen haben mit extremem Bergsteigen nichts zu tun. Meine Definition von extremem Bergsteigen ist:

- Extremes Bergsteigen findet immer an den Leistungsgrenzen der jeweiligen Epoche statt. Diese sind definiert durch klettertechnische Schwierigkeiten, Höhe und klimatische Bedingungen.
- Extremes Bergsteigen setzt ein hohes Maß an dauerhaftem körperlichem Training (Kraft, Ausdauer, Technik etc.) nach einem festen Plan voraus, um auf Spitzenniveau mithalten zu können.
- Extremes Bergsteigen ist kreativ. Es findet in Neutouren statt, es verzichtet auf Hilfsmittel, es steigert die Schwierigkeiten, es kombiniert verschiedene Stile.
- Extremes Bergsteigen erfordert eine hohe psychische Belastbarkeit. Dazu gehören in erster Linie die Fähigkeiten, in kritischen Situationen die Emotionen zu regulieren und es auszuhalten, wenn man scheitert. Ferner die Bereitschaft zum Belohnungsaufschub, da man Ziele oft erst nach vielen Versuchen erreicht.
- Extremes Bergsteigen setzt eine besondere Leidensfähigkeit voraus. Speziell die Bereitschaft, Schmerzen sowie Mangelsituationen wie Hunger, Durst, Kälte oder Hitze zu ertragen.
- Extremes Bergsteigen setzt eine Risikobereitschaft voraus, die weit über die Risikobereitschaft im Alltag hinausgeht.
- Extremes Bergsteigen setzt voraus, dass das gesamte Leben darauf ausgerichtet wird.
- Bei extremen Bergsteigern bleiben Verpflichtungen gegenüber Partnern und Familie den bergsteigerischen Plänen nachgeordnet.
- Extremes Bergsteigen erfordert auch intellektuelle Leistungen, die Planung und Logistik von Touren betreffen.

Die in den biografischen Skizzen vorgestellten Bergsteigerinnen und Bergsteiger erfüllen alle zu ihrer Zeit diese Kriterien extremen Bergsteigens. Gemeinsame psychologische Merkmale dieser Personen möchte ich nun skizzieren.

Bei allen hier ausgewählten Bergsteigerbiografien zeigen sich Auffälligkeiten in Kindheit und Jugend. Diese lassen sich zusammenfassend so charakterisieren: In der Familie fehlen häufig Vater oder Mutter, mitunter gibt es eine Heimunterbringung. Die Gründe dafür liegen in einer Trennung der Eltern oder darin, dass ein Elternteil verstorben ist. Sichere Bindungen an verlässliche Bezugspersonen sind so erschwert. Wenn Eltern verfügbar sind, können die Kinder trotzdem nur wenig oder keine positiven Erfahrungen machen, erleben Zurückweisungen, und die Erziehung ist insgesamt durch Druck, Gewalt und überzogene Forderungen gekennzeichnet. Die typische Erziehungsregel über alle Epochen lautet: Du wirst nur gemocht, wenn du etwas leistest, aber was du tust, wird nie genügen. Die Folge ist ein instabiles Selbst. Bei allen Biografien starten die Betroffenen mit einer negativen Selbsteinschätzung ins Leben, mit einem Gefühl der Minderwertigkeit.

Häufig sind in der Kindheit von Extrembergsteigern Symptome eines ADHS zu beobachten. Kinder mit solchen Verhaltensweisen stoßen üblicherweise durchgängig auf Ablehnung und machen generell die Erfahrung, den an sie gestellten Anforderungen nicht genügen zu können. So ist Schulversagen eine ganz typische Erfahrung der Betroffenen. Erlebnisse in den Bergen vermitteln Kindern – oft ganz zufällig – Erfahrungen, mit denen sie die Mangelsituation in der Kindheit kompensieren können. Dazu gehören das Erleben der eigenen Wirksamkeit, lustvolle Erlebnisse, soziale Anerkennung und positive Beziehungen. In der Regel ist eine Kombination dieser Faktoren nötig, besonders wichtig dürfte der Aspekt der sozialen Anerkennung sein.

Bergsteigen kann nun als eine persönliche Strategie gewählt werden, um die persönliche Minderwertigkeit zu kompensieren und das brüchige Selbst zu stabilisieren. Zumindest bei den Männern, die dieser Strategie folgen, kann daraus als Lebensmotto ein Satz ungefähr diesen Inhalts entstehen: «Werde der beste Bergsteiger der Welt, dann werden alle zu dir aufschauen, auch dein Vater wird dich respektieren.» Daraus resultieren ein kompromissloses Leistungs- und Konkurrenzhandeln und schließlich Ideen besonderer Wertigkeit. Es tritt – zunächst bezogen auf das Bergsteigen – die feste Überzeugung auf, unfehlbar und konkurrenzlos zu sein, sich zum Übermenschen entwickelt zu haben. Extreme Bergsteiger zeichnen sich oft durch Größenideen die eigene Person betreffend aus, auch wenn sie diese nicht explizit ausformulieren.

Das Bergsteigen bekommt so einen suchtartigen Charakter. Es entwickelt sich der Zwang, seine Leistungen kontinuierlich zu steigern und fortdauernd Höchstleistungen zu erbringen. Paradoxerweise ergibt sich dadurch aber kein nachhaltig stabilisierender Effekt für das Selbst. Das liegt daran, dass das Leistungsverhalten ein Vermeidungsverhalten ist, das lediglich die Wahrnehmung des instabilen Selbst für eine begrenzte Zeit ausblendet. Letztendlich muss nach jeder Tour, sei sie noch so schwer und erfolgreich gewesen, sofort eine neue Leistung geplant und erbracht werden, da sich an der persönlichen Selbsteinschätzung «Ich genüge nicht» nichts geändert hat. Dieses Selbstbild bleibt bestehen und damit verbunden ein Gefühl der inneren Leere, dessen Wahrnehmung durch den fortdauernden Aktionismus vermieden wird. Zur Änderung des negativen Selbstbildes wären andere Maßnahmen nötig, die über die radikale Akzeptanz des vorhandenen Selbst führen.

Bei vielen Extremen fällt auf, dass sie Zustände emotionaler Spannung und Erregung kennen, dass sie zuweilen stark von Unruhe getrieben sind. Die starken Reize, denen sie sich bei ihren Unternehmungen aussetzen, erfüllen auch die Funktion, ihre Spannungszustände zu regulieren und Erregung abzubauen. Mit Kälte, körperlicher Anstrengung und Ausgesetztheit scheinen sie sich selbst ruhigstellen zu können. Ähnliche Zustände kennt man bei Menschen mit Borderline-Störungen. Manche extreme Bergsteiger scheinen eine gewisse Nähe zu diesem Störungsbild aufzuweisen. Das erscheint auch deshalb plausibel, weil bekannt ist, dass traumatische Erfahrungen in der Kindheit ursächlich für Borderline-Störungen sind.

Das Verhalten, das extreme Bergsteiger zeigen, entspricht dem von Menschen mit einem ausgeprägten narzisstischen Lebensstil. Sie definieren sich ausschließlich über Leistung und Arbeit und beziehen ihre Wertigkeit über die soziale Anerkennung für diese Leistungen. Damit einher geht das Bedürfnis, in der Öffentlichkeit präsent zu sein. Bei allen biografischen Skizzen war ein deutliches Bestreben zu finden, eine positive Medienresonanz zu erzielen. Extreme Bergsteiger müssen eine Marketingstrategie für ihr Produkt – sich selbst – entwickeln oder entwickeln lassen. Dies ist jedoch kein neuer Trend des 21. Jahrhunderts. Bereits Edward Whymper verfolgte das Ziel, in den Medien seiner Zeit umfassend gegenwärtig zu sein. In der Vermarktung des Produkts «Bester Bergsteiger der Welt» zeigte er bereits ein großes Geschick, er nutzte alle damals zur Verfügung stehenden Wege.

Eine weitere Strategie, den eigenen Wert zu stabilisieren, besteht darin, andere Menschen abzuwerten. Auch diese Eigenschaft findet man bei extremen Bergsteigern häufig. Dies geht einher mit einem ausgeprägten Autonomiestreben, einem Merkmal, das bei extremen Bergsteigern praktisch durchgängig zu finden ist.

Die Biografien offenbaren ein hohes Maß an Egoismus. Extreme Bergsteiger weisen meist wenig Empathie auf. Bedürfnisse anderer Menschen vermögen sie kaum wahrzunehmen, darauf einzugehen, fällt ihnen noch schwerer. Sie kreisen um sich selbst und erwarten, dass auch andere Menschen um sie kreisen. Ihre Kommunikationsfähigkeit ist deutlich eingeschränkt, verbal tun sie sich schwer. Es sind durchaus autistische Züge vorhanden. Ganz typisch ist, dass bei Expeditionen, wenn mehrere Personen mit solchen Stilen auf engstem Raum zusammenkommen, heftigste Konflikte entstehen.

Aus dem Autonomiestreben, den Größenideen und dem daran gekoppelten Dominanzstreben entwickeln extreme Bergsteiger ein ausgeprägtes Regelsetzerverhalten. Sie legen Wert darauf, die Führung innezuhaben und die Regeln festzulegen, Partner müssen folgen. Sie selbst fühlen sich hingegen weniger an allgemeine Regeln und Gesetze gebunden, da sie für sich einen Sonderstatus beanspruchen. Auf Kritik reagieren sie sehr empfindlich und sind schnell gekränkt. Individuelles Autonomiestreben und Egoismus stellen für die Gruppen, die gemeinsam auf einer Expedition unterwegs sind, oft unüberwindliche Schwierigkeiten dar. Mitunter scheitern Expeditionen nicht am Berg, dem Wetter oder wegen Unfällen, sondern aus rein psychologischen Gründen.

Durchgängig finden wir in den biografischen Daten, dass es extremen Bergsteigern besonders schwerfällt, stabile Partnerschaften aufzubauen. Das gilt sowohl für die Partnerschaften am Berg als auch im Tal. Die viel beschworene Bergkameradschaft gibt es nicht. Bergpartnerschaften sind bei den Extremen immer nur Zweckbündnisse, die eingegangen werden, solange man persönlich davon profitiert. Nur in Ausnahmefällen findet man bei extremen Bergsteigern dauerhafte persönliche Bindungen an Seilpartner, zu sehr werden diese auch als Konkurrenten erlebt und gefürchtet. Dies setzt sich im Privatleben jenseits des Bergsteigens fort, auch dieses scheint bei extremen Bergsteigern nicht besonders gut zu gelingen. Der Grund dafür liegt zum einen darin, dass extreme Bergsteiger, so wie Suchtkranke auch, soziale Beziehungen ihrem Drogenkonsum opfern – in diesem Fall eben den Bergen. Zum anderen liegt der Grund darin, dass Personen mit narzisstischen Merkmalen immer Schwierigkeiten haben, stabile Bindungen aufrechtzuerhalten. Zu sehr verhalten sich Narzissten in Beziehungen ausbeuterisch, als dass diese dauerhaft sein könnten. Ein Merkmal, das auch bei extremen Bergsteigern zu finden ist.

Die genannten Merkmale gehören zu einem narzisstischen Lebensstil, der für unsere gegenwärtige Gesellschaft fast so etwas wie die Leitkultur darstellt. Dieser Stil ist auch ein typisch männlicher Stil. Die Kosten, die dieser Stil verursacht, sind hoch – sowohl für die betroffenen Personen als auch für die Gesellschaft. Um extreme Bergsteiger gibt es einen Starkult, ähnlich, wenn auch nicht in gleichem Ausmaß, wie um Stars aus anderen Sportarten oder um Film- oder Musikstars. Bei praktisch allen diesen Personen liegt ein narzisstischer Stil mehr oder weniger stark ausgeprägt vor.

Zu unserer Kultur gehört auch, dass wir uns durch diese Idole persönlich eine ähnliche Lebensführung sparen können und diese sozusagen stellvertretend für uns handeln. In diesem Sinn haben diese Stars eine durchaus stabilisierende Funktion für die Gesellschaft. Unsere Gesellschaft würde pulverisiert, wenn sich alle Menschen narzisstischen Regeln unterwerfen würden und in ihrem Leben ausschließlich dem Leistungs- und Konkurrenzdiktat folgten.

Bergsteigen: ein Spiegel unserer Gesellschaft

Bergsteigen spielt sich nicht außerhalb unserer Gesellschaft ab, sondern kann nur vor dem Hintergrund der gesellschaftlichen Bedingungen und der kulturellen Identität verstanden werden. Die individuellen Motive sind immer auch Produkte dieser Bedingungen. Bergsteigen ist eine persönliche Strategie, sein Leben zu bereichern, und kann in besonders extremer Ausprägung zum alleinigen Lebensinhalt werden. Dann wird Bergsteigen zum wichtigsten persönlichen Mittel, um Kontrolle, Selbstwertstabilisierung und Lustempfinden zu erreichen. Bergsteigen unterscheidet sich insoweit nicht von anderen persönlichen Strategien.

Es ist zufälligen Konstellationen geschuldet, wenn Menschen ausschließlich auf die Strategie Bergsteigen setzen. Als Strategie ist das Bergsteigen nicht anders zu bewerten als andere individuelle Wege. Besondere Leistungen beim Bergsteigen setzen aber ganz besondere Motivationslagen voraus. Bergsteigen als Leistungshandeln ist durch Risikomerkmale gekennzeichnet, die sonst kaum bei einer Aktivität auftreten. Das Handeln von Spitzenbergsteigern sollte nicht als Vorlage für Menschen dienen, die ihr Bergsteigen als reine Freizeitaktivität betreiben.

Wir leben in einem Zeitalter des Narzissmus. Menschen mit ausgeprägten narzisstischen Merkmalen weisen typischerweise einen fragilen Selbstwert auf. Die gesellschaftliche Grundregel zum Umgang mit der subjektiv empfundenen

Minderwertigkeit lautet: «Verschaffe dir Aufmerksamkeit und Anerkennung durch andere, tue dies um jeden Preis, erbringe gegebenenfalls Höchstleistungen, fordere aber auch dann ein, im Mittelpunkt zu stehen, wenn es dafür keinen Anlass gibt.» Es gibt zahlreiche extreme Bergsteiger, die nach dieser Maxime leben. Ihr Handeln unterscheidet sich prinzipiell nicht von dem der Bewerber in Fernsehshows, die um jeden Preis als Star wahrgenommen werden wollen. Bergsteiger leben allerdings um ein Vielfaches riskanter. Ihr persönlicher Einsatz ist als ungleich höher einzustufen als der in anderen Bereichen.

Wie jede menschliche Entwicklung ist auch das Bergsteigen immer vor einer individuellen Lerngeschichte zu verstehen. Die ist bei Spitzenbergsteigern sehr oft dadurch gekennzeichnet, dass das Leistungsschema eine maligne Form angenommen hat. Extreme Bergsteiger sind typischerweise traumatisierte Menschen mit in der Kindheit und Jugend erfahrenen Defiziten. Das Leistungsschema ist vor einem fragilen Selbst zu sehen. Leistungshandeln ist eine Vermeidungsstrategie, mit der das Gefühl der Unzulänglichkeit kontrolliert werden kann. Kurzfristig gelingt dies, nach einem Erfolg tritt das Gefühl der Unzulänglichkeit kurzzeitig in den Hintergrund, um sich dann umso deutlicher wieder zu melden. Wie jede Vermeidungsstrategie trägt auch das Leistungshandeln nichts zur Lösung des Problems bei, sondern verstärkt langfristig gesehen das Problem.

Viele extreme Bergsteiger sind Vermeider, sie suchen nicht die Herausforderung, sondern vermeiden es, ihren Zustand der subjektiv erlebten Minderwertigkeit wahrzunehmen. Die wahre Herausforderung bestünde darin, sich seinem fragilen Selbst zu stellen, es zur Kenntnis zu nehmen, es zu akzeptieren, die dahinterstehenden Erfahrungen, Schemata und Abwertungen zu erkennen und das Leben damit gut zu bewältigen, was durchaus gelingen kann. Die Vermeidung hat langfristig gesehen massive Schäden zur Folge. Gesundheit und Leben von Spitzenbergsteigern sind extrem gefährdet. Sie vermeiden es, auf die Anforderungen des Alltagslebens, die Zwänge einer normalen Berufstätigkeit, die Wünsche ihrer Kinder, die Bedürfnisse ihrer Partnerinnen, die Befindlichkeiten von Kollegen eingehen zu müssen. Immer wieder findet man in diesem Zusammenhang Aussagen wie «Extreme Bergsteiger müssen tun, was sie lieben, sonst sterben sie innerlich ab». Mit solchen Formulierungen lässt sich das rücksichtslose Verhalten von extremen Bergsteigern keinesfalls entschuldigen. Solche Aussagen zeigen allenfalls, dass es sich um hoch gestörte Verhaltensmuster handelt, die therapiert gehören.

Natürlich führt die Ausgangssituation einer defizitären Kindheit nicht notwendig in eine Karriere als extremer Bergsteiger. Dies wird nur in Ausnahmefällen auftreten. Analoge Verhaltensmuster können wir auch bei Führungspersonen in der Wirtschaft, bei Sportlern in anderen Disziplinen, in der Wissenschaft und im Kulturbetrieb finden. Viele extreme Bergsteiger haben sich für die Gier nach vorzeigbaren Erfolgen, nach Geld, nach Heldenverehrung entschieden. Dies ist keine Entscheidung für das Bergsteigen. Das Bergsteigen ist nur das Mittel.

Bergsteigen ist für die Entwicklung der Menschheit irrelevant. Bergsteiger sind – wie Lionel Terray es formuliert hat – die Eroberer des Nutzlosen. Eine Eroberung in den Bergen ist ausschließlich für die persönliche Entwicklung eines Bergsteigers von Bedeutung. Gesellschaftlich gesehen mag er auch Heldenverehrung genießen, eine Identifikationsfigur werden, als Star hell leuchten und darüber tatsächlich zur Stabilisierung einer Gesellschaft beitragen, er kann aus der Vermarktung alpiner Leistungen möglicherweise auch wirtschaftlichen Nutzen ziehen.

Dennoch gilt: Die Motive und Strategien, die einzelne Bergsteiger zu den außergewöhnlichsten Leistungen befähigen, sind für die Weiterentwicklung humaner Gesellschaften unbrauchbar. Damit möchte ich bergsteigerische Erfolge nicht herabsetzen. Aber dies sind individuelle Leistungen, die mit egozentrischen Strategien und Besessenheit zu erzielen sind. Beim Bergsteigen geht es um den schnellsten, schönsten, direktesten oder schwierigsten Weg von A nach B. Dieses Modell lässt sich nur ganz beschränkt auf andere Lebensbereiche übertragen.

Wenn erfolgreiche Bergsteiger über ihre Motive und Strategien vor Managern, Führungskräften oder Politikern reden und diese vorgeben, aus dem Alpinismus lernen zu wollen, so ist das nutzlos bis gefährlich. Bergsteigerische Einsichten zu Zielen, Motivationen und dem Umgang mit Hindernissen tragen wenig zur Lösung wissenschaftlicher, wirtschaftlicher oder politischer Problemstellungen bei. Diese Beiträge tatsächlich umzusetzen, hätte zur Folge, dass Gesundheit und Leben von Menschen beeinträchtigt würden. Andy Kirkpatrick, der auch Vorträge für Firmen anbietet, bringt es auf den Punkt («Kalte Kriege», S. 299):

> *Man hatte mich angewiesen, irgendwas Motivierendes zu machen, und ich hatte mir den Kopf zerbrochen, wie man einen guten Firmenvortrag hält, über Leadership, Team-Building und den ganzen Zielorientierungs-Käse, den sich Kletterer nach getaner Sache so ausdenken, aber in Wirklichkeit geht es um Gier, Ehrgeiz, Selbstsucht und wie man es seinen Kumpels zeigt.*

Gesellschaftliche Entwicklungen sind hochkomplexe Vorgänge, sie erfordern unter anderem Konsensfähigkeit, Teamarbeit, Demokratie, Debattierfähigkeit und Ausgleich. Einzelne Entscheider sind nicht dazu in der Lage, wirkliche Entwicklungen mit einsamen Beschlüssen nachhaltig zu befördern. Der reine Ehrgeiz und die ausschließliche Orientierung an Leistung und Konkurrenz sind allein nicht zielführend, auch wenn uns dies oft genug vermittelt wird. Eine

Gesellschaft hat keine Zukunft, wenn sie funktioniert wie ein Bergsteiger.

Bergsteigerisches Denken und Entscheiden ist eben kein Modell für komplexe Alltagsentscheidungen. Meine Argumentation an diesem Punkt ist beeinflusst von dem sozialwissenschaftlichen Werk «Wer regiert die Welt» des Historikers Ian Morris aus dem Jahr 2010. Morris kommt darin zu dem Fazit, dass der Fortschritt nie durch die Frühaufsteher zustande komme, sondern durch die Bequemen, die Faulen, die nach Mitteln und Wegen suchen, sich das Leben zu vereinfachen. Woraus er den «Morris-Satz» formuliert: «Veränderungen werden von faulen, habgierigen, verängstigten Menschen bewirkt, die nach leichteren, profitableren und sichereren Wegen suchen, etwas zu tun. Und sie wissen selten, was sie tun.» Man könnte auch sagen: Der frühe Vogel – er kann mich mal. Klar ist, ambitioniertes Bergsteigen funktioniert so nicht.

Wenn in Politik und Wirtschaft argumentiert wird, es müsse in diesen Bereichen ein neuer Stil gefunden werden, Fortschritt und Entwicklung müssten sich an innovativen Kriterien orientieren, taugt das Bergsteigen mit seinen Strategien nicht zur Orientierung. Das Gegenteil ist der Fall: Für eine humanere Entwicklung ist anderes nötig. Es geht um Themen wie Empathie, Solidarität, Achtsamkeit und Kommunikation. In einem Satz formuliert hieße das vielleicht: «Lebe ethisch bewusst, hüte dich vor Begierden und verhalte dich anderen gegenüber so, wie du willst, dass sie sich zu dir verhalten – und du wirst die Welt verändern.» Eine Bergsteigerphilosophie ist das nicht, am Berg lassen sich damit keine individuellen Erfolge erzielen. Große Bergsteiger sind immer kompromisslose Egoisten, mindestens solange sie am Berg unterwegs sind. Es sind auch Menschen, denen Empathie und Kommunikationsfähigkeit fehlen. Sie reden nicht, sondern gehen den direkten Weg von A nach B.

Man sollte sich klarmachen, dass Fortschritte der Menschheit nur zu einem Teil das Resultat von leistungsbezogenem

Handeln sind. Einen mindestens ebenso großen Anteil hat intrinsisch motiviertes Handeln. Ohne intrinsische Motivation gäbe es keine Kreativität, keinen wissenschaftlichen Fortschritt, keine Kunst, keine Kultur. Beispielsweise gelten im angelsächsischen Raum die drei B als entscheidende Instanzen für neue wissenschaftliche Erkenntnisse: Diese entstünden eben im Bett, im Badezimmer oder auf dem Bike. Nicht durch kompromisslose übermenschliche Willensanstrengungen.

Indessen sind die Führungsetagen in Politik, Wirtschaft und Wissenschaft vorzugsweise mit Narzissten besetzt, die ganz ähnliche Verhaltensmuster praktizieren wie extreme Bergsteiger. Vielleicht haben diese beiden Gruppen auch deshalb eine gewisse Affinität zueinander. Ihr Verhalten ruiniert große Unternehmen, gar ganze Volkswirtschaften und führt im Extremfall zum Niedergang von Staaten.

Diese Personen pflegen sich an einem geradezu rauschhaften Leistungshandeln zu orientieren, wie Bergsteiger, leben in permanenter Konkurrenz zu Mitbewerbern, wie Bergsteiger, sind besessen vom persönlichen Erfolg um jeden Preis, wie Bergsteiger. Während extreme Bergsteiger die Kosten für ihr besessenes Leistungsverhalten selbst übernehmen müssen, im Zweifelsfall stürzen sie ab und sterben, werden die Kosten, die narzisstische Führungspersonen verursachen, vergesellschaftet. Sie erhalten nach dem Scheitern eine Abfindung. Um es klar auszusprechen: Ausgeprägtes individuelles Leistungshandeln kann mit großem gesellschaftlichem und persönlichem Schaden vergesellschaftet sein und ist keineswegs grundsätzlich eine positive Eigenschaft.

So gesehen muss hier als Fazit stehen: Extreme Bergsteiger taugen nicht als Vorbilder, sie sind die Opfer ihrer Gier und ihrer Besessenheit. Wer derartiges Verhalten auf andere gesellschaftliche Bezüge überträgt, verursacht hohe Kosten und schafft viel menschliches Leiden.

Diese Aussage treffe ich auch vor dem Hintergrund meiner professionellen Erfahrungen mit Menschen, die sich mit ihrem Leistungshandeln, mit ihrer Gier nach Erfolg und Bestätigung großes persönliches Leid eingehandelt haben. Im Rampenlicht stehen natürlich die Sieger. Die Mehrzahl derer, die sich von Gier leiten lassen, sind aber Verlierer. Ein Satz wie «Hinauf kommt nur, wer wirklich will», wie er beispielsweise von einem Ueli Steck in die Welt gesetzt wird, ist eine Handlungsanweisung, die unendlich schädlich ist. Mit Willen lassen sich manche bergsteigerischen Ziele erreichen, ein werteorientiertes Leben ist damit nicht zu führen.

Bergsteigen kann ein vorzügliches Mittel sein, um sein Leben zu bereichern. Dies kann dann gelingen, wenn wir Strategien der Achtsamkeit in unser bergsteigerisches Handeln einbinden, Flow-Erfahrungen anstreben und das von Besessenheit getriebene Leistungshandeln den Extremen überlassen. Dann trägt das Bergsteigen zur Verbesserung der psychischen und physischen Gesundheit bei. Das Problem besteht darin, dass es bei Freizeitbergsteigern eine Tendenz gibt, die Handlungsmuster der Extremen kritiklos und wie selbstverständlich auf ihr eigenes Bergsteigen zu übertragen. Sie lassen sich dann hauptsächlich von Leistungs- und Konkurrenzdenken leiten. An diesem Punkt sollten Mann und Frau darüber reflektieren, nach welchen Schemata sie funktionieren, welche Ziele sie verfolgen, welchen Druck sie bei sich selbst und ihren Partnern aufbauen, welche Kosten damit verbunden sind und was für sie mit dem Erreichen eines bergsteigerischen Ziels tatsächlich verbunden ist.

Bergsteiger erbringen tatsächlich besondere Leistungen. Darin unterscheiden sie sich von vielen anderen Akteuren, die einen narzisstischen Stil pflegen, etwa im Kulturbetrieb, in anderen Sportarten, in der Politik oder in der Wirtschaft. Das Risiko, das Bergsteiger eingehen, ist im Vergleich zu allen anderen Sportlern und zu Schauspielern, Politikern oder Managern extrem hoch. Auch wenn ich abschnittsweise äußerst kritisch über das Denken und die Strategien extremer Bergsteiger geurteilt habe, so habe ich persönlich dennoch großen Respekt davor.

Allerdings gilt: Extrembergsteiger sind Opfer und leiden häufig unter ihrer Besessenheit. Es ist an der Zeit, über Angebote nachzudenken, die sie darin unterstützen können, aus ihren lebenszerstörenden Aktivitäten auszusteigen. Daran sollte man ernsthaft denken, wenn das Bergsteigen zur einzigen und «alternativlosen» Strategie geworden ist, den Selbstwert zu definieren und zu erhalten. So wie inzwischen spezifische Therapieangebote für Männer entwickelt werden, sollten auch extreme Bergsteiger Hilfen bekommen können. Denn extremes Bergsteigen hat eindeutig pathologische Merkmale und weist eine Sterblichkeit auf, die weit über der von anderen psychischen Störungen liegt.

Auf einen Allgäuer «Extremklassiker»

Meine Kollegin Susanne kenne ich schon lange. Sie arbeitet als niedergelassene Psychotherapeutin. Auf einer Autofahrt von München zurück ins Allgäu – wir kommen von irgendeiner Fortbildung – erzähle ich, dass ich für den nächsten Tag eine Bergtour plane. Danach sei ihr auch, seit Jahren schon. Aber ihren Mann habe sie nie zu so etwas bewegen können und ihre drei Kinder seien auch immer eine Bremse gewesen. Richtig zum Klettern gehen, das wäre ein großer Wunsch. Ich könne sie ja mal mitnehmen, schlage ich vor, es gäbe leichte Routen, da könne man das gut ausprobieren. Erst mal den Hüttengrat am Aggenstein, vielleicht auch in einen Klettergarten gehen. Man redet ja schnell so was dahin.

Es dauert dann allerdings noch fünf Jahre, bis es dazu kommt. Susanne gibt ihre Erfahrungen mit der Niederlassung an mich weiter, als Gegenleistung dafür lade ich sie zu einer leichten Kletterei ein. Von ihrem Mann lebt sie inzwischen getrennt, und der jüngste Sohn steht kurz vor dem Abitur, da gibt es Spielraum für neue Erfahrungen. Wir gehen zum Aggenstein. Den Zustieg bis zu den Gipfelfelsen zieht sie mit Leichtigkeit durch. Die Sache mit dem Klettergurt und dem Anseilen nimmt sie gerne an. Am ersten Stand fixiere ich sie mit einer Schlinge und einem Karabiner. Sie soll nur darauf achten, dass das Seil läuft, sichern müsse sie mich nicht. Wenn das Seil komplett straff gespannt sei und ich «Nachkommen» gerufen habe, solle sie ihre Selbstsicherung lösen und dem Seilverlauf folgend nachsteigen. Alle Expressschlingen, die ich an den Zwischensicherungen angebracht habe und durch die das Seil läuft, solle sie mitbringen. So weit meine Instruktionen. Susanne steigt nach, bringt das Material mit, hängt ihre Selbstsicherung am nächsten Standplatz ein und folgt Seillänge um Seillänge. An den etwas schwierigen Stellen schnauft sie heftig und scharrt ein wenig mit den Füßen, Seilzug braucht sie nur ganz wenig. Wir steigen problemlos bis zum Gipfel durch. Sie wirkt wie erweckt, sie verlangt nach mehr.

Eine Woche später sind wir wieder am Aggenstein, diesmal am Südgrat. Im aktuellen Führer immerhin als Vierer bewertet. Wieder ein zügiger Durchstieg. Bei der letzten Seillänge schlage ich ihr vor, selbst vorzusteigen: Den nächsten Haken sehe sie ja bereits. Über die Platte, in der der Haken stecke, könne sie leicht auf den Grat hochsteigen, dort käme dann gleich noch ein weiterer Haken, den sie klicken könne. Danach lege sich das Gelände zurück und sie würde rasch auf dem Gipfel stehen. Susanne steigt vor. Als Psychotherapeuten wissen wir ja: Da, wo die Angst am größten ist, da geht es lang. Als ich auch auf dem Gipfel ankomme, kann ich deutlich sehen: Das ist es, Susanne hat etwas für sich gefunden, dabei wird sie bleiben.

Über den Winter besucht sie einen Kletterkurs beim DAV in der Halle, im Frühjahr geht sie mit ihrem Kurs in den Klettergarten. Ab und zu treffe ich sie in der Kletterhalle, es ist beeindruckend, den Auftrieb und die Fortschritte zu beobachten. Im nächsten Sommer gehen wir wieder alpin klettern, ihr Sohn hat sein Abitur bestanden. Wir steigen schon Wege, die als Fünfer bewertet werden, und gehen Touren, die auch für mich Neuland sind. Im Klettergarten ist sie schon im sechsten Grad unterwegs. Im November des Jahres wollen wir noch eine südseitige Route gehen. Aber das Wetter entspricht der Jahreszeit, auch Schnee ist schon gefallen. Alpin bleibt nicht viel übrig, wenn man sich nicht einem Härtetest unterziehen will.

Also das Burgberger Hörnle. Den Südgrat kenne ich nur aus dem Führer. Dort wird der Anstieg als Vierer bewertet, der von Einheimischen aber in der Regel free solo gegangen werde. Wir nehmen das Seil mit und suchen den Einstieg im Wald. Wir gehen die sechs Seillängen überschlägig, an keiner Stelle gibt es Probleme, an der Schlüsselstelle muss man einmal kräftig ziehen und aufstehen. Dann kommt noch die «Headwall» des Burgberger Hörnle. Wir haben eine diebische Freude dabei, auf den letzten Metern vor dem Gipfel vom Wanderweg abzuweichen und durch die Felsen zu steigen, in denen noch ein paar Haken stecken. Auf meine Frage, ob wir das Seil hernehmen sollen, meint Susanne: Das muss doch so gehen, so wie das aussieht, ist das doch nicht schwerer als ein Dreier. So ist es dann auch. Eine Mutter von drei erwachsenen Kindern und ein Endfünfziger finden sich zusammen und spielen mit den Felsen.

Ein Fazit: Der Beitrag wissenschaftlicher Theorien

Bergsteigen ist kein Sonderfall menschlichen Handelns, sondern lässt sich mit den vorhandenen Beiträgen und Theorien aus Psychologie, Kulturwissenschaft und Philosophie sehr gut verstehen. Im Zentrum meines Fazits stehen psychologische

Erklärungen, die bergsteigerisches Handeln erklären: Menschen haben grundlegende Bedürfnisse, die sie zu befriedigen trachten. Bergsteigen kann als eine Strategie – unter vielen möglichen – dazu dienen, diese Grundbedürfnisse zu befriedigen. Es ist dabei sicher zufälligen Konstellationen geschuldet, wenn das Bergsteigen für einen Menschen eine bevorzugte Strategie wird, um seine Bedürfnisse zu befriedigen.

Bergsteigen führt zu intensiven Erlebnissen und erbringt vorzeigbare Resultate. Wir können zwei Erlebensweisen oder Erfahrungsbereiche unterscheiden, die beim Bergsteigen auftreten, mit denen Grundbedürfnisse befriedigt werden: erstens das Erleben des Spielerischen, das Flow-Erleben. Bergsteigen wird um des Bergsteigens willen betrieben, es geht um das lustvolle Erleben des Aufstiegs, bei dem sich der Bergsteiger als in sich stimmige Person erlebt. Zweitens das Erleben von Leistung im narzisstischen Leistungshandeln. Bergsteiger versichern sich mit ihrem Tun ihrer eigenen Größe, sie können dadurch ihren Selbstwert stabilisieren und steigern. Sie erleben Kontrolle und Macht, sie werden interessante Personen.

Vor allem aus dem gemeinsamen Auftreten und aus dem Spannungsfeld heraus, das zwischen Flow-Erleben und narzisstischem Leistungshandeln aufgespannt ist, ist das Bergsteigen zu verstehen.

Extremes Bergsteigen wird sich nur dann entwickeln, wenn lustvolle Flow-Erlebnisse dazu führten, dass Bergsteigen als etwas sehr Positives wahrgenommen wurde. Man behält dieses Verhalten bei und intensiviert es, um diese Erfahrungen wieder und wieder zu erneuern. Das Erleben der eigenen Leistung und die damit verbundenen positiven Erfahrungen der Anerkennung gehören als zweites Erfahrungselement zum extremen Bergsteigen. Steigerungen der Schwierigkeiten, der Risiken, der Höhe und der Länge von Unternehmungen werden nur dann realisiert, wenn die Effekte des Leistungserlebens und der Anerkennung vorhanden sind. Ein Alleinstellungsmerkmal der extremen Bergsteiger ist, dass sie kaum über andere Strategien als das Bergsteigen verfügen, um den eigenen Wert zu erleben. Das unterscheidet sie von «normaleren» Menschen. Denn zu einer geglückten Biografie gehört im Normalfall, dass Menschen über verschiedene Quellen verfügen, um sich als wertvoll und wirksam zu erleben.

Extremes Bergsteigen ist nur durch kompromissloses Leistungshandeln zu realisieren, es geht dabei um Leben und Tod, dies gilt heute genauso wie zu Zeiten von Edward Whymper oder Hermann Buhl. Junge Männer, zunehmend auch junge Frauen, werden sich auch in Zukunft auf den Weg machen und große bergsteigerische Pläne in die Tat umsetzen. Sie werden brennen vor Ehrgeiz und werden alles daran setzen, ihre Ziele zu erreichen. Und wenn sie beim ersten Anlauf scheitern, werden sie wiederkommen. Das ist gut so. Jeder Versuch, dieses Verhalten zu kritisieren oder gar zu reglementieren, wäre lächerlich.

Dieses Verhaltensmuster hat aber in der Regel mit Auffälligkeiten und Defiziten in der persönlichen Biografie zu tun; dies sollten wir zur Kenntnis nehmen. Und diese Muster allein taugen nicht für die Masse der Bergsteiger, für die auch andere Erlebensinhalte wichtig sind. Ich schätze es auch als höchst bedenklich ein, wenn solche Verhaltensmuster kritiklos auf den Alltag jenseits des Bergsteigens übertragen werden.

Flow-Erleben und Achtsamkeit sollten als wichtige Antriebe beim Bergsteigen beachtet werden. Für die psychische und physische Gesundheit wie auch für die persönliche Entwicklung sind diese Erfahrungen weitaus wichtiger als der kurzfristige Kick, der sich durch Leistungshandeln erzielen lässt. Zu berücksichtigen ist, dass Leistungshandeln immer eine Vermeidungsstrategie ist, mit der die Auseinandersetzung mit einem instabilen Selbst verhindert wird.

Beide Hauptmotive wirken wenig edel und großartig, wenn sie in reiner Form kommuniziert werden. Aussagen wie «Ich klettere um des Kletterns willen, das ist für mich ein Spiel, es fühlt sich gut an» oder «Ich steige auf die Berge, weil ich dadurch die Anerkennung und Aufmerksamkeit bekomme, die mir sonst versagt bleibt, ich fühle mich mächtig» klingen wenig vorteilhaft und werden daher in dieser Form selten klar formuliert.

Aber diese Hauptmotive lassen sich leicht in einen höherwertigen spirituellen oder philosophischen Kontext verpacken und verschleiern. Dies begegnet uns häufig in der Literatur über das Bergsteigen. Bergsteigerische Motive können auch von Ideologien instrumentalisiert werden, Bergsteiger lassen sich gut für politische Zwecke missbrauchen.

Berge werden nicht aus spirituellen oder politischen Gründen bestiegen, man benötigt keine komplexe Philosophie zur Begründung, es geht beim Bergsteigen auch nicht um hehre Werte, Bergsteiger werden durch ihr Tun nicht zu besseren Menschen. Bergsteiger sind lediglich Eroberer des Nutzlosen. Ihre Taten sind belanglos, außer für die Bergsteiger selbst, die sie persönlich erbracht haben.

Klar ist, dass Bergsteigen den Charakter einer Sucht bekommen kann, dass ein wichtiger Antrieb die Suche nach einem schnellen Kick ist. Das Erleben von Angst und Gefahr kann dazu führen, dass solche Situationen intensiven Erlebens immer wieder aufgesucht werden. Mit zu berücksichtigen ist, dass menschliches Handeln durch kulturelle Traditionen und Normen bestimmt wird. Wildnis, Natur und speziell Berge haben in unserer Kultur einen hohen Wert. Dies ist ein Resultat der vergangenen 300 Jahre Kulturgeschichte. In dieser Zeit hat sich das kollektive Bild über die Natur und von den Bergen dramatisch geändert. Die Entwicklung des Bergsteigens ist auch vor dieser zunehmend positiven gesellschaftlichen Wertung von Natur und Gebirge zu sehen.

Literatur

Ich habe in diesem Buch auf eine wissenschaftliche Zitierweise verzichtet. Im Literaturverzeichnis liste ich die wissenschaftlichen und belletristischen Texte und Bergbücher auf, die ich für meine Darstellung herangezogen habe. Ich beschränke mich bei den Literaturangaben auf Quellen, die in Buchform publiziert sind. Fachartikel, die nur in wissenschaftlichen Bibliotheken zugänglich sind, führe ich nicht auf.

Psychologie und andere Gebiete

Aly, G. (2011). Warum die Deutschen? Warum die Juden? Frankfurt a. M.: S. Fischer.
Bardehle, D. & Stiehler, M. (Hrsg.) (2010). Erster Deutscher Männergesundheitsbericht. Ein Pilotbericht. München: Zuckerschwerdt.
Bierhoff, H.-W. & Herner, M. J. (2009). Narzissmus – die Wiederkehr. Bern: Huber.
Bohus, M. (2002). Borderline-Störung. Göttingen: Hogrefe.
Camus, A. (2000). Der Mythos des Sisyphos. Hamburg: Rowohlt Taschenbuch Verlag.
Csikszentmihalyi, M. (1985). Das Flow-Erlebnis. Stuttgart: Klett-Cotta.
DIMDI (Hrsg.) (2000). Internationale statistische Klassifikation der Krankheiten und Gesundheitsprobleme. Bern: Huber.
Döpfner, M., Frölich, J. & Lehmkuhl, G. (2013). Aufmerksamkeitsdefizit-/Hyperaktivitätsstörung (ADHS). Göttingen: Hogrefe.
Ehlers, A. (1999). Posttraumatische Belastungsstörung. Göttingen: Hogrefe.
Fiedler, P. (2001). Persönlichkeitsstörungen. Weinheim: Beltz PVU.
Freud, S. & Breuer, J. (1970). Studien über Hysterie. Frankfurt: Fischer Taschenbuch.

Grawe, K. (1998). Psychologische Therapie. Göttingen: Hogrefe.
Grawe, K. (2004). Neuropsychotherapie. Göttingen: Hogrefe.
Grüsser, S. M. & Thalemann, C. N. (2006). Verhaltenssucht. Bern: Huber.
Kabat-Zinn, J. (2006). Gesund durch Meditation. Frankfurt: S. Fischer.
Kernberg, O. F. & Hartmann, H.-P. (Hrsg.) (2006). Narzissmus. Stuttgart: Schattauer.
Michalak, J., Heidenreich, T. & Williams, J. M. G. (2012). Achtsamkeit. Göttingen: Hogrefe.
Morris, I. (2011). Wer regiert die Welt? Frankfurt: Campus.
Neumann, W. & Süfke, B. (2004). Den Mann zur Sprache bringen. Tübingen: dgvt-Verlag.
Nietzsche, F. (1975). Also sprach Zarathustra. Stuttgart: Kröner.
Rose, N. & Walach, H. (2009). Die historischen Wurzeln der Achtsamkeitsmeditation – Ein Exkurs in Buddhismus und christliche Mystik. In: T. Heidenreich & H. Walach (2009). Achtsamkeit und Akzeptanz in der Psychotherapie, S. 27-48. Tübingen: dgvt-Verlag.
Sachse, R., Sachse, M. & Fasbender, J. (2011). Klärungsorientierte Psychotherapie der narzisstischen Persönlichkeitsstörung. Göttingen: Hogrefe.
Schiller, F. (2004). Sämtliche Werke. München: dtv.
Schmidt-Traub, S. (2000). Panikstörung und Agoraphobie. Göttingen: Hogrefe.
Süfke, B. (2008). Männerseelen. Ein psychologischer Reiseführer. Düsseldorf: Patmos.
Young, J. E., Klosko, J. S. & Weishaar, M. E. (2008). Schematherapie. Paderborn: Junfermann.

Bergliteratur

Aufmuth, U. (1984). Die Lust am Aufstieg. Was den Bergsteiger in die Höhe treibt. Weingarten: Drumlin.
Baumann-von Arx, G. (2008). Solo. Der Alleingänger Ueli Steck. Eine Nahaufnahme. München: Frederking & Thaler.
Bonatti, W. (2000). Berge meines Lebens. Zürich: AS Verlag.
Boukreev, A. & DeWalt, G. W. (1997). Der Gipfel. Tragödie am Mount Everest. München: Heyne.
Boukreev, A. (2003). Über den Wolken. Aus den Tagebüchern eines Extrem-Bergsteigers. München: Heyne.

Buhl, H. (1984). Allein am Nanga Parbat. Innsbruck: Steiger.
Buhl, H. (2005). Achttausend drüber und drunter. München: Malik.
Buhl, K. (2007). Mein Vater Hermann Buhl. München: Herbig.
Cassin, R. (2003). Erster am Seil. Zürich: AS Verlag.
Coffey, M. (2005). Extrem. Glück und Gefahr des Bergsteigens. München: Malik.
DAV, OeAV & AVS (Hrsg.) (2011). Berg Heil! Alpenverein und Bergsteigen 1918-1945. Köln, Weimar, Wien: Böhlau Verlag.
Diemberger, K. (2004). Der siebte Sinn. Zürich: AS Verlag.
Eidenschink, O. (1999). Steil und steinig. Ein nicht immer leichtes Bergsteigerleben. Köngen a. N.: Panico.
Fleming, F. (2012). Nach oben. Die ersten Eroberungen der Alpengipfel. Zürich: Unionsverlag.
Heckmair, A. (1999). Eigernordwand, Grand Jorasses und andere Abenteuer. Zürich: AS Verlag.
Hemmleb, J. (2010). Nanga Parbat. Das Drama 1970 und die Kontroverse. Innsbruck: Tyrolia.
Hofler, H. (Hrsg.) (2009). Toni Hiebeler. Kreativ, kritisch und visionär. Zürich: AS Verlag.
Höfler, H. (Hrsg.) (2010). Hias Rebitsch. Der Berg ist nicht alles. Innsbruck: Tyrolia.
Huber, A. (2007). Der Berg in mir. Klettern am Limit. München: Piper.
Huber, A. (2013). Die Angst. Dein bester Freund. Salzburg: Ecowin.
Kaltenbrunner, G. & Steinbach, K. (2011). Ganz bei mir. Leidenschaft Achttausender. München: Piper.
Kaltenbrunner, G. & Dujmovits, R. (2012). 2 x 14 Achttausender. München: Bruckmann.
Kammerlander, H. (1999). Bergsüchtig. München: Piper.
Kirkpatrick, A. (2010). Psychovertikal. Zürich: AS Verlag.
Kirkpatrick, A. (2012). Kalte Kriege. Zürich: AS Verlag.
Klucker, C. (2010). Erinnerungen eines Bergführers. Zürich: AS Verlag.
Koller, R. (2007). Stephan Siegrist. Balance zwischen Berg und Alltag. Zürich: AS Verlag.
Krakauer, J. (1998). In eisige Höhen. München: Piper.
Macfarlane, R. (2003). Berge im Kopf. Die Geschichte einer Faszination. Zürich: AS Verlag.
Maduschka, L. (1992). Bergsteiger – Schriftsteller – Wissenschaftler. München: Verlag J. Berg.

Märtin, R.-P. (2002). Nanga Parbat. Wahrheit und Wahn des Alpinismus. Berlin: Berlin-Verlag.
McDonald, B. (2013). Klettern für Freiheit. Zürich: AS Verlag.
Mailänder, N. (2006). Im Zeichen des Edelweiss. Die Geschichte Münchens als Bergsteigerstadt. Zürich: AS Verlag.
Messner, R. (1987). Überlebt: alle 14 Achttausender. München: BLV.
Messner, R. (1993). Berge versetzen. Das Credo eines Grenzgängers. München: BLV.
Messner, R. & Höfler, H. (Hrsg.) (1997). Hermann Buhl. Kompromisslos nach oben. Innsbruck: Steiger Verlag.
Messner, R. & Höfler, H. (Hrsg.) (1999). Eugen Guido Lammer. Durst nach Todesgefahr. Augsburg: Steiger Verlag.
Nickel, A. (2007). Günter, Hettie, Norman Dyhrenfurth. Zum dritten Pol. Zürich: AS Verlag.
Oelz, O. (1999). Mit Eispickel und Stethoskop. Zürich: AS Verlag.
Remanofsky, U. (2012). Wen die Götter lieben. Schicksale von elf Extrembergsteigern. Bad Häring: Alpinverlag.
Rettner, R. (2010). Wettlauf um die großen Nordwände. Matterhorn – Grand Jorasses – Eiger. Zürich: AS Verlag.
Roeper, M. (1995). Auf Abwegen. Bergsteigen und andere Zwischenfälle. München: Rother.
Saler, H. (2010). Gratwanderungen meines Lebens. München: Nymphenburger.
Steck, U. & Steinbach, K. (2012). 8000+. Aufbruch in die Todeszone. München: Piper Verlag.
Terray, L. (1965). Vor den Toren des Himmels. Von den Alpen zur Annapurna. Frankfurt: Büchergilde Gutenberg.
Whymper, E. (1990). Berg- und Gletscherfahrten. München: Bruckmann.
Whymper, E. (2005). Matterhorn. Der lange Weg auf den Gipfel. Zürich: AS Verlag.